A MONSEIGNEUR DE MOLE,

CHEVALIER, CONSEILLER DU ROY En ses Conseils d'Etat, Premier President en la Cour de Parlement de Paris.

ONSEIGNEUR,

Je vous fais present de la Coutume de Chateau-neuf en Thimerais, & de mon Commentaire sur elle, C'est Vous qui interpretés toutes les Coutumes de France par vos Arrêts, ou plutôt par vos Cracles : Si bien que je ne Vous donne que du vôtre. Que sçay-je si je dois seulement souhaiter que vous quittiez vos occupations importantes au public pour me lire. Il

est des hommes comme des tableaux, qui sont plus beaux de loin que de près. Je ne suis point si amoureux de ma besongne, que je sois assuré qu'elle vous doive agréer : Vous en ferez ce qu'il Vous plaira. A mon égard je ne suis que trop satisfait, puis qu'en quelque façon je rends mes devoirs, & je fais hommage à vôtre dignité illustre. Dieu me gard d'être facheux à un Premier President : Je ne l'ai que trop été du temps que vous etiez Procureur General, & que mon Lieutenant obtenoit de deux ans en deux ans une Commission de la Cour contre moi pour me faire pratiquer au siege de Châteauneuf les reglemens donnez à celuy de Crespi en Valois. Neanmoins il me sembloit (pource que j'etois toujours defendeur) & que la necessité me contraignoit de vous importuner, que vous m'excusiez plûtôt que lui. Enfin, MONSEIGNEUR, *il s'est lassé de me persecuter : Je ne réve ni le parquet ni la Grand'Chambre, & je ne suis plus obligé d'aller au Palais en habit decent je ne plaide plus sur ces beaux sujets ; à quelle heure on entrera à l'Audience en été, à quelle heure en hyver ; Si l'on dira Monsieur en singulier, ou Messieurs en plurier quand nous y serons tous deux ;*

vexatus toties....

Que si je dois cela à quelque remontrance que vous lui fites lors en ma faveur, ce bien-fait singulier, cause de mon repos, outre tant d'autres considerations qui m'attachent aux respects dont chacun est redevable à ce que Vous êtes, m'oblige à demeurer éternellement,

MONSEIGNEUR,

Le 20. Février 1645.

Votre très-humble & très-obéïssant
Serviteur, DU LORENS.

COUSTUME DE CHASTEAU-NEUF EN THIMERAIS,

Avec les Notes de M. CH. DU MOULIN; & Annotations du Sieur DU LORENS, Président, Bailly-Vicomte dudit Châteauneuf en Thimerais.

NOUVELLE EDITION.

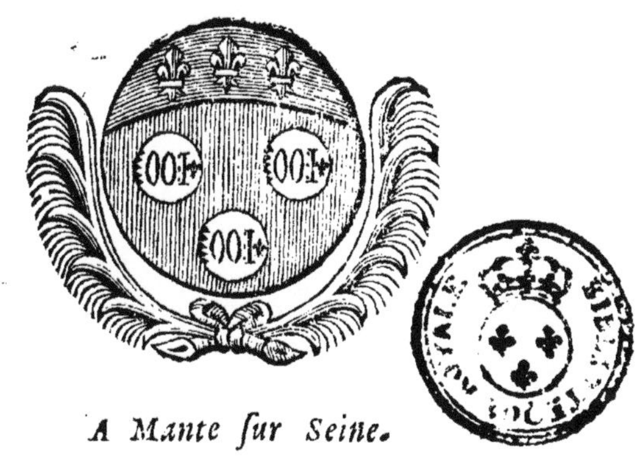

A CHARTRES,
Chez NICOLAS DOUBLET, Libraire; aux Armes de la Ville, ruë des Changes.

M. DCC. XXXII.

AVEC APPROBATION ET PRIVILEGE DU ROY.

AU LECTEUR.

PEut-être veux-tu sçavoir pourquoi j'ai écrit sur ces trois Coutumes ; c'est ce que je te dirai en peu de paroles. Etant Juge du Thimerais il y a plus de trente ans, à quoi pouvois je employer mon loisir plus utilement ? Tu peux avoir lû dans une des Satyres d'Horace.

non otia rectè
ponere.

On n'a pas toujours des procès à juger : & des épices à taxer. Je n'avois dessein au commancement d'écrire que sur celle de Chateau-neuf ; mais voyant qu'elle étoit explicative de celles de Chartres & de Dreux, qu'elle leur donnoit jour, & qu'elles sont semblables en la plûpart de leurs articles, & si voisines, que leurs sujets vivent sous même climat ; voire que du territoire de l'une on passe dans celui des autres ; Je me suis resolu de continuer sur toutes, de peur de faire une chose imparfaite. Or en faisant marcher devant celle de Chateau-neuf, outre que je sui l'ordre du Coutumier general, je ne lui donne que le rang de ceux qui portent la lanterne.

Au regard des choses pour les éclaircir, j'ay été contraint de reprendre, aux occasions, ceux qui ont écrit sur celle de Chartres ; moins avec intention de prendre avantage sur eux, que d'etablir la verité, qui fait tout en ces matieres. Peut être me suis-je trompé moi-même. Quand au stile, je l'ai égayé suivant mon humeur, & mêle à l'imitation de l'ancienne Comedie les flutes droictes & les gauches. Gloser des Coutumes est chose triste & ennuyeuse de soi ; aussi ne m'y suis-je attaché que par devoir : Toutefois il est de plus sots amusemens dans le monde que cettuy-là pour un homme de ma profession. Je ne suis pas ignorant de ce qu'on dit des faiseurs de livres, & que le nombre des bons est à peu près égal à celui des gens de bien. Cettui-ci n'est pas fait au premier coup ; je l'ai vû & revû plus d'une fois, & l'ai gardé assez long temps chez moi, plus-tôt par reverence des lettres, que par trop de soin de ma reputation. Il n'y a point de Loi contre les mauvais écrivains.

J'oubliois à te dire que je puis avoir écrit sur la Coutume de Dreux, qu'elle n'a point de procès verbal ; mais je ne m'étois pas apperçû qu'il est à la fin de celuy de la Coutume de Chartres, & fort bref.

LE LIVRE.

IL ne faut que me demander
Et me payer, & puis me lire :
On ne doit point me marchander,
DU LORENS *m'a fait, c'est tout dire.*

A MONSIEUR LE PRESIDENT de Château-neuf sur les Gloses des Coûtumes de Château-neuf, Chartres, & Dreux.

Quiconque voit ton Livre, est forcé d'avouer,
Qu'il nous decouvre tant & de si belles choses,
Qu'on te croira toujours, sans par trop te louer,
Plus digne d'être Auteur des Textes que des Gloses.
Les Maîtres de nos Loix pour t'avoir précedé
Ont été plus heureux, non pas plus politiques,
Et si le sort eût fait qu'ils t'eussent succedé,
Ils t'eussent expliqué comme tu les expliques.
Si de ton Livre enfin je prevois le succès,
Il ne peut qu'être utile, hormis à nos Offices;
Car en tranchant le cours de beaucoup de procès,
Il tranchera l'espoir de quantité d'épices.

ROTROU.

A MONSIEUR DU LORENS, President, Bailly & Vicomte de Château-neuf, sur ses Gloses des trois Coutumes voisines.

TOY qui d'une égale balance
Depars la Justice aux Mortels,
Et dont les ouvrages sont tels,
Qu'on n'en peut priser l'excellence:
Cher DU LORENS, *qu'esperes-tu,*
Qui puisse égaller ta vertu,
Dans le siecle ingrat où nous sommes?
Qu'attendras-tu même de moi?
Qui t'estime sur tous les hommes,
Si je n'ai rien digne de toi.
J'ai beau solliciter ma muse
De faire quelque grand effort,
Pour garder ton nom de la mort,
Toujours la pauvrette s'excuse:
Elle me dit que vainement
L'on travaille à ton ornement;
Et que toi seul tu te faconnes,
Publiant tes livres divers,
De bien plus brillantes couronnes;
Que celles que feroient ses vers.

Sans doute que ce beau volume ;
Où tu mets nos Loix en leur jour ,
Te rend par un juste retour ,
L'éclat qu'il reçoit de ta plume ,
Et comme un illustre Escrivain ,
Tu te fais de ta propre main ,
Un temple éternel en durée ;
Où je te vois tout immortel ,
Avecque la divine Astrée ,
Elevé sur un même autel.

C. CHALLINE, Avocat du Roy.

AU MEME.

J'AY toujours admiré le feu de ton genie ;
J'ai vû dans ton esprit de brillantes clartés ,
Tes pensers genereux m'ont fait voir des beautés
Dont j'ai sans repugnance aimé la tirannie.
Tes hauts raisonnemens dont la force infinie
A toujours asservi toutes mes volontés ,
Se sont monstrés si beaux à mes sens enchantés ;
Que mon ame a gouté leur divine harmonie.
J'ai toujours admiré tes sentimens vainqueurs ,
Qui gagnent les esprits & triomphent des cœurs ,
Un seul de tes discours m'a valu cent volumes.
J'ai sçû par ton secours mille secrets divers ;
Mais je n'avois point sçû qu'éclaircir nos Coutumes
Fût un art compatible avec faire des vers.

NICOLE C.

A MONSIEUR DU LORENS sur ses Coutumes.

APRES que ta Satire a porté la censure
Sur toute la malice & l'erreur d'ici bas ,
Que le vice abatu dans ta docte peinture
Chez les plus vieux vicieux a perdus ses appas :
DU LORENS, C'est à toi de policer les Villes ,
D'éclaircir de nos Loix les endroits difficiles ,
Tirer le vrai du faux , nous en faire le choix ,
L'un & l'autre est l'effet de même suffisance ;
Car du bien par le mal l'on a la connoissance ,
Et des mauvaises mœurs naissent les bonnes Loix.

NICOLE A.

TABLE
DES TITRES OU CHAPITRES de la Coûtume de Château-neuf.

Fin de la Table des Chapitres.

** On a fait faute dans l'impreſſion, marquant ces deux Chapitres XIII. & XIV.*

Avis du Libraire.

J'ai entrepris la Réimpreſſion des Coutumes de Chartres, Château-neuf, Dreux & du Grand-Perche, & j'ai acquis le fonds de la Coutume de Montfort & un nombre de celle d'Eſtampes. Je vends ſéparement ces ſix Coutumes voiſines.

COUSTUME

COUTUMES GENERALES ET USAGES

De la Baronnie, Châtellenie, Terres & Seigneurie de CHASTEAU-NEUF en Thimerais, ressort François & dépendences des lieux, Terres & Seigneuries étans és fins, metes & enclaves d'icelle Baronnie & Châtellenie, arrêtées, accordées & publiées.

Coûtumes.) Il est bon de sçavoir que Charles VII. en l'an 1453. Ordonna pour remedier à l'incertitude, que toutes les Coûtumes de ce Royaume seroient redigées par écrit. C. du Moulin sur l'inscription de celle de Bourgogne, Et pourtant, quant à l'autorité, l'ecriture n'y fait rien. *Nec differt scripturâ an ratione consistat, quando & legem ratio commendet.* Tertul. de corona.

Gratiæ habendæ sunt Clarissimo & erudito viro Joanni Gaspari Barchino Mediolanensi, honestorum studiorum amantissimo, qui me harum localium consuetudinum admonuit & tradidit, alioquin prætermissæ fuissent, cum enim in processu verbali consuetudinum Pertici invenissem hujus Baronniæ officiales illic consuetudinum ergò vocatos fuisse & comparuisse, nulla etiam protestatione suarum consuetudinum facta, nunquam putassem has esse separatas consuetudines locales nisi vidissem. C. M.

J'ai lu le Procés verbal des Coûtumes du Perche, & n'y ai point trouvé ce que dit du Moulin.

Baronnie.) Seigneurie premiere, tenir en Baronnie, proprement tenir du Roy immediatement avec titre de Baron. Celle-ci releve de la Tour du Louvre: Et sur sa grandeur est remarquable le proverbe, Duché de Milan, Comté de Flandres, Baronnie de Château-neuf; elle surpasse les autres.

Quantò Delphinis balena Britannica major.

Ressort François.) C'est la partie voisine de la Normandie, où est la Tour grise de Verneuil, œuvre de Jules Cesar, qui dépend encore de cette Baronnie.

Fins, Metes.) *Fines possessionem & dominium demonstrant. Menoch. lib. 3. præscr.* 100. *n.* 3. En cas d'usurpation la patience ou connivence des Officiers ne peut nuire au Roy, Argent. sur Bret. *ver.* en sa Seigneurie. *ver.* entre les Metes Art. 56. n. 4. & 5. art. 277. Si tout ce qui est entre les Metes, est présumé de la Justice. Loiseau des Seigneuries, ch. 12. *Vide sic. Flacc. de cond. agror. Front. Hygen. de limit. constit.*

Accordées) *Non alia ratione nos tenent quam quod judicio populi receptæ sunt. L. de quibus D. de legib. vide Exod.* 24. S. Augustin appelle une Coûtume, *Pactum inter se civitatis, lib.* 3. *Confess. Boertus* dit que, *Valet argumentum de pacto ad statutum*, sur Bourges. §. 3.

Publiées.) Du jour de la publication une Coûtume oblige, chacun est présumé la sçavoir. *Menoch. lib.* 2. *præsc.* 3. *Bald. in l. leges. c. de legib. Bartol. in l. quod Nerva, lectur.* 2. *n.* 10. *D. de pos. ignosci aliquatenus ignorantiæ potest, contemptus veniam non meretur.*

CHAPITRE PREMIER.

DES FIEFS ET DE LEUR NATURE; Droits & Prérogatives d'aîneſſe.

Des Fiefs.) *Merito priore loco ponitur hic materiæ Feudalis titulus, cùm Feuda sint proprium & peculiare inventum Francorum, tùm quia prærogatam habent digniatem & authoritatem propter jura & commoda dominicalia, quæ perpetuò secum trahunt.* La Baronnie de Château-neuf est une des plus belles tenures de France.

Et de leur nature.] *In infeudationibus sicut in contractibus, sua substantialia, naturalia, accidentialia, Gloss. & doct. in l. pacta conventa. D. de contrah. empt. & vend. in l. juris gentium, ubi Angelus, D. de pact.*

ARTICLE I.

TOUS Vassaux sont tenus faire des Fiefs qu'ils tiennent, à leur Seigneur feodal, foi & hommage, & serment de fidelité.

Tous Vassaux.) Proprietaires, encore que ce soit parler improprement: car il n'y a de proprietaire que le Seigneur qui a baillé le Fief. *Et beneficia a rebus propriis separantur, Capitul. Car. Magni lib.* 3. *cap.* 45. Appanagez, fils & freres des Rois font hommage de leurs appanages, du Tillet traité des rangs.

Abbez compris sous le nom de Vassaux, *Aimoinus. lib.* 5. Amant dit vassal dans le Roman de la Roze. *Ibid.*

Vassal pris êtes rien n'y a
De l'estorcer ni du deffendre.

Le mot de Vassal vient du vieux François. Geslel. *Quo significatur comes qui nobis servit mercede pacta, Cujac. in proemio. l.* 1. *Feud.*

A leur Seigneur.) Dit Senior. *In capitularibus passim.* C'est qu'au commencement de l'institution des Fiefs, on donna le Commandement & preéminence aux plus anciens GentilsHommes sur les plus jeunes, & fit-on qu'ils tenoient d'eux les terres assignées pour leur vivres par les Statuts du Royaume, les Fiefs & Heritages nobles situés qui tous en icelui, ne pouvoient être tenus que par hommes francs, c'est-à-dire, nobles de race, ou anoblis par le Roy. Alain le Chartier en son libelle de paix.

Pourquoi furent les Nobles ordonnez,
Et établis Seigneurs sur les menus,
Et leur furent les hauts honneurs donnez,
Et hommages qui d'eux sont attenus:
Ils ne sont pas si très-haut advenus,
Pour rapiner & par leur force prendre;
Mais sont de droit & par raison tenus,
Servir le Roy, & leurs sujets deffendre.

Sujets en ce lieu veulent dire Vassaux; car proprement il n'y a que le Roy qui ait sujets. L'abus des mots passe à celui des choses; *inde*, les bastonnades, voyez Troye, art. 16. & la Pithou. Meaux. ch. 20. art. 154. Vitry. *Tit.* 3. art. 46. *Plin. lib.* 10. *cap.* 14. *de thuris jure inter Arabes non promiscuo.* Les Coûtumes qui expliquent avoir en bienfait, la vie durant, Maine, Anjou. Depuis à l'instar des Offices, les Fiefs furent faits perpetuels, domaniaux & hereditaires, enfin permis aux heritiers, comme aux Nobles, de les posseder.

Et Serment de Fidelité.] *E re comitum Sacramentum, apud Tacitum de mor. German.* Vassaux & obligez par foi & serment pour une même chose, dans Monstrelet, vol. 1. ch. 9. en la lettre d'alliance de Loüis, Duc d'Orleans, avec le Duc de Lanclastre. Sa forme dans Boutiller, où ces mots sont remarquables, l'homme mis au net & en pur le corps, en purs habits dans Froissart, vol. 1. ch. 2. Grand Perche, art. 35. dit. Et illec étant nuë tête, & ayant laissé ses armes. La genuflexion est dans la Coûtume de Paris. art. 63. Voyez Paralipom. ch. 19. Rois 1. ch. 24. *Humiliationis officia Tert. de anima. Nec necesse erit in hoc Sacramento excipere Dominum nostrum Regem*, comme il est porté expressément par quelques Coûtumes. *Nec alios mediatos Dominos, qui ex natura actus satis videntur excepti.*

Et faut noter que depuis la lignée de Charlemagne, les Fiefs ne sont plus personnels en France, mais simplement réels. *Hodieque magis est negotiatio limitata quàm fidelitas & homagium.* C. M.

ARTICLE II.

LE frere aîné peut retenir & porter la foi des Fiefs venus de pere ou de mere, ayeul ou ayeule, ou autrement en ligne directe, du consentement de ses freres & sœurs, & de ceux qui le voudront consentir: Et en ce faisant les sauve & garantit de profit de rachat: Et tiendront sesdits freres & sœurs leurs portions de lui sa vie durant seulement, sans toutefois payer aucun rachapt par lesdits freres & sœurs audit frere aîné, ne audit Seigneur feodal, ladite vie durant dudit frere aîné.

Le Frere aîné.) *Vel nepos ex eo, vel qui loco ejus ab extraneo emptore retraxit.* C. M. en sa note sur Chartres semblable art. 2.

Estampes ajoûte. Et si ledit frere aîné ne veut faire & porter ladite foi & hommage, le plus aîné d'après, & autres successivement la pourront porter. Ainsi se doit interprêter la Coûtume de Paris art. 3. Recours à mon Commentaire, dit la note de du Moulin sur icelui. *Quid* du mineur auquel on a donné souffrance, vaut-elle foi pour ses freres & sœurs à l'effect de cet article? Resp. Qu'oüi, suivant la note de du Moulin, sur Vitry art. 54.

Peut. *Quid* s'il ne veut. Montfort art. 3. dit: Et néanmoins pourra ledit aîné être contraint à ce faire. Grand Perche art. 159. dit qu'il y est tenu, prenant préciput. *Ergò* peut, *Sonar* doit, *in officiis, Bad. ad l. Gallus in prin. D. de liber & posthum.*

De Profit de Rachat.) *Etiam filias, etiam pluries nubentes atque invicem in collaterali linea succedentes.* C. M. en sa note sur Chartres semblable art. 2.

Et tiendront lesdits Freres.) En recompense de la foi qu'il porte pour eux, *ex Guillelmo Durando.* Aussi hautement que le propre Fief, dit Boutiller. Troyes art. 14. dit: Et lui en feront hommage, ou au Seigneur feodal, lequel que mieux leur plaira. Tulloué sur l'article deuxiéme de Chartres écrit. Que s'ils sont negligens de lui faire la foi, il peut saisir leurs portions, & en fait les fruits siens: Bon pour la saisie, non pour le gain des fruits, qui semblent n'appartenir qu'au Seigneur feodal: joint qu'entre freres *sufficit modicus rigor*, pour les ranger au devoir. *Nam primogenitus debet esse ut Proculejus. Notus in fratres animi paterni.* Voyez un exemple illustre de cette sorte de tenure dans Joinville Chron. de S. Loüis, c. 10. Dans un Temple de Minerve se trouvoit un simulachre de Jupiter qui avoit trois yeux; deux aux lieux ordinaires, & le troisiéme au front, pour montrer qu'il commandoit au Ciel, à la mer & sous terre; encore que ces deux dernieres portions fussent échûës en partage à ses freres.

Sans toutefois payer.) Bretagne art. 74. dit; L'aîné n'a bail ne rachapt sur la terre de son Juveigneur.

ARTICLE III.

Après le trépas dudit fils aîné, ses freres & sœurs, ou heritiers sont tenus de payer rachat pour la part & portion de ce qu'il leur est échû en Fief de la succession de leurdit frere aîné decedé sans hoirs de sa chair, parce que ce leur est échû en ligne collaterale: Mais de leurs parts & portions, desquelles il portoit pour eux la foi & garantie, n'est dû aucun rachat s'ils sont mâles, & s'ils sont femelles, & elles se marient du vivant de leurdit frere aîné qui porte la foi pour ses freres & sœurs, ne sera dû aucun rachat par lesdites filles, soit qu'elles se marient du vivant de leurdit frere aîné une fois ou plusieurs : Mais si après la mort de leurdit frere aîné, lesdites filles ou aucunes d'elles, se marient, soit en premieres ou secondes nôces, il sera dû rachat au Seigneur feodal pour le regard dudit mariage fait & celebré après le decès dudit frere aîné, pour la part & portion afferant ausdites filles.

Ses freres & sœurs.] Quelques-uns disent qu'ils faut lire ou sœurs, à cause que les femelles ne succedent point aux Fiefs avec les mâles en ligne collaterale par cette Coûtume, afin de reprendre nos Reformateurs, *& ut hoc approbare conentur, defuisse his sermonem, defuisse consilium.* Mais entendez succedans separement, & n'y aura rien à changer.

N'est dû aucun Rachat.] *Scilicet ex apertura antiqua, sed benè de successione fratris sine liberis mortui.* C. M. en sa note sur l'article 2. de Chartres. *Hinc colligere est, inquit Tullus art. 3. quod qui in aliquo profuit vivus, aliquando prodest & mortuus.* Or je laisse à juger si c'est le frere aîné qui les sauve après sa mort, ou la Coutume qui dispose qu'en ligne directe, les enfans ne doivent que la bouche & les mains.

Et s'ils sont femelles.) *Vide femellas apud Catull. Epigr. 56.*

ARTICLE IV.

LE fils aîné en faisant les foi & hommage aux Seigneurs feodaux, acquitte les filles des rachats de leurs premiers mariages.

De leurs premiers Mariages.) Superflu, à cause du précedent, sinon que vous entendiez premiers Mariages contractez avant que leur frere aîné portât la foi pour elles.

CHAPITRE II.

COMMENT LES FIEFS SE DIVISENT.

Et des prérogatives des aînez.

ARTICLE V.

LE Frere aîné entre plusieurs enfans pour sa part & portion doit avoir pour son droit d'aînesse le principal manoir, & arpent & demi de terre à l'environ dudit manoir, s'ils y sont, ou le vol d'un chapon, eſtimé à arpent & demi de terre, avec la moitié de tous les Fiefs, & l'autre moitié appartient à tous les autres enfans. Et s'il advient qu'ils ne ſoient que deux, & qu'il y ait un fils ; tel fils aura & doit avoir les deux tierces parties avec ledit principal manoir, & le puiſné, ſoit fils ou fille, le tiers ſeulement. Et n'y a qu'un droit d'aîneſſe quant audit principal manoir en la ſucceſſion du pere ou de la mere, & de tous les deux, ſi elles ſont aſſiſes en cette Baronnie, Châtellenie, Terres, Seigneuries & enclaves d'icelle. Et aura l'aîné le choix de prendre lequel qu'il voudra des manoirs, ſoit du pere ou de la mere : Et où il auroit choiſi un manoir d'une deſdites ſucceſſions, & il en advient un autre de l'autre ſucceſſion, il le pourra prendre, & laiſſer celui manoir qu'il avoit ja prins & accepté en la ſucceſſion du pere ou de la mere, ayeul ou ayeule. Et s'il y a un ſeul manoir feodal procedant de l'aquiſition du pere ou de la mere, ou autrement en quelque maniere que ce ſoit, ledit fils aîné le prendra integralement pour ſon principal manoir après le trépas de ſes pere & mere (ſans que ſes autres freres & ſœurs y puiſſent rien prendre ne demander de ce qui en ſera échû de la ſucceſſion de la mere) avec l'arpent & demi de terre comme deſſus.

Le Frere aîné.] Ou ſes enfans, ſoit mâles ou femelles, dit Paris art. 324. ſinon qu'il ſe ſoit marié. *Spretis parentibus*, ou contre leur gré, dit la note de du Moulin ſur Hainaut chap. 76. & Berry chap. 19. art. 31. Les femelles peuu une tête contre leurs oncles. Jugé par Arrêt 1550. C. M. Et ſans droit d'aìneſſe entre elles.

Pour ſon droit d'aîneſſe.] Dit Precipue art. 120. plus bas précipuité dans Boullenois ; aineté dans Bouriller tit. 78. *Præcipui porri apud Martialem Epigr. 19. lib. Præcipua gratia, apud Tertullianum lib. de Præſc. adv. heret. vide l. 54. ad Sonat Trebell. Deuteron. c.* 21. Si droit d'aîneſſe peut être ôté, même du conſentement de l'aîné qui a reçû commodité. Voyez M. Loüet lett. E. n. 7. s'il ſe prend ſur Fief échû par fideicommis. M. Bouguſer lett. F. n. 3. Il ne ſe prend ſur biens ſubſtituez, ni és cas des articles 250. & 310. de la Coûtume de Paris. Il ſe prend ſur le Fief du Domaine engagé, à la charge s'il eſt retiré, que les deniers ſe partageront également ; jugé par Arrêt du 10. Mars 1608. en la ſucceſſion de M. Pinart.

Le principal Manoir.] Bien à propos à l'aîné, chef de la famille : *Imperator familiæ*, dans Plaute, *cujus ſymbolum domus eſt, & pro agnatione familiaque uſurpatur in l. 195. §. communi. D. de verb. ſignif. nec non apud Paulum Ep. ad Corinth.* 1. *c.* 1. *Ibi, Baptiſavi autem & Stephanæ domum.* Principale maiſon dans Froiſſart vol. 3. chap. 4. Deſert, manoir de ſaint Jean-Baptiſte dans le Roman de la

Roze. Voyez Paris art. 13. & 14.

Et arpent & demi de Terre.] Pource que seroit chose incommode d'avoir une maison sans terre. *Qualis fuit Villa Luculli*, ou une terre sans maison, *ut fundus Scauola, de quibus Plinius lib. 18. cap. 3. ratio fundi legati cum casa, l. 4. §. 3. l. prædiis §. balneas, §. fin. D. de legat. 3.* Paris art. 13. dit, ou jardin joignant ledit manoir : Car le jardin est l'ornement de la maison.

Laudaturque domus longos quæ prospicit hortos.

Quid, Si en toute la succession il n'y a qu'un arpent & demi de terre : voyez M. Loüet lett. F. n. 1.

Avec la moitié.] Et des autres droits, cens, vassaux, rentes dont le profit se divise. C. M.

Qu'ils ne soient que deux.] Venans à leur succession, dit Paris art. 16. ou se tenans au don qui leur auroit été fait C. M.

Point d'ainesse où il n'y a qu'un enfant. *Divinitas gradum non habet utpote unica. Tertull. adver. Hermogenem.* Le droit d'ainesse croît ou décroît, selon le nombre des enfans. *Fratres ideò pro hostibus apud Artemidorum lib. 4. cap. 72.*

Quant audit principal Manoir. *Id est si illud accepit in successione communis patris, non debet rursus aliam mantionem capere in successione communis matris & è contra. Secùs si parens in cujus successione accepit non esset communis sed alterius matrimonii.* C. M. en sa notte sur le 3. article de Dreux semblable. Frerot le calomnie sur Chartres article 4. où il dit, que contre son avis en cette notte, le preciput & droit d'ainesse se doit prendre en chacune des successions tant du pere que de la mere, ne considerant pas que du Moulin ne parle en ce lieu du preciput par forme d'avis, ni en termes generaux ; mais eu égard tant seulement au principal manoir, accommodant sa note au texte de la Coûtume de Dreux, differente en ce point, comme celle-ci de la Coûtume de Chartres. Nous sommes un peu enclins à la censure, mais si c'est à propos & avec raison, les bons esprits ne s'en doivent scandaliser : Nous n'avons pas grand soin de plaire aux autres. Au reste nous faisons beau jeu.

Cadimus inque vicem præbemus crura sagittis.

Si elles sont assises en cette Baronnie.) Voyez M. Loüet let. L. n. 17. Les notes de du Moulin sur les articles 4. de Romorantin, & 233. d'Anjou.

ARTICLE VI.

ENTRE filles qui sont en pareil degré de succession n'y a aucun droict ou prerogative d'aînesse ; & ne doit l'aînée, soit en heritage tenu en fief ou censif, avoir ne prendre plus que ses puisnées, ainçois doivent partir également.

Entre filles.) Non pas même par paction, *verbi gratia*, si le pere par contrat de mariage déclaroit qu'il marioit sa fille avec droit d'aînesse, comme si c'étoit son fils aîné. Arrest au rapport de M. Miller au mois de Juin 1563. Les raisons soient que les filles ne vont point à la guerre, qu'elles sortent de la famille, qu'il n'est pas bon qu'elles soient trop riches, *Inde L. Viconia*, qui défendoit que l'on instituât une femme héritiere de plus que d'une moitié de la succession, non que l'on l'instituât héritiere simplement, comme quelqu'un a écrit sur le 19. article de Paris. Voyez la Déclamation de Quintilien 264. & ce vers dans la sixiéme Satire de Juvenal.

Intolerabilius nihil est quam fœmina dives.

Contre Anjou art. 222. Maine art. 238. Amiens, Tours, Artois. En beau la plus aînée des sœurs a tous les meubles.

Grand Perche art. 150. dit, Fors quand au droit de choisir l'un des lots & portion de partage, lequel doit appartenir à l'aînée.

ARTICLE VII.

ES heritages tenus en censif n'y a aucun avantage ou prorogative d'ainesse ; mais y succedent les freres & sœurs également & par tête, aussi sont-ils és meubles, & ce tant entre nobles que roturiers.

N'y a aucun avantage.] Il n'y en a ni n'en doit avoir qu'aux fiefs , par la raison du droit François, *in hac parte*, qui est que les fiefs étans venus des conquêtes faites en guerre, on les rejette dans les maisons des aînez pour les enrichir, & rendre plus capables de servir l'Etat. *Itaque ludit operam Tullus ad 7. Carnutensis cumulando juris Romani Lumbardique vulgaria, moribus omissis.*

Contre Grand Perche art. 143. *Tot nationes, tot rationes.*

Aussi font-ils és meubles.] *Vide Aimoinum lib. 4. cap. 36.* Contre Grand Perche art. 146. qui dit, Qu'au fils aîné noble appartiennent tous les meubles.

CHAPITRE III.

DES OFFRES QUE LE VASSAL qui doit profit, est tenu faire à son Seigneur féodal.

ARTICLE VIII.

LE Vassal qui veut entrer en Foi & hommage, & qui doit rachat à son Seigneur feodal, est tenu de lui faire trois offres. L'une d'une somme d'argent, telle qu'il advisera. L'autre, de l'estimation & arbitrage du dict de prud'hommes. La tierce, du revenu de l'année , avec le marc d'argent avalué , selon la qualité du Fief.

Trois offres.] Lesquelles bien & dûëment faites, mettent le Vassal en sureté, équipolent à foy, dit Grand Perche art. 38. & Etampes art. 14. Voyez la note de du Moulin sur Vitry art. 29. l. *Cum quidam. §. Si pupillo D. de Usuris.* Pour les offres il faut suivre la Coûtume du fief dominant ; pour la taxe des rachats, celle du fief servant. Loüet lett. F. n. 19. Luc lib. 7. tit. 4. Plac. 1.

D'une somme d'argent.) *Quod scripsit Tullus ad Octavum Carnutensis*, *si*

vassallus

vassallus loco pecuniæ numeratæ offerret gemmas, vas aureum vel argenteum, verbis decorum, re falsum. Encore qu'il l'ait emprunté de Du Moulin *ad Paris §. 47. gl. 4. initio,* En matiere d'offres : il n'est que de suivre les Coûtumes au pied de la lettre ; les Seigneurs sont hargneux, & le siecle chicaneur. Les reformateurs devoient ôter ce marc, qui donne occasion aux Seigneurs, qui ne sont d'ailleurs que trop exacts de molester leurs vassaux sur son évaluation. Nous tenons plus de l'antiquité que de l'équité.

ARTICLE IX.

L'Année avec le marc d'argent avalüé s'entend, que si le Fief est entier, c'est à dire, valant trente livres tournois de revenu par an, & que le Seigneur feodal accepte pour l'une desdites offres l'année avec le marc d'argent avalüé, il aura & prendra en ce cas l'année dudit Fief, avec ledit marc d'argent entier : Et si ledit Fief n'est entier, c'est à dire, qu'il vaille moins que trente livres tournois par an, il payera ledit marc d'argent au furamplage, & au prorata du revenu dudit Fief.

Avec le Marc d'argent.] *Marcha argenti, cap. 4. de pact. ap. Gregor.* CCCC Marcs d'estrelins dans Froissart, vol. 1. CC. Marcs d'argent dans Comines, Chron. de Loüis XI. ch. 97. Les Reformateurs. *Ibid.*

Au Furamplage.) *Idem* Chartres, art. 10. Dreux ; art. 7. Au fur, dans Auvergne, ch. 3. art. 59. & dans Berri, tit. 6. art. 23. Au feur, dans Troyes, art. 58. & 68. Monstrelet ch. 3. vol. 3. Et service fait contre cœur, ne peut profiter à nul feur. Amiot, Traité des dix Orateurs, dit au feur de son argent, parlant de Demostene, qui vouloit apprendre une partie de la Rethorique d'Isocrate. C'est-à-dire au prorata.

ARTICLE X.

LE marc d'argent avalüé vaut & est estimé à six livres tournois : Et si le Fief n'est entier, il se payera au prorata, & au furamplage de ladite estimation & revenu dudit Fief comme dessus.

Le Marc d'argent avalué.) Manque à Chartres & Dreux, Coûtumes voisines, & explique l'art. 10. de celle-là, & le 7. de celle-ci.

ARTICLE XI.

LES preud'hommes & arbitres ont accoûtumé en matiere de taxation de rachat, arbitrer & taxer pour droict de rachat des heritages tenus en Fief.

Les preud'hommes.] Ce dire de preud'hommes s'en eſt allé avec la preud'hommie.

Rari quippe boni, numero vix ſunt totidem quot,
Thebarum porta, vel divitis oſtia Nili.

On choiſit aujourd'hui le revenu de l'année, que le Seigneur ou ſes Officiers taxent en liberté de conſcience, & comme l'on dit, à vûë de Pays, ſans que le vaſſal s'en oſe pleindre, de peur que le Seigneur joüiſſe par ſes mains.

Ont accoûtumé.) La queſtion eſt belle ſi ces mots emportent neceſſité préciſe; ou ſi nonobſtant iceux les preud'hommes ſont libres en la taxation du rachat. Jugé en la Coûtume de Chartres pour l'affirmative, par Arrêt que nous avons cité en nos annotations ſur l'article 11. d'icelle; & toutefois la valeur des choſes & de la monnoye a changé avec le tems, *ut homines aucti. Mol. in contract. uſur. qu.* 21. Et ces mots ont accoûtumé, *nullam determinationem recipiunt à lege ſcripta., ſed à ſubjecta materia. Vide Argent. art.* 277. de Bretagne, *ver.* a accoûtumé. *Bart. in l. mela, §.* 1. *D. de alim. & cib. leg.* avouë qu'il n'entend point la force du mot *ſolitus.*

ARTICLE XII.

UNE maiſon ou manoir, ſoit qu'il ſoit édifié ou non, ſoixante ſols tournois.

La Juſtice, ſoixante ſols tournois.

Le Coulombier, ſoixante ſols.

La Garenne, ſoixante ſols.

Le Four-bannier, ſoixante ſols.

Le Moulin bannier, ſoixante ſols.

Driot de Tabellionné & ſceaux authentiques, ſoixante ſols tournois.

Droit de peage, ſoixante ſols tournois.

Tous vaſſaux entiers à plein cheval de ſervice, chacun ſoixante ſols tournois.

Chacun muid de terre, ſoixante ſols, qui eſt pour chacun arpent cinq ſols.

L'arpent de bois de haute futaye, dix ſols.

L'arpent de taillis & d'autre bois, cinq ſols tournois.

L'arpent de pré, dix ſols.

L'arpent de nouë, ſix ſols.

L'arpent en bon eſtang, fermé de bonde & de chauſſée, dix ſols tournois.

La bonde, ſi l'eſtang contient vingt arpens ou plus, ſoixante ſols tournois.

Et s'il ne contient vingt arpens ou plus, la bonde n'eſt

point eſtimée en rachat ; mais ſe rachette à l'arpent comme deſſus.

Le Cens ſe tierçoie, & la rente infeodée ſe rachette ſimplement, c'eſt à ſçavoir, de vingt ſols tournois de Cens, trente ſols tournois : de vingt ſols tournois de rente, vingt ſols tournois.

ARTICLE XIII.

ET ſi les choſes deſſuſdites n'étoient en bonne nature & valeur, la diminution eſcherroit & eſchet au dit & arbitrage deſdits preud'hommes : leſquels conſidereront les cauſes de ladite diminution, ſi par hoſtilité ou par la culpe & faute du vaſſal, ou pourquoi, & comment.

N'étoit en bonne nature.) En gain ou en gaſt, dans nos vieux adveux. *Fundus ſterilis, ſaxoſus, l. pœn. in princ. D. de reb. eor. qui ſub tut. loca aſpera, ap. Sic. Flaccum lib. de cond. agr. Repugnante ſiquidem naturâ qualibet cedit induſtria, nec prodeſt ſtudium laboris impendere quem ubertas loci cognoſcitur adjuvare, Caſſiodor. 4. var.*

Les cauſes de ladite diminution.] *De quibus Plin. lib. 18. cap. 28. terramotum, vim divinam, inundationem ex pluviis, ap. Greg. Turon. lib. 15. cap. 33. ſiccitates, locuſtas, mures, reſque alias quibus negotia infeſtantur humana, ap. Arn. lib. 5. adv. Gentes.*

Si par hoſtilité.]

Quippe ubi fas atque nefas tot bella per orbem,
Tam multæ ſcelerum facies non ullus aratro
Dignus honos, ſqualent abductis arva colonis,
Et curvæ rigidum falces conſtantur in enſem.

Et faute du Vaſſal.] *Nec cum ipſe peccaverit, ager infamietur, inquit Columella lib. 1. de re ruſt. cap. 7. agrum male colere cenſorium probrum exiſtimabatur. Vide Plin. lib. 18. cap 6. v. intempeſtivam culturam l. ſi merces. §. conductor, D. Locati.*

ARTICLE XIV.

DESQUELS preud'hommes le Seigneur & le Vaſſal ſeront tenus convenir de chacun un ou deux dedans huitaine, après l'acceptation de l'offre ou la quarantaine paſſée. Et leſdits huit jours paſſez, ou que leſdits preud'hommes ne puiſſent convenir ou ne conviennent de ladite diminution, le Juge ſuzerain fera ladite arbitration.

Ne puissent convenir.) *Vide constitutionem Conradi & Friderici lib. 2. feud. tit. 16. & 20.*

De ladite diminution.) Les preud'-hommes peuvent donc diminuer les taxes de la Coûtume, & non pas les hausser; quelques Coûtumes, comme celle du Perche & de Normandie, celle-là en l'article 35. & celle-ci en l'article 152. & suivans, ont taxé les rachats, pour obvier aux inconveniens. Les hommes sont sujets à passion, la Loi en est exempte, Aristote liv. 3. des Polit. ch. 11.

ARTICLE XV.

LE Seigneur feodal a le choix desdites trois offres à lui faites, à prendre celle qui lui plaira dedans quarante jours après icelles faites, durant lesquels quarante jours ledit Seigneur ne doit exploiter sondit Fief; & s'il l'exploite, il est reputé payé dudit rachat: & est tenu le vassal à la fin desdits quarante jours, & iceux passez, réïterer lesdites offres à son Seigneur feodal, s'il n'a exploité ledit Fief, ou que composition en ait été faite: non comprins esdits quarante jours le jour desdites offres, & de la réïteration d'icelles. Mais si ledit Seigneur feodal accepte l'année & il y a fermier ou mestayer, ou bien le vassal ou autre laboureur de bonne foi qui ait fait aucuns labours & semences, ledit Seigneur feodal les payera & remboursera de leurs labours & loyaux coûtemens, au taux & arbitrage de gens à ce connoissans, s'il ne se veut contenter de la moitié, ou du droit que le vassal eût prins de son fermier ou mestayer. Pour taxer lesquels labours & loyaux coûtemens, ledit Seigneur feodal & le vassal conviendront de gens à ce connoissans dedans la huitaine après ladite acceptation: Et après lesdits huit jours passez, ou que lesdits gens élûs & choisis ne conviennent ou ne puissent convenir de ladite taxation, le juge du Seigneur du Fief saisissant, qui aura justice & jurisdiction à cause de sondit Fief, fera ladite estimation & taxation: Et si ledit Seigneur du Fief n'a justice & jurisdiction ordinaire, le juge du Seigneur du Fief dominant, soit mediatement ou immediatement, qui aura jurisdiction, fera ladite taxation & estimation, ausquels juges subordinément & comme dessus les parties auront leur recours pour ce faire.

Ne doit exploiter.) *Intelligo prahendendo de novo, secùs de simplici continuatione prahensionis jàm facta.* C. M. sur Chartres semblable art. 13.

Il est reputé payé.] *Id est elegisse* le revenu de l'année. C. M. *Facto nam consumpsit optionem.* Les choses ne sont plus en leur entier, *vide l. 6. D. de opt. leg. qui potest occidere, possit semel.*

Et iceux passez.) Elle explique Chartres art. 13. qui n'a que à la fin desdits quarante jours. Aussi du Moulin commence sa note sur ledit article par ces mêmes paroles : *Et post lapsum illorum, ut Dominus habeat quadraginta dies ad deliberandum. Sed quid,* si le vassal attend plus de deux mois à faire ses offres? Resp. *Semper re integra potest facere libere; sed interim post illos 40. dies potest Dominus cum effectu manum injicere* & faire les fruits siens, sans préjudice de l'excuse si le vassal en a aucune qui soit juste, & qu'il ait notifiée au Seigneur. *Facit Consuet. de Lorris* §. 13. C. M.

Réïterer.] *Scilicet ad hoc,* que le Seigneur soit privé du choix. Mais si le Vassal manque à réïterer, il ne perd pas ses fruits, *Nec cadunt in commissum, quia non est scriptum nec aquum, presertim si vassallus est pupillus.* C. M. sur l'article 10 de Dreux semblable.

Accepte l'année.) Pour sçavoir de quel tems commence, & comment se perçoit l'année, voy. Paris art. 48. & 49. & tous frais pour la production & recueil des fruits, encore ne s'entend en ce cas d'une fertilité extraordinaire, car ce seroit en un an prendre la graisse de plusieurs. C. M. Il ne faut donc pas qu'en telle année seigneuriale on puisse dire, *Vincunt jam horrea messes.* Clermont art. 74. & 76. dit, La valeur d'une année choisie en trois, le tiers de chacune desdites trois années. Moi j'estime que le Seigneur prend l'année telle qu'il la trouve.

De leurs labours) *Fructus intelliguntur deductis impensis l. Fructus D. sol. matr. l. Fundus qui, D. fam. ercisc.* Et s'il resteroit plus de deux mois après; Resp. Qu'il le peut toûjours faire librement; mais cependant, après ces 40. jours, le Seigneur peut saisir effectivement, & faire les fruits siens, sans préjudice de l'excuse du Vassal, si aucune a qui soit raisonnable, & qu'il ait notifiée au Seigneur. C. M. en sa note sur l'article 13. de Chartres. La Coûtume ne dit pas réïterer en personne, comme Chartres, *dict. art.* 13.

S'il ne se veut contenter) Paris art. 56. est plus raisonnable, qui dit, Se doit contenter.

De la moitié] Suivant l'usage d'Italie, *Bald. ad l. si quis sciens C. de reivindic.*

ARTICLE XVI.

LE vassal est tenu faire en personne la Foi & hommage & lesdites trois offres au manoir de la Seigneurie dont dépend tel Fief qu'il tient. Et si le Seigneur n'est demeurant sur le fief, le vassal est tenu lui signifier ses offres en sa justice, s'il a droit de Châtellenie & haute justice & jurisdiction & plaids qui tiennent ordinairement : Et si ailleurs & autrement est fait, le Seigneur feodal n'est tenu recevoir le vassal si bon ne lui semble : Et ne sont les offres du vassal autrement faites suffisantes ; & sera tenu ledit vassal laisser à ses dépens à sondit Seigneur feodal ou ses officiers procureurs ou métayers demeurans sur le lieu, la copie de ses offres & reïterations.

En personne] *Idem* Chartres art. 14. Paris art. 67. dit, si le Vassal n'a excuse suffisante. Grand Perche exprime ce que c'est, art 40. empêchement par maladie, pour le service du Roy en ses guerres, pour la chose publique. Montargis ch. 1. art. 79. dit, prison, inimitié capitale: ajoûte, si le vassal est furieux, vieil, impotent. Des autres coutumes, les Religieuses ont excuse suffisante. Les Conseillers de la Cour, suivant l'Arrêt rapporté par Monsieur Loüet au profit de M. Brisard, contre le Sieur de Maupertuis; & encore un autre pour lui-même du 25. Juin 1604. Du Moulin dit bien à propos sur ledit article 67. qu'il ne faut restraindre l'excuse suffisante, *ad terminos meræ necessitatis, sed latiùs & humaniùs metiendam boni viri arbitrio ex consuetudine & moribus regionis.* Le Roy Philippe le Bel ne voulut recevoir le Procureur du Roy d'Angleterre à lui faire hommage du Duché de Guyenne: voyez Beraut sur l'article 105. de Normandie. La raison soit, que la foi & hommage sont devoirs personnels, *quæ annexam habent reverentiæ exhibitionem. Vide Martialis Epigr. 46. l. 3. Secùs.* Si le Seigneur feodal avoit commis Procureur pour recevoir en foi son Vassal, *Tunc enim*, le Vassal pourroit aussi faire la foi par Procureur, dit Chaalons art. 217.

La foi & hommage.] Suivant l'usage ordinaire, *nec tenetur ad formas inusitatas.* C. M.

Au Manoir.) S'il n'y a personne ayant pouvoir de recevoir en foi, il n'est pas tenu de la faire aux parois, *ut stulti putant*; il suffit d'offrir, & remporter acte de son offre. C. M. en tems & lieu opportun, non pas la nuit ou pendant qu'on dîne, *non tempore levo. Oblatio debet fieri die, non nocte, Mol. conf. 57. ex Perr. de bella Pertica.* Voyez baiser le verroüil dans Auxerre, art. 234. & Sens, art. 181. Il faut plûtôt retrancher qu'abolir les ceremonies, qui ont du bon & du mauvais. Finalement, en devoirs d'honneur l'excès, *abundantiâ officii*, comme parle Tertullien, est moins vicieux, & plus sûr que le deffaut.

En sa Justice.] *Ad majorem notitiam.*

Et si ailleurs.] *Decretum irritans*, en haine des Officiers particuliers ausquels tels offres se font, & disposent des droits du Seigneur à leur fantaisie. La fraude se fait moins aisement entre plusieurs personnes; *vide l. Qui Romæ in princ. D. de verb. oblig. l. 3. D. de eo qu. cer. loco.*

ARTICLE XVII.

ET si le Seigneur feodal n'a Hôtel Seigneurial, le vassal sera tenu faire ses offres à la personne dudit Seigneur feodal s'il est demeurant au lieu ou à trois lieuës à l'entour au dedans de cette Baronnie, si recouvrer le y peut, & sinon à ses Officiers, si aucuns en a audit lieu, ou à ses fermiers & mestayers aussi demeurans audit lieu, ou à trois lieuës à l'entour, au dedans de ladite Baronnie, & non autrement; & sera tenu signifier lesdites offres en la justice dudit Seigneur feodal, ayant droit de

Châtellenie ou haute justice, si elle tient ordinairement, où il ne les auroit faites à la personne dudit Seigneur feodal.

N'a Hôtel Seigneurial] Par la raison de cet article, le Seigneur contre la volonté du vassal, ne peut transferer le principal manoir. *Molin. ad* §. 51. *gl.* 1. *n.* 32. *Conf. Paris.* ne peut aussi aliener son vassal sans aliener le Fief duquel il releve, Loüet lett. V. n. 10. *Honos clientum instituit sic colere patronos, inquit Plinius lib.* 34. *cap.* 4.

Ou à trois lieuës) Distance moderée. Dreux, art. 11. dit, dans la lieuë *malè.* Cecy est justement établi contre la vanité de quelque Seigneur, qui prendroit plaisir de faire courir un honnête vassal après lui, de se faire chercher; & puis quand il l'auroit trouvé, un valet viendroit lui dire,

Quid das ut cossum aliquando salutes?

Si elle tient ordinairement.] De quinze jours en autres, dit Boutiller. En quelque saison que ce soit, *juxta illud Psalmorum, Facite judicium & justitiam omni tempore, contra beneficium judicibus à Claudio concessum, ne hyeme initioque anni ad judicandum evocarentur, quod eis Galba eripuit, de quo Tranquillus in ejus vita cap.* 14. La Justice superieure de la Province peut ôter ou revoquer les inferieures, à faute de tenir ordinairement; car c'est déni de Justice. Voyez Argentré sur l'article 37. de Bretagne. *Maxime*, si elle est Royale, *cum sit judex Regius & verus ordinarius*, fondé de droit commun au nom du Roy en toute Jurisdiction sur tout son territoire, les Seigneurs qui ont jurisdiction au-dedans d'icelui, *nomine proprio*, en leurs terres, ne sont fondez que *jure speciali*, *Mol. ad* §. 3. *Paris ver.* La bouche & les mains, n. 11. & 12.

ARTICLE XVIII.

LA Justice est reputée tenir ordinairement quand il y a assises qui se tiennent de six semaines en six semaines, au autre jurisdiction de Haut-Justicier qui se tienne de quinzaine en quinzaine, ou de hutaine en huitaine: Et s'il y a discontinuation faite sans cause raisonnable, le Vassal se met en son devoir de faire ses offres sur le lieu & principal manoir, & en les signifiant audit Seigneur, ou ses Officiers & Fermiers comme dessus, sans faire signification en ladite Justice, qui ainsi seroit discontinuée, ou transmuée de lieu en autre sans cause raisonnable.

On transmuë) Car le lieu aussi-bien que l'heure des plaids, doit être certain. On mene bien souvent Astrée à la caverne.

ARTICLE XIX.

LE Vaſſal qui ne doit point de rachat, & qui doit foi & hommage ſeulement, n'eſt tenu faire leſdites trois offres; mais eſt tenu faire la foi & hommage à ſon Seigneur de Fief, comme deſſus au premier article: Et où ſon Seigneur ne le voudroit recevoir à ladite foi & hommage, pour ſe mettre en ſon devoir, doit offrir faire ladite foi & hommage au lieu & manoir dont dépend le Fief, & le ſignifier audit Seigneur, ou à ſes Officiers en ſa Juſtice, s'il a haute Juſtice comme deſſus: Et là où il n'y auroit haute Juſtice tenant ordinairement, il ſuffit de faire ladite offre ſur le lieu, & le ſignifier au Seigneur ou à ſes Officiers ou Fermiers comme deſſus: & n'eſt tenu réïterer ſeſdites offres au bout de quarante jours.

En ſa Juſtice) *Toties repetita videntur ſeria. Baldus.*

Faire leſdites trois Offres) Ni les réïterer à la fin de l'article, à plus forte raiſon quand le rachat eſt payé: *Omni ſcilicet obligatione tutus eſt qui ſolvit. Quintilianus Decl.* 273. Voyez la note de du Moulin ſur Vitry, art. 29.

CHAPITRE IV.

DE CHEVAL DE SERVICE.

ARTICLE XX.

LE cheval de ſervice ſe peut lever par le Seigneur féodal quand le Fief eſt entier; & eſt réputé icelui Fief entier, au regard dudit cheval de ſervice, quand il vaut ſoixante ſols tournois de rachat: Et s'il vaut moins, il peut être levé par portion & prorata de ce qu'il vaut: Et vaut ledit cheval entier ſoixante ſols tournois, & ſe peut lever une fois ſeulement en la vie du vaſſal, & ſur le vaſſal qui doit rachat & profit de Fief: Et ſera demandé dé par le Seigneur feodal à tel vassal par simple action, & non par voye de saisie.

Le Cheval] *Petronius, equum Mars amat à quo feuda.* Vestige de l'ancien droit, par lequel les Vassaux étoient tenus accompagner leurs Seigneurs en guerre, en armes & en chevaux. Voyez Boutiller, tit. 83. Exemple dans Jonville, parlant de M. Guyon Malvoisin, Chron. de S. Loüis, chap. 29. & les raisons dans *Guill. Benedicti in cap. Raynutius. ver. & uxorem nom. Adelasiam.* Droit de Cheval de service abourné à cinq sols en un vieux adveu de la Coudraye. Par la raison de cet article, mis entre les immeubles le cheval à l'homme fiefvé, Som. rural. tit. 74. décrit par l'Arioste, chant. 4.

Havea l'hoste un destrier ch'a costei piacque,
Ch'era bon d'a battaglia è d'a camino.

CHAPITRE V.

QUAND LE FIEF CHET EN profit de rachat.

ARTICLE XXI.

LE Vassal du Fief qui lui est venu & échû par le décés de pere & de mere, ayeul ou ayeule, & par succession de ligne directe, soit en ascendant ou descendant, ne doit point de rachat, mais doit seulement la bouche & les mains; & est tenu le Seigneur feodal recevoir son Vassal à qui il est ainsi échû en ligne directe en Fief sans profit de rachat: Toutesfois si le Fief est abourné, on se doit regler selon l'abournage; & si ledit abournement porte que le fils doive rachat par le décès de pere ou de mere, ayeul ou ayeule, il se doit payer, & le payera selon ledit abournement.

De ligne directe.] Paris art. 26. ajoûte, donnation faite en avancement d'hoirie.

Soit en ascendant ou descendant.] Idem Paris art. 3. & 4. Chartres art. 16. Dreux art. 13. *Cur enim posteris amplior honor quàm majoribus haberetur? Plinius Paneg.* Voyez les notes de du Moulin sur Troyes, art. 35. & sur Montargis, art. 33. chap. 1. où il dit qu'en Auvergne & autres lieux, en nul cas de mutation n'est dû rachat.

La bouche & les mains.) *Osculum pacis insigne, convenientia, apud Tertullianum lib. adv. haret. dextra fidei*

& concordia, apud Tacitum lib. 2. *histor. cap.* 8. Voyez prendre la main dans la Coûtume de Berry, tit. 3. quand le Notaire prend & reçoit le consentement des parties pour passer un contrat. Pierre Namuche Anti-Pape reçû à Troye, baisé par le Pape Jean. Nic. Gilles, Phil. 6. Le Diable, au cas que l'on nommoit Vaudoisie, se faisoit baiser le derriere par ses Vassaux, dans nôtre histoire, Monstrelet, vol. 3.

Vidua vassalla præsens obtulerat fidem & homagium: posteà Dominus cavillabatur quod non obtulerat seu præsentaverat speciatim, la bouche & les mains. Resp. *Oblationem validam, & ità judicatum fuit, & bene: quia hæc verba non debent ad captionem trahi.* C. M. en sa note, sur le 54. article de la Coûtume du Comté de Blois. Si une femme presentoit le baiser, & qu'elle en fût refusée, comme Cenis dans Suetone, *in Domitiano, cap.* 12. ce lui seroit honte & affront; *decorum in omnibus servandum est, decus anima & pulchritudo, inquit Ambrosius lib.* 1. *Offic. cap.* 45. C'est au Seigneur d'offrir le baiser; encore doit-il considerer sa qualité, & celle de son vassal. *E. cælo descendit.* [nosce teipsum.]

Abournez] *De verbo vide Raguell. Indic.* S'abourner, quasi se bourner par convention. *de re Bald. de pace Constant.* §. *libellaria. in fin. Alex. Cons.* 136. *col.* 1. *vol.* 1. *Jason. Cons.* 155. *col* 16. *& Cons. seq. col. fin. Molin. Cons.* 3. *& ad Cons. Paris.* §. 32.

ARTICLE XXII

LE Vassal est tenu à son Seigneur feodal faire foi & hommage, & serment de fidelité, & lui payer profit de rachat des Fiefs qu'il a acquis, & qui lui sont venus & échûs en ligne collaterale.

Et lui payer profit de Rachat.) Le vieux Poëte François pensoit à l'ordre prescrit en cet article de faire la foi & hommage, & serment de fidelité, & puis payer le rachat en sa Dame sans merci.

Amour qui joye & deuil depart,
Mit les Dames hors de servage
Et leur octroya pour leur part
Maîtrise & franc Seigneuriage,
Les servans n'y ont davantage,
Fors tant seulement leurs pourchats,
Et qui fait une fois hommage
Bien cher en coûtent les rachats.

Qu'il a acquis.] *Etiam nummis, quia in hac Consuetudine non est locus quinto precij, sed relevio tantum*, C. M. en sa note sur Chartres semblable, art. 19.

Si en même année arrivoit double mutation, il seroit dû double rachat. Jugé par Arrêt du 18. Mars 1610. M. le President de Harlay seant. Voyez M. Loüet, lett. R. n. 2. Si l'achat d'un Fief annoblit l'acheteur, *Chopin. lib.* 3. *de privileg. Rustic. cap.* 13. *n.* 4.

Le mot, acquis, comprend avec la vendition, l'échange, & la donnation, laquelle étant faite avec retention d'usufruit, le rachat est dû incontinent icelle acceptée, Grand Perche art. 69. quoique du Moulin dise que cela est dur, en sa note *ibid.* 11. sur Chartres, art. 19.

ARTICLE XXIII.

CElui qui prend heritage tenu en Fief à rente & recousse, doit rachat & autres profits de Fief de l'heure de ladite prinse, comme s'il avoit acheté ledit heritage : mais pour bail à rente à toûjoursmais, ou le bailleur retiendra à lui la foi & hommage, n'est dû aucun rachat.

De l'heure.) *Idem* Chartres art. 20. Dreux. art. 15. *non expectata redemptione, etiamsi nunquam redimat, etiamsi non dederit pecuniam.* C. M. La raison est, qu'il est en la puissance du preneur à rente de faire de son bail une vendition.

La question est belle, si un vassal, ou tenant à cens, il n'importe, peut changer les terres en autre nature, & d'une terre labourable en faire une vigne, sur cette consideration,

Hic segetes, illic veniunt felicius uva. Que je résoudrois pour l'affirmative; car le droit du Seigneur conservé, il n'a que dire.

Retiendra à lui la Foi.) *Et partem domanij feudi*; car s'il le bailloit tout entier à rente, la retention de foi seroit élusoire. C. M. Paris explique art. 51. *ibi*, pourvû que l'alienation n'excede les deux tiers; autrement le Fief seroit trop amenuisé, comme parloient le Anciens.

Grand Perche dit, car en ce faisant la rente doit representer le fonds, & est dû plein rachat par la mort du bailleur, ou alienation de la rente, tout ainsi que du fonds.

ARTICLE XXIV.

EN succession de ligne collaterale, où il y a heritages tenus en Fief, est dû rachat & profit de Fief au Seigneur feodal.

De ligne collaterale) *Jam sup. art.* 22. La raison de douter est la parentelle; de decider que la succession *non ita debetur* à la ligne collaterale qu'à la directe : mais quasi comme aux étrangers elle lui est *lucrum insperatum.* [ermaion.]

ARTICLE XXV.

SI une fille se marie une ou plusieurs fois, par chacun mariage le mari doit profit de rachat du Fief de sa femme : & aussi si le Fief lui échet durant ledit mariage, soit de ligne directe ou collaterale, & pour chacune mutation de mari : pourvû toutesfois que son frere aîné ne portât la foi pour elle en succession directe; car en ce cas il la garantît de rachat sa vie durant, comme dit est dessus.

Le mari doit profit.) Pource qu'il fait les fruits siens de l'heritage de sa femme : *unde* que s'il mouroit le lendemain du jour de ses nôces, ses heritiers ne devroient rien, ni sa veuve aussi. *Sed si moritur, saltem postquam per annum fecit fructus suos*, ses héritiers doivent le rachat ; & la veuve en consequence de la communauté est tenuë les en acquitter d'une moitié, ou du tout, si elle prend les meubles, comme d'une dette mobiliere. C. M.

Secus si les conjoints sont separez de biens par contrat de mariage. Arrêt pour la Comtesse de Croisy contre la Dame de Dangeau, du 9. Août 1613. Loüet lett. R. n. 45. Toutesfois ils disent que depuis peu il s'est donné un Arrêt contraire en la Coûtume de Chartres.

Encore que ces rachats soient fâcheux à payer, & une grande charge sur le bien des femmes, elles se marieront néanmois, & se remarieront, *in finem usque, & nubentes ab illo exitu sæculi deprehendentur. Carnis concupiscentia ætatis officia deffendit, gaudet de contumelia sua, dicit virum necessarium sexui. Tertullianus.*

*Matrimonia tributo sive publico obnoxia inter sordidos quæstus Caii notat Suetonius in ejus vita. c.*40. Aussi la disposition de cet article est-elle plûtôt fondée *super imperitiam & exactionem*, que sur la raison, dit du Moulin sur l'article 25. de l'ancienne de Paris. La plûpart des loix feodales regardent plûtôt l'utile que l'honnête, & le seul usage les rend justes. Auquel des deux, du mari ou de la femme, est plûtôt obligé le Vassal d'obéïr, quand le Fief appartient à sa femme, *quærit Alvaro in cap.* 1. *an. mar. suæ ux. in feud.*

Durant ledit mariage.) Contre l'opinion de du Moulin sur l'article 25. de l'ancienne de Paris.

De ligne directe) Paris article 38. excepte la ligne directe.

ARTICLE XXVI.

LA femme mariée par le decès de son mari, qui durant ledit mariage a racheté l'heritage de sa femme, tant qu'elle sera veuve ne doit point de rachat, ne aussi des heritages acquis durant le mariage, de la moitié qui lui en appartient, & dont son mari a payé & fait les devoirs : Mais si elle se remarie, devra rachat comme dessus.

La femme.) La Coûtume parle de deux sortes d'heritages ; de ceux de la femme, & de la moitié qui lui appartient aux conquêts. Pour les premiers, sa raison est, que c'est plûtôt reversion que mutation ; & pour les seconds, que le domaine habituel *soluto matrimonio*, est converti simplement en actuel. C. M.

Idem Chartres, art. 25. Dreux, art. 18. Voyez Paris, art. 5. & 39.

ARTICLE XXVII.

LEs enfans, ou hoirs en directe ligne pour les partages & divisions faits entre eux des heritages tenus en Fief, ne doivent point de rachat ; Et s'ils font de rechef partages, sans retour d'iceux mêmes heritages, ou autres qui soient de la premiere succession de pere ou de mere, ayeul ou ayeule, ou d'autre, en droite ligne ou en colaterale, dont le rachat est payé, ne doivent semblablement point de rachat au Seigneur du Fief, qui est tenu à ce regard les recevoir en fief & hommage desdits heritages ainsi partagés, sans avoir rachat desdits partages ainsi faits, ou refaits sans retour.

Ne doivent) *Ratio, sit necessaria hæreditatis partitio, tùm quia divisio non est alienatio, & consortes non habent animum vendendi. Bald. in l. & ideò De condict. furt. Idem* Chartres, art. 26. *ubi se suo more traducit Frerotius puerilia persequentem.* Comme pour licitation, ne sont dûës aucunes ventes, si l'adjudication est faite à l'un des coheritiers, l'heritage ne se pouvant partir. Paris, art. 80. Loüet, lett. L.n. 9. *Mornac. ad. l. 1. C. Com. divid. etiam admissis extraneis, etiam* au cas que la veuve soit adjudicataire de l'autre moitié de la communauté

CHAPITRE VI.

QUAND LE SEIGNEUR FEODAL peut saisir & mettre en sa main le Fief tenu de lui, & en faire les fruits siens.

ARTICLE XXVIII.

SI le Vassal quitte la foi de l'heritage qu'il tient, le Seigneur feodal peut par deffaut d'hommme empêcher le Fief, & le mettre en sa main, jusques à ce que celui au profit duquel ladite quittance aura été faite en ait fait ses devoirs audit Seigneur feodal ; lequel fait cependant les fruits d'icelui Fief siens.

Quitte la foi.] Donc bien qu'il l'ait vendu, & mis l'acheteur en possession d'icelui, *retenta fide & redemptione ad tempus permissum*, le Seigneur cependant ne peut faire saisir. *Idem*, si le Vassal a donné son Fief, *ad tempus tantum, retenta fide*; pource qu'il faut interprêter qu'il a seulement donné les fruits de quelques années. *Tum in dubio fit interpretatio contra jura onerosa & pecuniaria.* C. M. sur le 28. article de Chartres, semblable.

Qui quitte la foi, quitte le Fief; *feudum fide constat, feudum res fidei, inde* Feaux, Vassaux, dans Monstrelet, vol. 1. chap. 112. *Fideles apud Obertum, fideles Diaboli apud Tertullianum dè Præs. adv. hæret.* Le mot de Vassal ne signifie pas si-tôt le Proprietaire du Fief que celui qui en a fait les devoirs, *qui nexum clientelarem subiit*, & a été reçû en foi par son Seigneur, *juxtà Mol. ad Paris.* §. 7. *gl.* 1. *ver.* jusqu'à 40. jours n. 11.

Et le mettre en sa main.) *Id est*, en sa puissance, phrase feodale, Froissart vol. 1. ch. 154. Commines, Chron. de Loüis XI. ch. 104. & 107.

ARTICLE XXIX.

UN Seigneur feodal, par deffaut d'homme, peut saisir & prendre en sa main le Fief tenu de lui, & d'icelui joüir, & prendre les fruits à son profit; & en user comme un bon pere de famille fait & doit faire de sa chose, jusques à ce qu'il en ait homme qui l'ait servi, & fait ses devoirs de Fief envers lui.

Peut saisir] Sans interpellation précedente. *Consuetudo scripta perpetuò interpellat & successivè.* C. M.

Idem, Chartres, art. 29. Dreux, art. 21.

Le Fief tenu de lui.) Paris art. 54. ajoûte, & arriere-Fiefs ouverts dépendans d'icelui; sans moyen, dit la note de Du Moulin sur le 36. de l'ancienne, & en consequence de ce, ceux qui en dépendent & sont ouverts. *Ut apud Romanos quanquam Vicarius esset ordinarii* (Ctêma) *ordinarióque pareret; erat tamen ejus conservus, amboque communem Dominum suspiciebant. Hor. Satyr.* 7. *l.* 2. Le même s'observe sur les Prébendes & autres Benefices dépendans de l'Archevêché ou Evêché étant en regale.

Comme un bon Pere de Famille.) Lodunois ch. 11. art. 1. dit, sans faire ravage, dégât, ne dissipation. Dépoüille de saison, dans Boutiller, tit. 25. Il doit laisser les balliveaux és bois taillis, les volées des jeunes pigeons au coulombier. Coquille sur Nivernois, art. 57. des Fiefs. Voyez Math. 21. L'Edit du Roy Philip. le Bel sur le fait de la regale. *Alias præmaturos fructus secans non lucraretur; esset hæc fructuum corruptio potiùs quàm perceptio, l.* 38. §. *& hæc distinctio* §. *fundum, l.* 27. §. *si olivam*, *D. ad leg. Aqu. Mol.* §. 1. *gl.* 8. *Paris. Semis*, si le Vassal n'avoit fait ses devoirs qu'après la maturité. *Sylva cujus sit ætatis par cæsura, apud Aggen. Comment. Frontini, de limit.*

Homme qui l'ait servi.) Anjou, artc 104. dit, jusques à ce que son Fie' soit servi. Voyez hommes de service dans Cujas, *lib.* 1. *feud. tit.* 5. homme du Roy dans Commines, Chron. de Loüis XI. chap. 103. *Et re maximè quod Servius ait clientes dictos quasi colentes.* 6. *Eneïd.* Le Curateur, ou Commissaire, peut au lieu du Vassal faire la foi, Paris, art. 34. Ou faire offres valables, qui équipolent à foi, dit Estampes, art. 15. De Muns explique ceci mieux que les Docteurs.

As-tu donc bon Seigneur servi,
Qui si t'a pris & asservi,
Et te tourmente sans sejour,
Il te mecheit bien le jour.
Quonques hommages tu lui fis.
Bien fol fus quand à ce te mis.
Mais sans faille tu ne sçavoyes
A quel Seigneur affaire avoyes;
Car se très-bien tu le connusses,
Onques son homme été n'eusses.
Ou se son homme eusses été
Servi ne l'eusses en esté,
Non pas du jour une seule heure;
Mais croi que sans point de demeure
Son hommage lui renvoyasses.

Ad hunc articulum faciunt Epistolæ Ivonis Carnotensis. 168. *&* 192.

ARTICLE XXX.

LE Seigneur feodal ne pourra ſaiſir, empêcher, ne exploiter par deffaut d'homme, ſoit qu'il ſoit dû rachat ou non, après la mort de ſon Vaſſal, le Fief tenu de lui, ſinon quarante jours après icelui trépas; eſquels quarante jours ne ſeront comprins les jours dudit trépas & de la quarantaine durant leſquels quarante jours, le Vaſſal ne pourra uſer de ſondit Fief, ſinon comme un bon pere de famille.

Quarante jours après.] *Propter crebra impedimenta hæredum*, dit la note de Du Moulin ſur Reims, art. 106. joint que c'eſt un tems competant à faire les obſeques. *Vide cap.* 50. *Geneſ. Auth. Sed neque de ſep. viol.* Aux autres mutations le Seigneur peut faire ſaiſir incontinent, *quia contrahentes ſtatim ſunt certi*, dit la note de Du Moulin ſur Troyes, art. 28. Bacquet au contraire, tient qu'il faut auſſi en ce cas attendre les quarante jours, & ſe trouvent quelques Arrêts contraires à ſon opinion. Eſtampes art. 17. dit, que les quarante jours paſſez les fruits tombent en perte au Vaſſal, encore que le Seigneur n'ait fait ſaiſie ni ſommation. Autres Coûtumes ne donnent le gain des fruits, ſinon quarante jours après la ſaiſie: Autres permettent de ſaiſir incontinent après le trépas: Melun, art. 78. Sur quoi faut dire avec Ariſtote en ſes Ethiques, que ce qui eſt juſte en un lieu, ne l'eſt pas en l'autre.

Comme un bon Pere de Famille.] Comme le Seigneur, art. préced. afin qu'après les quarante jours, ſi le Vaſſal ne fait ſon devoir, le Seigneur trouve dequoi: joint que durant ce tems, le Vaſſal n'eſt reputé que gardien du Fief.

Ne ſeront compris.) *Ut ſuprà art.* 15. *ubi* de la réïteration: il explique Chartres art. 30.

ARTICLE XXXI.

LE Seigneur feodal fait les fruits ſiens de l'heritage qu'il tient en ſa main par deffaut d'homme, ſuppoſé qu'il deſcende ou vienne à fils de ſucceſſion de pere ou de mere, ou autrement en ligne directe, & qu'il ne ſoit dû aucun rachat.

Par deffaut d'homme.) Non par faute d'aveu, art. 33. plus bas: Non ſi la foi manque de ſon côté, art. 36. Plus bas. Homme en cette matiere veut dire ſerf, vaſſal, *eodem ſenſu homines ejus, Diaboli ſcilicet, apud Tertul. de fuga.*

Suppoſé.] Non à cauſe de la ſucceſſion, mais de la negligence, *ut qui pro gratia odium reddit*, comme parle Tacite. Par le droit des Lombards, le Vaſſal perdoit ſon Fief, s'il manquoit dans l'an à demander l'inveſtiture.

ARTICLE XXXII.

UN Seigneur feodal par deffaut d'homme ou de devoirs de Fief non faits & payez, peut assigner lui-même brandon sur les heritages tenus en Fief de lui, & les mettre en sa main, & les empêcher: Et peut aussi, si bon lui semble, faire mettre & apposer la main du Roy, ou d'autre Seigneur son suzerain dont le Fief dépend en confortant sa main: Et pendant le tems de ladite main mise signifiée à son Vassal ou au détempteur dudit Fief, le Seigneur dudit Fief fait les fruits siens; & si le Vassal les prend, il est tenu de les restituer & rétablir auparavant que le Seigneur soit tenu le recevoir en foi & hommage ou lui lever la main, & au devant de la main mise le Vassal fait les fruits siens; & n'est tenu de les restituer, supposé qu'il n'ait pas fait ses devoirs; qui est à dire que, quand le Seigneur dort, le Vassal veille, & quand le Vassal dort, le Seigneur veille.

En confortant.) Encore que cette saisie Seigneuriale ne soit acte de Jurisdiction, mais domanial, & que la commission du Juge n'y soit requise, qu'afin qu'il en apparoisse par écrit, *Scripto & testato.* C. M.

Signifiée.) Voyez l'article 30. de Paris. Orleans art. 72. dit: Et sera le Fermier ou Mestayer auquel la saisie aura été signifiée, tenu de la faire sçavoir & notifier incontinent & au plûtôt que faire se pourra audit Vassal son Maître, autrement sera tenu rendre indemne ledit Vassal son Maître de la perte desdits fruits; comme aussi ledit Vassal auquel ladite saisie aura été notifiée par ledit Fermier, doit acquiter & rendre indemne ledit Fermier des dommages par lui soufferts à cause de ladite saisie.

Fait les fruits siens.] Tous les fruits, & non au prorata du tems, comme en l'année pour le rachat. Grand Perche, art. 58. dit: Si après la saisie, & avant que les fruits soient separez du fonds, le Vassal fait offre raisonnable, & se met en son devoir; lesdits fruits doivent appartenir au Vassal, & non au Seigneur. *Vide Plautum Pseud. act. 1. sc. 3.*

Quand le Seigneur dort.] Brocard tiré de la loi, *Pupillus D. qu. in fraud. cred.* & sur ce qu'il est reciproque, appliquez ce passage de Quintilian, Declam. 320. *Nihil non aequum est quod utrique parti scriptum est.* On demande si les créanciers du Seigneur le peuvent éveiller, & contraindre de saisir. Resp. Que non, lors que le Vassal ne doit que la bouche & les mains; *secùs* quand l'ouverture est avec profit de rachat, citant la *l. qui autem, D. qu. in fraudem.*

ARTICLE

ARTICLE XXXIII.

SI le Vaſſal eſt en foi de ſon Seigneur feodal, nonobſtant ce, par deffaut d'aveu non baillé, peut bien ſaiſir & empêcher le Fief tenu de lui ; mais au moyen de tel ſaiſiſſement ne peut faire les fruits ſiens.

Par deffaut d'aveu.] Jugé que le Seigneur feodal n'eſt tenu de faire vûë comme d'heritage cenſuel, par Arrêt de l'Audience du Parlement ; ſeant à Tours, au profit de Monſieur de Montpenſier, 12. Juin 1587.

Ne peut faire les fruits ſiens.] Car cet empêchement n'eſt que pour le ſemondre à ſon devoir. *Vide cap.* 2. *ext. de dol. & contum.*

ARTICLE XXXIV.

LE Vaſſal eſt tenu bailler ſon aveu dedans quarante jours après la reception de foi & hommage, ou dedans quarante jours après qu'il a été interpellé par ſon Seigneur de ce faire : Et ledit aveu baillé & preſenté par le Vaſſal, le Seigneur ou ſes Officiers ſeront tenus blâmer ledit aveu dedans trois mois après : autrement, & leſdits trois mois paſſez, ou cas que tel aveu n'ait été blâmé par ledit Seigneur feodal, ou ſes Officiers, il ſera tenu pour reçû, & paſſé ſans contredit & blâme.

Tenu bailler ſon aveu.) *Ad quem finem. C. M. ad* §. 8. *Conſ. Pariſ. gloſ.* 1. *ver.* dénombrement. n. 2. Paris, article 8. dit, en bonne forme probante & autentique, écrit en parchemin, paſſé pardevant deux Notaires ou Tabellions : ce qui s'entend du nouveau Vaſſal ; car l'ancien qui a fait la foi, & baillé par aveu, n'y eſt pas tenu une ſeconde fois. C. M. Bretagne, art. 86. dit : que le Seigneur ni ſes Officiers ne doivent rien prendre du paſſement d'aveu : ce qui ne ſe pratique pas deçà, où les les Officiers ne ſont Officiers qu'en payant.

Sens, art. 198. dit : Le Vaſſal qui ſcientement fait faux aveu, & reprend d'autre Seigneur que celui qu'il ſçait être ſon feodal, commet ſon Fief, tout ainſi que ſi ſcientement il dénioit ledit Fief.

Blâmer.) De la forme de blâmer aveux & dénombremens, voyez Du Moulin ſur la Coûtume de Paris, §. 10. gloſ. 1. *ver.* blâmer ledit dénombrement.

Pour reçû.) Paris, art. 10. ajoûte : Toutesfois ledit Vaſſal eſt tenu d'aller ou envoyer querir ledit blâme, au lieu du principal Manoir, dont eſt mouvant ledit Fief. Eſtampes, art. 44. dit : Et des diligences qui en feront faites, ſera priſe atteſtation devant Notaires ou Témoins. Montfort, art. 6. dit : Autrement ne sera ledit aveu & dénombrement tenu pour reçû. Coquille sur la Coûtume de Nivernois, art. 67. tient que ce n'est qu'une commination, & qu'il faut que la contumace du Seigneur soit déclarée par sentence, & que jusques à ce, il peut purger sa demeure, mêmement si le Vassal est sans interêt notable par les raisons des loix, *si insulam*, *si ita quis*, §. 1. *de verb. oblig.* de la loi, *& si post tres*, *D. si qu. caut.* Mais si d'ailleurs c'est un Seigneur facheux, comme ils sont pour la plûpart, & qui veüille tenir un Vassal le bec en l'eau, qui n'oseroit plaider contre lui, ni le mettre en Justice, quand il prendroit tout son bien. *Imò & si pulsetur dissimulet.*

C'est pourquoi je me tiens au texte de la Coûtume, *saltem* après que le Vassal s'est mis en devoir d'aller querir les blâmes, & de ce pris attestation.

ARTICLE XXXV.

POur aveu non baillé, le Seigneur feodal peut saisir & empêcher le Fief tenu de lui tant que l'aveu soit baillé, & commettre commissaires au gouvernement du Fief: Et quand l'aveu est baillé, ledit Seigneur doit faire rendre les fruits à son Vassal, en payant les frais de la commission, & les frais & salaires raisonnables des commissaires, & quinze sols tournois d'amende pour l'aveu non baillé dedans lesdits quarante jours.

Et commettre Commissaires.) Faut interprêter peut, doit, comme aussi à Chartres, art. 34. Ce qu'il n'est tenu faire en saisie faute d'homme, pouvant joüir par ses mains. Grand Perche, art. 57. dit: Et est l'établissement de Commissaires au peril & fortune dudit Seigneur: & ce, d'autant qu'il l'a choisi & préposé, & en est par consequent responsable, *utili institoria*, *l. in eum*, *D. de instit.*

Rendre les fruits.] Si main-levée se doit donner *in totum*, ou seulement pour les articles non blâmez, *pendente lite super discutione catalogi. Molinæus ad* §. 10. *Cons. Paris. glos.* 1. *n.* 16. *& seq.*

En payant les frais.) Qui se montent souvent à plus que la valeur des fruits. C'est une pitié de l'abus qui se commet en cet endroit par les Seigneurs, ou leurs Officiers. S'il y a un méchant homme dans un Village, c'est de lui que l'on fait un bon Sergent de Seigneurie.

ARTICLE XXXVI.

QUAND la foi & hommage fault du côté du Seigneur feodal, & non du Vassal, & que par deffaut dudit hommage, le Seigneur feodal fait saisir son Vassal; tel saisissement est reputé une simple dénonciation: tellement que dedans quarante jours après ledit empêchement, ou hommages criez & tenus, il ne peut exploiter ledit Fief, ne y commettre Commiſſaires: mais leſdits quarante jours paſſez, ledit Seigneur pourra faire ſaiſir, & commettre Commiſſaires au regime & gouvernement dudit Fief: Et toutesfois & quantes que ledit Vaſſal ira faire la foi & hommage, ledit Seigneur feodal ſera tenu le recevoir, & après, lui lever la main, & faire rendre & reſtituer les fruits qui auroient été pris au moyen de ladite main-miſe, en payant par ledit Vaſſal les dépens, & frais pour & à cauſe d'icelle main-miſe, & l'amende, comme d'aveu non baillé.

Du côté du Seigneur.) Qui vient nouvellement à terre, dit Boutiller, tit. 91. Il y a donc ouverture de Fief en deux manieres; l'une quand la foi faut du côté du Seigneur de Fief; l'autre quand la foi faut du côté du Vaſſal; *Sed non per omnia æqui parantur*, dit la note de Du Moulin ſur Blois, art. 47.

Empêchement.) Qui ſe doit intimer, & notifier au Vaſſal ou détenteur de l'heritage empêché, dit Blois, art. 52. Paris, art. 65. dit: Que le nouveau Seigneur ne peut empêcher, ni mettre en ſa main les Fiefs qui ſont tenus de lui, juſques à ce qu'il ait fait faire proclamations & ſignifications que ſes Vaſſaux lui viennent faire la foi & hommage dedans quarante jours, ce qui me ſemble plus raiſonnable; car il doit faire ſçavoir qu'il eſt Seigneur avant toutes choſes.

Hommages criez.) Sur la forme de ces cris, ou proclamations d'hommages. Voyez Eſtampes, art. 37. Grand Perche, art. 46. Ils ſont quelquesfois neceſſaires, afin que le Seigneur connoiſſe ſes Vaſſaux. *Ovidius de Neptuno, lib. 1. Metam. Convocat hic amnes.*

Les fleuves ſont ſes Vaſſaux,
Ou de la mer il n'en faut pas douter.

Il ne peut exploiter.] Pour ce que l'obligation de faire la foi par l'ancien Vaſſal au nouveau Seigneur, *non eſt pura, ſed purificanda*, par les ſolemnitez contenuës en l'article: & afin que la mutation du côté du Seigneur ne ſoit captieuſe au Vaſſal C. M.

Reſtituer les fruits.] *Secus ſi mutatio procederet ex parte vaſſalli, ut ſup.* 31. C. M. en ſa note ſur l'article 35. de Chartres, ſemblable.

En payant.] Du Moulin tient que cet empêchement doit être, *impenſis Domini*, au regard de l'ancien Vaſſal; ce qui eſt raiſonnable quand l'ancien Vaſſal s'eſt preſenté pour faire la foi dans les quarante jours.

ARTICLE XXXVII.

S'IL avient qu'un Vaſſal eût impoſé charge, ou rente ſur ſon heritage tenu en Fief, telle charge ne préjudicie point au Seigneur feodal, & eſt en ſon choix de recevoir en foi celui qui a acquis la rente, & infeoder icelle, ou de le refuſer, & s'adreſſer à ſon Fief.

Ne préjudicie.) *Secùs*, s'il l'avoit infeodée ; comment se fait, & quel effet a l'infeudation. Voyez Du Moulin sur le *ss.* 28. glos. 1. n. 7. 8. de la Coûtume de Paris.

Et infeoder icelle.) Comme aussi le créancier n'est pas tenu reconnoître la rente du Seigneur. C. M.

ARTICLE XXXVIII.

LE Vassal ne peut par quelque maniere que ce soit obliger ne hypothequer aucun heritage qui soit tenu à foi & hommage d'aucun Seigneur, sans le vouloir & consentement dudit Seigneur de Fief ; au moins que telle obligation ou hypotheque que pourroit avoir faite d'icelui heritage le Vassal puisse ne doive nuire ne préjudicier aucunement audit Seigneur feodal, quant aux droits de Fief, ne és autres profits & redevances feodaux, ou qui pourroient être dûs à icelui Seigneur de Fief ; même où ledit Fief cherroit en profit de rachat.

Puisse nuire. [*Sufficit una ratio, nihil contra Dominum factum possessumve esse, & hac est melior quàm illa, quod resoluto jure datoris resolvitur jus acceptoris.* C. M. Le Roy même par l'érection d'une terre en Duché, Marquisat ou Comté, ne peut faire perdre au Seigneur dont elle tenoit la foi & hommage, & autres droits Seigneuriaux. Bodin, livre 1. de sa Republique.

ARTICLE XXXIX.

LES obligations & hypotheques constituées par le Vassal sur aucun heritage tenu en Fief, ne pourroient & ne peuvent empêcher que le Seigneur de Fief ne leve & exploite en sa main l'heritage tenu de lui, avec les fruits d'icelui, pendant le tems qu'il n'a point d'homme, & jusques à ce qu'il ait été payé & satisfait des profits & redevances de Fief qui lui sont dûs à cause d'icelui heritage : Et n'est, & ne sera ledit Seigneur de Fief aucunement tenu payer lesdites hypotheques.

Payer lesdites Hypotheques.) *Idem* en cas de reversion ou réünion du Fief qui se fait, *sine facto Vassali ex causa antiqua*, & en consequence des clauses apposées au contrat de concession, infeodation ou investiture ;

secùs si par le fait du Vassal, felonnie, commise ou autrement, discussion préalablement faite sur les autres biens du Vassal, és Coûtumes où elle a lieu. Voyez Loüet lett. C. n. 53. qui suit Du Moulin, *ss.* 43. gl. 1. q. 17. n. 94. 95. & 98. Les Interpretes de Chartres l'entendent autrement sur le 37. article de leur Coûtume. Quand le Fief retourne au Seigneur par legs, vendition, donnation, ou autre moyen de droit, la chose est sans difficulté; car il ne retourne pas à lui comme Seigneur, *sed tanquam ad privatum.*

CHAPITRE VII.

DES SOUFFRANCES.

Souffrances.] Souffrance veut dire délai, surſceance. Voyez Ragueau en son indice. Froissart, vol. 3. ch. 12. Si mettons en souffrance les besognes de Portugal un petit. Un vieux Poëte.

Guerre la mort nous avance,
Paix tient la vie en souffrance.

Vide tit. 13. lib. 4. feud. de mini ad fid. feud. non cog.

ARTICLE XL.

QUAND le Seigneur feodal a donné souffrance à son Vassal du Fief tenu de lui, il ne le peut plus avoir par puissance de Fief.

A donné souffrance.) *Scilicet*, à faire foi, *secùs* de souffrances de saisie, *ut quando Dominus tantùm permittit cessare à manu injicienda*, jusques à ce qu'on lui ait exhibé les contrats. C. M.

Scilicet volontairement, *secùs* quand elle est dûë, comme à un pupille, *cui statim debetur, & etiam nullo instrumento viso dari potest : Ideò si tutor nomine pupilli sui fundum emit, & obtinet à Domino suo*, souffrance de faire foi, le Seigneur n'est pas exclus du retrait feodal par telle souffrance necessaire & dûë; mais seulement par le laps de tems après la notification de la vente. *De quo dixi in Cons. Paris. ss. 13. gl. ult.* C. M. sur la 39. article de Chartres semblable.

Intellige de la volontaire, *ut dixi in Consuetudine præcedenti, amplia sive dederit inducias* de faire foi, ou de payer le rachat. Mais tout cela se limite, *ut procedat*, après que l'exhibition des contrats de vente a été faite au Seigneur direct, *qui deinde scienter has inducias dedit.* C. M. sur Dreux semblable, art. 29. Donc, afin que la disposition de cet article ait lieu, trois choses doivent concurer, que la souffrance soit volontaire de faire la foi, ou payer le rachat, & donnée sciemment.

ARTICLE XLI.

La souffrance donnée par le Seigneur feodal à son Vassal vaut foi durant le tems qu'elle dure.

Vaut foi.] Et la saisie faite avant la fin d'icelle se doit aussi-bien revoquer avec dommages & interêts, que si elle étoit faite après la prêtation de foi. C. M.

Limita hunc textum ut procedat, tant que le Fief demeure en même état: *Secùs* s'il survenoit nouvelle mutation & ouverture de la part du Vassal. Voyez Du Moulin sur la Coûtume de Paris §. 41. n. 9. & 10.

ARTICLE XLII.

Le Seigneur feodal est tenu donner souffrance au pere ou mere, ayeul ou ayeule ayant la garde noble de leurs enfans, ou autres mineurs d'ans, & jusques à ce qu'ils soient en âge de porter la foi, sans payer aucun rachat ou profit des heritages à eux venus & échûs en ligne directe durant ladite souffrance, & en demandant icelle souffrance, & pareillement aux tuteurs & curateurs de tous enfans mineurs, soient nobles ou non nobles.

Est tenu donner.] Et s'il la refuse, la Coûtume la supplée. *Molin. ad* §. 41. *Consuet. Paris. gl.* 1. *n.* 4. *Favore imbecillis ætatis*, *l.* 1. *D. de minor.* Contre l'iniquité de la Coûtume de Sens, art. 209. qui permet en ce cas au Seigneur de joüir en pure perte des Fiefs appartenans aux mineurs.

Ayant la garde.) Encore qu'ils ne fussent en garde ni tutelle; car c'est lors que le Seigneur feodal se doit montrer plus benin envers eux: *Et quod hic fit mentio de existentibus in tutela, refertur ad id quod debet & solet, & ad communem frequentiam, unde non restringit.* C. M.

En ligne directe.) Ou collaterale, *quia eadem ratio. Molin. ad* §. 41. *Cons. Paris. gl.* 1. *n.* 1.

En demandant icelle.) Ce qu'ils sont tenus faire, à peine de tous dommages & interêts des mineurs. Paris art. 41. ajoûte: Et est tenu le tuteur déclarer les noms & âges des mineurs, pour lesquels il demande souffrance.

ARTICLE XLIII.

L'Enfant mâle, pour faire & porter la foi & hommage à son Seigneur feodal, est âgé en l'âge de vingt & un an, & la fille à quinze ans.

De vingt & un an.] Age capable de guerre, *leg. ripuar. cap.* 82. d'affaires; voy. Commines Chron. de Loüis XI. ch. 43. parlant de Monseigneur Charles frere du Roy. Pline second dit, qu'il plaida sa premiere cause à vingt & un an, *Epist. Capitoni.* Chartres, art. 42. dit aussi à vingt & un an, Dreux de même, article 31. La loi donne pouvoir aux hommes de manier leur bien, lors que la nature les rend capables de le manger. *Dentes maxillares viris & mulieribus nascuntur circiter vicesimum annum Arist. lib. 2. de hist. anim.*

Et la fille à quinze ans.] Ainsi par le droit elle obtient plûtôt benefice d'âge que le mâle. Les filles dans Hypocrate croissent plus tard dans le ventre, plûtôt dehors. Est à remarquer ce que dit Paris, art. 32. Que tout homme de Fief est tenu & reputé âgé à vingt ans, & la fille à quinze ans accomplis, quand à la foi & hommage, & charges de Fief. Et par l'article 268. La garde noble dure aux enfans mâles jusques à vingt ans, & aux femelles jusques à quinze ans accomplis. Ce qui se devroit pratiquer en cette Coûtume & autres qui n'en disposent point; car il est bon pour les mineurs que la garde dure peu, à cause du gain des fruits, & le rapport de la fin de la souffrance à la fin de la garde, est convenable.

ARTICLE XLIV.

QUand le Vassal desavoüe son Seigneur feodal à Seigneur, il commet felonnie, & forfait son Fief envers lui, & après tel desaveu, le Vassal doit avoir la main-levée de son Fief & fruits d'icelui; sans préjudice de la felonnie & forfaiture, & confiscation prétenduës par ledit Seigneur feodal.

Desavoüé.] *Quod non fit negatione generali, vaga & informi*, comme si le Vassal contestoit negativement, ou si repondant au libelle, il disoit: *nego narrata prout narrantur, & petita sicut petuntur, vera esse & fieri debere.* C. M. Le Vassal Ecclesiastique ne peut desavoüer sans l'autorité de son superieur; par Arrêt du 22. Août 1573. entre les Chartreux du Valdieu d'une part, & Jacques d'Illiers d'autre. Tout Vassal est tenu avoüer ou desavoüer formellement celui qui se prétend son Seigneur: Et lors que deux prétendent la tenure, il suffit offrir de faire la foi & hommage à celui qui obtiendra; & cependant, se faire recevoir par main souveraine. Voyez Paris, art. 60. & Grand Perche, article 52. Du Moulin sur Paris, §. 45. n. 14.

Des autres cas de perte de Fief. Voyez les grandes Coûtumes du Maine, d'Anjou, & y remarquez cetui-ci, de ne pas coucher avec la fille ou femme de son Seigneur. Voyez Boer. Decis. 149. n. 27. du Vassal qui a dit à son Seigneur qu'il n'étoit pas Gentil-homme. Beraut sur l'article 124. de la Coûtume de Normandie. Du Vassal qui a donné un démenti à son Seigneur, M. Loüet, lett. F. n. 9.

Il commet felonnie.] Pour sçavoir que c'est, voyez Cujas, *ad lib. 1. feud. tit. 2.* Elle ne peut être remise par paction, *vide Guill. Bened. ver. duas habens filias, n.* 228. il faut cinq témoins pour la justifier, Arrêt dans Papon, liv. 9. tit. 1. Si le pupille est capable de la commettre, *Fab. inst. quib. mod. tut. fin. §. item servi-*

tutem. On s'y arrête aujourd'hui d'autant moins que les Fiefs sont plus réels que personnels.

Le Seigneur qui offense son Vassal, d'offense telle que si son Vassal lui avoit faite, il perdroit son Fief, doit par même raison être privé de toute proprieté, domaine directe & feodal qu'il avoit sur l'heritage de son Vassal, *ita quod offendens desinit esse patronus, & offensus desinit esse Vassallus, inquit Molin. ad Paris. art. 3. gl. 3. ver.* serment de feauté. Bon s'ils étoient de même condition ; mais si le Seigneur étoit noble & le Vassal roturier, celui-là n'auroit rien à craindre,

Et tamen alter
Si fecisset idem caderet sub judice moram.

L'usage ne s'accorde pas toûjours avec la raison. Melun art. 84. Grand Perche art. 51. & Normandie article 126. disent, qu'en ce cas le droit de Fief retourne au superieur de celui qui commet felonnie.

Doit avoir main-levée.] *Non ut pretium periculi*, mais d'autant que par le moyen du desaveu deffaut, ou plûtôt est suspendu le fondement du Seigneur, la qualité & vertu en laquelle est appuyée la vigueur & puissance de la saisie feodale ; & partant son effet doit aussi être suspendu. C. M. & n'est tenu le desavoüant bailler caution, sinon en cas d'insolvabilité.

CHAPITRE VIII.

DU CENS ET DU SEIGNEUR Censier.

Du Cens.) Boutillet dit, certaine redevance que l'on appelle Cens, qui est ancienne chose mise sur les terres. Droit dû au Seigneur en remembrance du domaine directe dans les autres Praticiens. *Alode contrà, terra immunis & censu libera lib. 1. Capit. cap.* 132. Du contrat de bail à cens. Jac. Menoch. lib. 3. Præs. 107.

ARTICLE XLV.

LE Seigneur censier fait les fruits siens des heritages vacans tenans à cens de lui, & par lui mis en sa main, & les peut bailler à son profit juques à ce qu'il y ait proprietaire venu vers lui reconnoître lesdits droits & devoirs de cens : Et en iceux reconnoissans, le proprietaire est tenu de payer les réparations & méliorations raisonnables qui auroient été faites par le Seigneur censier ou celui à qui ils auroient été baillez : Et pendant le temps que ledit Seigneur censier tient iceux heritages en sa main, ledit proprietaire demeure quitte envers lui des arrerages dudit cens.

Vacans.)

Vacans.] *Sive habentur pro derelicto, sive hæreditas jacet.* C. M. *Quando quis videatur habere pro derelicto, vide Joan. Fabr. Inst. de rer. divis.* §. *hoc amplius.* Tertullien au Livre *de Fuga in persecutione*, dit que Dieu délaissa les Nations qui l'avoient délaissé, & qu'il les exposa au diable, qu'il avoit nommé Prince du monde, *in vacuam possessionem.*

Montargis ch. 2. art. 29. dit, sans détempteur. *Quemadmodum vacantes vocat Quintilianus mulieres sine marito*, *Decl.* 261. Les Seigneurs sont fondez en ce droit même contre le Roy. Voyez Argentré sur Bret. art. 273. ver. entre les metes. *Manat ex eo* que le Seigneur du territoire, *habet intentionem fundatam intra fines ejusdem*, *Molin.* §. 68. *Paris. gl.* 1. *ver.* franc. aleu. n. 4. il peut faire mesurer sa censive pour obvier aux usurpations.

Demeure quitte.] Pour les années dont le Seigneur fait les fruit siens. C. M.

ARTICLE XLVI.

QUand aucun heritage est empêché à la requête du Seigneur censier pour les arrerages de cens à lui dû, l'empêchement doit tenir, sans faire recréance des fruits empêchez à l'opposant audit empêchement, jusques à ce qu'il ait consigné trois années d'arrerages du cens seulement, ou moins, selon ce que le Seigneur ou son procureur ayant puissance, affermera par serment en justice lui être dûs; & ce sans préjudice des années précedentes.

Trois années.) *Si Dominus per se vel procuratorem specialem jurandi in animam ejus mandatum habentem*, jure qu'il y en est dû autant, que s'il jure qu'il y en est dû plus, *pro illo pluri finis litis expectabitur.* C. M. tiré de la loi 3. c. *de apoch. pub.* & de la glose sur la loi 2. *C. de jur. emphyt. Calcas Cons.* 45. *coll. ult.* Boutiller explique ce point clairement & dans l'usage de son tems. Liv. 2. tit. 27.

Sans préjudice des années précedentes.] Sinon que l'on montrât avoir payé les trois années dernieres sans reservation; car en ce cas on auroit mainlevée diffinitivement par les Arrêts.

On demande, si le tenant à Cens montre avoir payé la derniere année sans reservation des précedentes, s'il en demeurera quitte. Resp. Pour l'affirmative suivant la Coûtume de Poitou art. 36. qu'il faut voir.

Ou moins.] Suivant le manuscrit que nous avons, les imprimez avoient *au moins.* Du Moulin avoit ja corrigé cette erreur sur l'article 45. de Chartres en son Commentaire sur Paris art. 74. glos. 1. n. 161.

ARTICLE XLVII.

QUand aucun heritage tenu à cens est baillé à rente à recousse, ou que sur icelui est constitué specialement aucune rente à recousse, celui qui a prins ledit heritage à rente à recousse, ou acheté ladite rente recoüiable, doit & est tenu payer dès l'heure du contrat au Seigneur censier gands & ventes de la somme à quoi ladite recousse se monte, ou ladite rente à été venduë, tout ainsi que si ledit heritage étoit vendu purement & simplement; & à ce moyen par la recousse ne seront dûës aucunes ventes.

Doit & est tenu.) Quant aux rentes constituées, ceci est corrigé par Arrêt du Parlement du 10. Mai 1557. Recours à mon Commentaire sur la Coûtume de Paris art. 58. Lequel Arrêt a lieu generalement, sinon és cas que j'ai exceptez en mon Commentaire sur ledit article, Du Moulin en sa note sur l'article 46. de Chartres: Voyez encore ses notes sur Troyes art. 38. & sur Chaumont art. 24. & sur le 144. plus bas citée par Brodeau sur Loüet. lett. R. n. 15. Voyez l'article 23. plus haut.

Gands & ventes.] *Ratio consuetudinis parabilitas redemptionis*, C. M.

ARTICLE XLVIII.

Rente infeodée fonciere & perpetuelle, & aussi rente fonciere Seigneuriale & premiere, qui s'entend être créée par le bail de celui qui tient en Fief l'heritage baillé, est reputé cens, & tenuë sortir la nature du cens en toutes choses, & non autrement.

Sortir la nature.] Voyez le different touchant l'amende, si elle est dûë faute de payer rentes à leur jour dans le procès verbal, renvoyé à la Cour pour y être reglé. Mais je trouve la distinction que les Coûtumes d'Anjou, art. 178. & Maine 196. apportent raisonnable, & se devoit observer par tout: Que si le Seigneur de Fief a cens & rente, la rente n'est point amendable; mais s'il n'y a seulement que rente qui soit infeodée, pour icelle non payée à jour qu'il y ait amende. Qui n'a lû toutes les Coûtumes, n'en peut expliquer une.

Et non autrement.) *Id est* pour l'amende. Voyez le procès verbal. Ici surcens n'a lieu ni rente seconde, ce qui s'entend pour porter directe Seigneurie, mais simplement pour rente commune. Voyez les notes de Du Moulin sur les Coûtumes d'Orleans, art. 131. De Nivernois, ch. 5. art. 12. De Bourbonnois, art. 392. *Chop. de mor. Paris. lib. 1. tit. 3. n. 3.*

ARTICLE XLIX.

D'Heritage tenu à cens vendu ou échangé en diverses censives, le Seigneur censier doit avoir pour son droit de ventes vingt deniers tournois pour livre, avec les gands de ſon Sergent, eſtimez à vingt deniers tournois : & le ſemblable eſt de la rente conſtituée ſur icelui heritage, où le Seigneur ayant droit de ventes voudra prendre tel droit de ventes & dépendances d'icelui, pour raiſon de telle rente ainſi conſtituée.

Vendu] Ou adjugé par decret. *De conſuetudine regni Franciæ, deberi ventas Domino cenſuali, ſcripſit Faber inſt. de empt. & vend.* D'heritage vendu avec les fruits ſont dûës ventes du prix entier. *Idem* de la maiſon avec les meubles tenans à fer & à clou. *Boer. Deciſ.* 229. Ajoûtez l'eſpece que Tacite rapporte de ce Romain, *qui venditis hortis ſtatuam Auguſti mancipaverat.* Ce droit de vente eſt tiré de la loi derniere, *de jur. emph.* & de la Novelle de Leon XIII.

En diverſes cenſives.) Pourquoi plûtôt que ſi en même cenſive ? Pyrrhus ſur l'ancienne Coûtume d'Orleans, *hoc tit. cap.* 8. dit qu'il n'en voit pas la raiſon. Frerot, ſur l'article 47. de Chartres, qu'elle eſt tirée du texte de la Coûtume, & s'abuſe : moi j'eſtime avec Pithoü ſur Troyes, que la plûpart de ces droits pecuniaires, cenſuels ou feodaux, ſont fondez ſur mauvais uſage. *Igitur ſit pro ratione voluntas. Unde habeat, quærit nemo, ſed oportet habere.* C'eſt manquer de raiſon que d'en trop demander aux Coûtumes.

Contre Grand Perche, art. 88. Anjou, art. 155.

On demande ſi les cenſives ſeront reputées diverſes, ſi elles appartiennent à même Seigneur. *Reſp.* Qu'oüi ; & qu'il faut que l'échange ſoit fait en même cenſive ; la choſe ſe conſidere, & non la perſonne du Seigneur : Et toutesfois Berry, ch. des Fiefs, ſi l'argument étoit bon des Fiefs aux cens, art. 41. dit, qu'en permutation rachat eſt dû au Seigneur feodal, ſi ce n'eſt que les Fiefs commutez fuſſent ſous même Seigneur feodal. Vermandois, article 178. dit tenus de même Seigneur, & à cauſe de même Seigneurie.

Avec les gands.] Faut noter, dit Ragueau en ſon indice, que les gands ſe donnent en ſigne que la main du Seigneur eſt couverte, levée & arrêtée par le poſſeſſeur qui s'eſt mis en ſon devoir, & accordé au Seigneur, ou l'a ſatisfait. Gands eſtimez à deux deniers Pariſis en la Coûtume de Senlis. Paire de gands, droit de relief ancien de cette Baronnie en l'aveu de Brezolles. Les Sergens d'aujourd'hui n'ont plus beſoin de gands, puis qu'ils n'ont plus de mains.

ARTICLE L.

POUR non avoir payé ventes d'heritage tenu à cens, & pour avoir icelles recelées, eſt dû amende de ſoixante ſols tournois : & pour non avoir payé dedans la huitaine après le dépri, il eſt dû amende, qui vaut ſept ſols ſix deniers tournois.

Superflu, à cauſe du 142. plus bas.

ARTICLE LI.

EN bail à rente à toûjoursmais d'heritage tenu en censif, ne sont dûs aucuns gands ne ventes, sinon qu'il y ait eu bourse desliée, auquel cas, l'acquereur sera tenu payer prorata de l'argent déboursé; mais si après lesdites rentes ou heritages sont vendus, sont dûs gands & ventes de ladite vendition.

Ne sont dûs.) *Ut supr. art.* 23. La raison est, que telle rente est présumé égaler le vrai revenu de l'heritage, ne diminuer sa valeur; & être plutôt ménagément qu'alienation.

ARTICLE LII.

EN échanges faits en divers censifs, la chose échangée se doit priser & estimer, pour certifier, sçavoir & connoître quelles ventes en sont dûës aux Seigneurs censiers, afin de les leur payer; & se fera la prisée pardevant le Juge où la matiere sera traittée.

Se doit priser.] Celle qui est en la censive du Seigneur, non celle qui est baillée en contre-change. *Vide l. fin. in verbo æstimationis, de jur. emph.* vingt fois autant que son revenu, *ex l. Papinianus, ff. unde, D. de inoff.* les choses s'estiment par verité, & non par affections particulieres, *l. pretia rerum, D. ad Leg. Flac. viro sapienti notum est quanti res quaque taxanda sit.* Cet article est l'execution du 49. plus haut. De cette estimation en cas pareil, voyez Berry, des Cens, art. 7.

ARTICLE LIII.

QUAND deux heritages, ou autres droits immeubles étans en une même censive, sont échangez sans retour, & sans fraude, n'y a aucunes ventes: Et s'il y a retour, il y a ventes dudit retour, & pour le retour seulement.

Et sans fraude.) Les Loix usent souvent de cette clause, *propter fidem malè ambulantem,* comme parle Petrone. La plûpart des Vassaux ou tenans à cens, sont aussi peu de conscience de déguiser un contrat, pour frustrer le Seigneur de ses droits de rachat, ou de lots & ventes, qu'un cuisinier une sausse. En general, nous ne sommes les uns aux autres que des renards, (*alopeces*) dit Arrian, *lib. 3. serm. Epict. cap. 3.* S'il s'en trouve quelqu'un qui marche rondement aux affaires, & qui pour chose du monde ne voulût prendre avantage sur son compagnon, je le regarde comme un miracle, ou plûtôt un monstre, *& fœta comparo mula.*

Non erit fraus judicanda si fundum quis pretiosum pro vili sciens vel ignorans tradat, ut si aurum pro ære, quod Glaucus fecit apud Homerum; Nec propter hoc queri poterit Dominus de subdito seu detentore, quemadmodum creditor de debitore, ex Edicto qu. in frau. cred.

Dudit retour.] Soit qu'il excede, ou qu'il soit moindre que la chose qu'il recompense; car quelques Coûtumes ont jugé de cette affaire comme le Jurisconsulte de l'Hermaphrodite, *ejus sexus æstimandum qui in eo prævalet.*

Eschanger sans retour, se dit but à but, sans soltes, sans tournes, dans les Coûtumes; voyez tournes & recompensations, dans Monstrelet, vol. 1. ch. 236.

Idem, Chartres, art. 51 Dreux, art. 39.

Et pour le retour seulement.) *Pro rata*, dit la note de Du Moulin sur l'article 453. de Bourbonnois, relative au 396. *eod.*

CHAPITRE IX.

DE DOUAIRE.

Le mot est aussi François que la chose; il tient un peu de la donnation, *propter nuptias*; *vide observ. 4. lib. 5. Molin. Consf. 52. n. 32. rubr. 4. lib. 3. Const. Neapol. Aimoin. lib. 5. cap. 24.* Doüagere dans Monstrelet, ch. 62. Droit de vivelote, dans Boutiller. C'est un des moyens par lequel ce beau sexe affermit son empire sur la plus grande partie du monde, qui est en quenouille.

ARTICLE LIV.

LA femme noble ou non noble est doüée de doüaire coûtumier de la moitié de tous les heritages & immeubles qui appartiennent à son mari, & dont elle le trouva Seigneur & saisi au jour qu'il l'épousa, & qui lui sont échûs durant leur mariage par succession de pere ou de mere, ayeul ou ayeulle, ou d'autres en directe ligne; & se acquiert ledit doüaire dès la premiere nuit que la femme a couché avec son mari; & commence à avoir cours & effet après le trépas dudit mari: Et s'il y a doüaire préfix & conventionnel, on se doit regler selon la convention des parties.

La Femme.) *Principale vocabulum*, comme parle Tertullien, comprenant les veuves qui se remarient; aux filles c'est le prix de leur virginité, selon aucuns, & que le même Auteur nomme fleur, *lib. de virgin. vel. Quò pertinet illud Capitul. lib. 6. cap. 214. ut virginitas usque ad nuptias fideliter servetur.* Cela étant, Junon vendit bien la sienne, & eût son doüaire franc, qui dès aussi-tôt qu'elle s'étoit baignée dans une fontaine, dont parle Pausanias en ses Corinthiaques, elle redevenoit pucelle: je ne veux pas dire que le doüaire n'ait d'autres considerations; ce peut être je ne sçai quoi de correspondant au dot, ou augmentation d'icelui, *juxta illud, augete dotem, Genes. cap. 34.*

De doüaire coûtumier.) Paris, art. 247. ajoûte. Posé que par exprès au traité de mariage ne lui eût été constitué aucun doüaire. Et Blois, article 190. Posé que la femme n'ait rien porté avec son mari. Sinon, dit la note de Du Moulin, qu'elle eût promis dot ou mariage, & qu'elle ne l'eût baillé: *Secus* si par la negligence du mari, plûtôt que par la faute de la femme, il n'avoit été payé, *Novell. 91. Ferrerius* en ses notes sur la question 294. de Guido Pape.

De la moitié des heritages & immeubles.] Sur les rentes par consequent reputées immeubles, jusques à ce qu'elles soient amorties, suivant Paris, art. 94. Autres Coûtumes disent le tiers, & qu'on n'y peut déroger par contrat de mariage. Et son logement selon la qualité & quantité des choses: Voyez l'article 83. de la Coûtume de Châlons, & l'article 86. de Vitry, avec la note de Du Moulin. S'il y en a plusieurs, & qu'elle ait le choix par son contrat de mariage, elle n'aura ni le meilleur ni le pire, Jugé par Arrêt du 26. Janvier 1580. Boutiller, tit. 98. ajoûte, le meilleur habit à elle appartenant, l'anneau de mariage, dit par Juvenal gage. Satyr. 6. le fermail & les ornemens de chef, le lit étoffé & courtine si elle y est, & un lit pour la Demoiselle servante.

S'il se prend sur les Offices. Voyez M. Loüet, lett. D. n. 63. Si sur biens substituez avec prohibition d'aliener, lett. D. n. 21. Si sur heritages réunis au Fief durant le doüaire, Normandie, art. 203. Du Moulin sur la Coûtume de Paris, §. 1. gl. 1. n. 38. & 39. Si sur dons du Roy, Chopin sur Anjou, livre 3. Si sur mines d'or, d'argent, de fer, pierrieres, salines, marnieres, Boer. Decis. 51. n. 2. *Etiam* que l'heritage sujet à doüaire ait été vendu sans le consentement de la femme, voyez l'article 119. du Grand Perche, avec la note de Du Moulin; & sur le partage des heritages sujets à doüaire, l'article 44. de Normandie: & sur la forme de le faire, l'article 50. de Châlons, avec la note de Du Moulin, & d'en composer; le même Auteur en ses usures, où il interpréte la Loi, *Computatur ad Leg. Falcid.* En doüaire il n'y a lieu, *juris accrescendi, sed bene juris decrescendi*, avant le doüaire consommé, C. M. Si le mari n'a aucuns propres, voyez l'article 221. de la Coûtume d'Orleans.

Les dettes déduites, *l. quærebatur, D. qu. pot. in pig.* les cas fortuis, *vide Cujacium ad L. 36. D. de usuf. tract. 5. ad Affricanum.* La force majeure, le fait du Prince, par Arrêt de l'Audience du 13. Decembre 1603. rapporté par Mornac, *ad l. 69. D. de contrah. emp.*

En ligne directe.) Descendente & non ascendente, sinon en certains cas contenus en mes écrits. Du Moulin en sa note sur l'article 136. de l'ancienne de Paris.

Et s'acquiert.) *Vendunt amplexus, non commodant.*

Dès la premiere nuit.) *Tanta nox à Papinio dicta in Epithal. Stella & Violentilla.*

A couché.) Idem Chartres article 52. Normandie article 352. dit au coucher, Bretagne article 229. dit, ayant mis le pied au lit. *Idem* si le jour des nôces le mari *impatiens moræ*, avoit eu son accointance: comme au contraire, si la nuit il ne s'étoit rien passé, car il n'a tenu qu'en lui, puis que cela s'appelle JUS MATRIMONII, *apud Quintil. Declam. 247.* JUS THORI, *apud Prudentium Hymno ante cibum*; comme manger quand l'on est à table, JUS COENAE, *apud Petronium.*

Le doüaire se perd au mal couché,

c'est-à-dire, par adultere commis du vivant du mari, sinon qu'il l'eût sçû ou ne l'eût voulu sçavoir, *doctus spectare lacunar*, qu'il n'en eût fait instance; car ses heritiers après sa mort n'y sont pas recevables: Voyez Loüet lett. I. n. 4. Bouguier lett. A. n. 3. *mortuis sollicitudo nulla quæ de carnis zelo*, dit Tertullien.

Après le trépas.) La Coûtume qui parle de mort, s'entend de mort naturelle, & ne s'étend à la civile, sinon és cas exprimez de droit. *C. M. ad Regul. de infirmis.* Voyez M. Loüet lett. D. n. 36.

Selon la convention.] Et la convention par la Coûtume du domicile du mari: Jugé le 5. Mai 1502. Voyez M. Bouguier lett. D. n. 14. Il ne peut par quelques Coûtumes être accordé plus grand que le Coûtumier: Voyez l'article 222. d'Auxerre avec la note de Du Moulin; ce qui a de la raison; car une femme ou fille qui sent un homme amoureux d'elle, tire de lui en cette occasion tout ce qu'elle peut.

Nullam invenies quæ parcat amanti,
Ardeat ipsa licèt tormentis gaudet amantis,
Et spoliis,

Paris article 260. dit: Doüaire préfix, soit en rênte ou deniers, se prend sur la part du mari, sans aucune confusion de la communauté, & hors part. Dont infere M. Antoine Mornac en sa note sur l'article 248. précedent que le doüaire préfix va sur tous les biens, tant ceux que le mari a lors du mariage, que ceux qu'il acquiert par après pendant icelui.

ARTICLE LV.

DOüaire coûtumier est, comme dit est dessus, de la moitié de tous les heritages que tient & possede le mari, & dont il est saisi & vêtu au tems du mariage fait & consommé entre lui & sa femme, & de ceux qui lui viennent & échéent après & durant icelui mariage par succession de ligne directe.

Fait & consommé.] *Est quidem jus matrimonii explendum, matrimonium jungendum*, comme parle Quintilien Decl. 247. mais il est présumé tel, si le mari a couché avec sa femme. *Secùs* si elle avoit refusé le devoir; *si nimis arcta, quia lex non fingit super impossibili, cap. ex litteris, cap. laudabilem extr. de Frigidis. Congessere doctores alias fallatias; sed has non capiunt notæ.*

ARTICLE LVI.

DOüaire conventionnel est celui qui est accordé, taxé & limité en traitté de mariage par paction & convention faits entre le mari & la femme, ou leurs procureurs & commis ayans puissance.

En traité de Mariage.] Non après ou durant icelui. Voyez Paris, art. 258. *ubi* des contre-lettres. *Robert. rer. judic. lib.* 1. *cap.* 2. Loüet lett. C n.

28. La contre-lettre est valable quand le gendre futur remet à son beaupere l'usufruit durant sa vie de l'heritage baillé en dot à sa fille, par Arrêt du 13. Juillet 1581. en la Grand Chambre, plaidant M. Loüis Buisson.

ARTICLE LVII.

ENTRE non nobles le doüaire coûtumier & conventionnel se finit & termine par le trépas de la femme doüée.

Par le trépas.) Sinon dit Orleans art. 220. que par le contrat de mariage ladite femme eût été doüée d'aucun doüaire pour être propre d'elle. *Adeò* que si la doüairiere meurt, *fructibus nondum collectis*, ils appartiennent au proprietaire, sans que ses heritiers y puissent rien prétendre, suivant la Loi *deffuncta*, bien prise, *D. de usufr.* & de la note de Du Moulin sur Vitry, art. 94. Quant aux fruits civils, arrerages de rente, gages d'office & autres, ils se divisent entre le proprietaire & les heritiers de la doüairiere, *pro rata temporis*. Pour le cens, il n'est dû qu'au jour qu'on le doit payer.

ARTICLE LVIII.

LE doüaire par le trépas de la femme doüée se finit & éteint, soit qu'elle trépasse avant le mari ou après; sauf qu'entre les nobles le doüaire de la mere est reputé le propre heritage des enfans issus en mariage, en telle maniere, qu'il ne peut être vendu, obligé ne hypothequé contre ne au préjudice d'iceux enfans.

Reputé le propre.] Chartres art. 58. ajoûte. Combien que ledit mari & pere d'iceux enfans doit joüir sa vie durant. Et Dreux art. 44. comme un bon pere de famille. Au préjudice de laquelle joüissance les enfans ne peuvent rien faire,. dit la note de Du Moulin sur l'article 177. de Senlis. Voyez l'article 149. & suivans de la Coûtume de Paris. L'article 8. du chapitre 24. de Nivernois avec la note de Du Moulin, Loüet lett. D. n. 44.

Ratio consuetudinis, ne nobilium domus pudendam ad inopiam dilabantur, ut illa Hortensii apud Tacitum. lib. 2. Annal. Ce qui arrive, parce que l'honneur les oblige à la grande dépense du jeu, des habits, à nourrir chevaux & chiens, qui les mangent comme ils firent Acteon.

& à magna non degenerare culina. Le soin de la Coûtume est très-juste; c'est pitié de pauvre Noblesse; *Facilius est egestatem ferre in hac natis*, dit Quintilien, Déclamation 269.

Obligé ne hypothequé.) Ni confisqué, par Arrêt du 6. Avril 1598. rapporté par Tronçon sur Paris, art. 249. suivant la note de Du Moulin sur l'article 135. de la Coûtume de Troyes: contre le texte exprès de la Loi. *Quisquis, C. ad Leg. Jul. Majest.* Ni empiré

piré par paction. *Molin. Conf.* 52. Soit par le pere, soit par la mere, *quæ ipsis incipientis matrimonii auspiciis admonetur* [tant par sa qualité de noble que par la Coûtume] *accipere quæ liberis inviolata ad digna reddar*, comme parle Tacite. De quel jour commence à courir la prescription pour le doüaire contre les enfans; Loüet lett. D. n. 20.

ARTICLE LIX.

LA doüairiere est tenuë en lui faisant délivrance de son doüaire, bailler caution de joüir & user des choses à elle baillées, ainsi qu'usufruitier est tenu bailler selon droit; & si est tenuë entretenir les heritages & choses qui lui seront baillées en l'état que baillées lui seront, & acquitter les cens, rentes & devoirs fonciers dûs & échûs durant qu'elle en joüira.

D'en joüir.) On demande si elle peut ceder son droit à un autre: Resp. qu'oüi, si c'est par vendition, elle doit la préference aux heritiers de son mari, suivant l'article 35. de Bourgogne: *Secùs*, si c'est par bail à ferme, que les heritiers ne peuvent prendre, dit la note de Du Moulin sur icelui. Voyez encore sa note sur l'article 86. de Vitry.

Ainsi qu'usufruitier.] *Vide ergò l.* 1. *& tot. tit. usuf. quem cau. Cautio dotalis, testator*, §. *filia*, *de Legat.* 2. Paris art. 264. dit, à sa caution juratoire; mais si elle convole en autre mariage, sera tenuë bailler bonne & suffisante caution: plus raisonnable à mon avis, à cause de la difficulté de trouver des cautions. Le Sage en ses proverbes chapitre 17. dit, que cautionner autrui, c'est sottise, celui qui le fait, s'en repent le plus souvent, *bonitate labitur, humanitate conturbat.* La distinction de Faber est bonne, que pour le regard des immeubles, la veuve qui ne peut bailler caution ne laisse d'en joüir: pour les meubles, qu'ils soient mis en main tierce, & qu'elle en prenne l'interrêt. Voyez la note de Du Moulin sur le 240. article d'Orleans. Si le doüaire est controversé pour cause d'adultere, Argentré sur Bretagne art. 423. Le moderne interprête de Chartres dispense la doüairiere de bailler caution, à cause que sa Coûtume n'en parle point: mais sauf sa correction, c'est qu'elle est deffectueuse, & se doit regler par celle-ci, comme voisine, ou par celle de Paris, sur ce point d'importance.

Entretenir les heritages.] Les cultivant en saison; les bâtimens de reparations viageres, suivant Paris art. 262. Voyez la note de Du Moulin sur Vermandois art. 17. *Chopin. de mor. Paris. lib.* 2. *tit.* 2. *n.* 13. Anjou art. 311. & Maine art. 324. disent, que la doüairiere perd son doüaire, si elle laisse cheoir par sa faute les maisons. Bretagne art. 242 que le doüaire sera diminué à proportion du dommage. *Secùs* si la déterioration étoit advenuë en usant des choses selon leur nature, *L. si ususfructus mihi*, §. *si vestis*, *D. de usuf quem cau.* Il faut faire les menuës reparations aussi-tôt qu'on s'apperçoit qu'il en est besoin, & ne pas attendre que les édifices soient en danger, *jam perlucente ruina*: d'un petit mal il en vient un grand.

En l'état.) Il faut donc visiter à l'entrée du doüaire, *l.* 1. §. *recte*, *D. usuf. quem cau.*

Les Cens, Rentes.] Non les constituées par son mari depuis le mariage en qualité de doüairiere; *Secùs* comme commune, par l'article 55. plus bas, encore n'en devroit-elle que la moitié, posé que son doüaire fut assigné pour le tout sur l'heritage obligé à ladite rente. Voyez l'article 89. de Troyes, & la Pithou.

Vermandois ajoûte, les charges de l'arriere-ban, pour le tems que le doüaire a eu cours; pource, dit la note de Du Moulin, qu'elles se distribuent, *pro modo redituum : ergò per l. quaro, D. de usuf. legat.* J'ai vû disputer en cette Coûtume entre la Dame Comtesse de Croisy, doüairiere de Jaudrais & de Garantieres, & le Sieur de Lorry, heritier, à qui c'étoit d'eux à payer la taxe faite au deffunt Sieur Vidame de Chartres, député de la Noblesse de ce Bailliage aux derniers Estats Generaux de ce Royaume à Paris. *Vide l. 13. D. de imp. in res dot. fact. l. 27. §. 3. D. de usufr.*

ARTICLE LX.

Doüaire coûtumier saisit dedans l'an & jour du trépas du mari.

Saisit.) D'autant qu'il est certain, & que la Coûtume est son titre. Et courent les fruits & arrerages du jour du décès, dit Paris art. 256. non contre le tiers détenteur, sinon du jour de la contestation: Voyez Loüet, lett. I. n. 10. La note de Du Moulin sur Blois, art. 189. Et n'ont besoin, tant le doüaire coûtumier que préfix, de mise de fait ou nantissement és Coûtumes qui les desirent en autres contrats pour acquerir hypotheque, pource que ce sont hypotheques legales & coûtumieres: Et n'est tenuë la doüairiere pour son doüaire faire la foi & hommage, & payer aucun relief; mais est tenu l'heritier l'en acquitter, dit Paris, art. 40.

La sentence pour doüaire est executoire par provision, suivant l'Ordonnance, fondée sur ce que *venter non patitur dilationem.* Boutiller dit, vivre n'a nul jour. *Nemo invitus audit cùm cogitur aut cibum capere aut vivere*, dit Petrone. *Tum quia per se imbecilla res est fœmina, & affert infirmitati naturali non leve pondus quòd vidua est, inquit Quintilianus Declam.* 338.

ARTICLE LXI.

Doüaire préfix n'a point de lieu jusques à ce qu'il soit demandé en jugement.

Demandé.) D'autant qu'il naît d'un contrat, que les heritiers peuvent l'ignorer.

En jugement.) Et ne suffiroit la sommation faite hors jugement, devant Notaire ou Tabellion, comme par la Coûtume du Maine, art. 325.

ARTICLE LXII.

FEMME doüée de doüaire préfix ne peut demander doüaire coûtumier, s'il ne lui est permis par son contrat de mariage.

S'il ne lui est permis.) Si lui est permis, le choix non-seulement lui appartiendra, mais aussi aux enfans du même mariage, & à leur heritier du côté paternel, par Arrêt prononcé en robes rouges, par feu M. le President Magistri; le 23. Decembre 1551. Les parties, Gaspart & Massot. Le tems d'opter est de quarante jours après le décès du marri, par la Coûtume du Grand Perche, art. 113. La mere qui a fait l'option n'en peut être relevée, au cas même que le doüaire est propre aux enfans, par Arrêt du 9. Janvier 1596. cité sur la Coûtume de Paris, les enfans étoient intervenus en cause, *Secùs* si elle étoit notoirement imbecille d'esprit, ou suspecte de collusion.

ARTICLE LXIII.

Doüaire préfix a lieu, & courent les arrerages d'icelui depuis le jour & datte que ledit doüaire a été demandé en jugement par celui ou ceux à qui il est dû, aux heritiers du mari dont procede, & qui a constitué ledit doüaire.

A été demandé.] Et du coûtumier du jour du décès, à cause qu'il saisit, le préfix non.

ARTICLE LXIV.

Doüaire en meubles retournera aux heritiers de celui qui aura créé tel doüaire, après le trépas de la femme.

De celui.) D'autant que tout doüaire est censé paternel, *vide Chopinum de mor. Paris. lib. 2. tit. 2. n. 3. Secùs*, Si par contrat de mariage la femme a été doüée d'aucun doüaire pour être propre heritage d'elle, suivant la Coûtume d'Orleans, art. 220. S'il n'y a contrat au contraire, dit Paris, art. 263. comme s'il est dit doüaire sans retour, dit la note de Mornac.

CHAPITRE X.

DE COMMUNAUTE' ET division de biens communs.

De Communauté.) Les Docteurs d'Italie appellent ce droit de communauté la Coûtume de France. Voyez Chopin sur la Coûtume de Paris, livre 2. tit. 1. *Jull. lib. 1. offic.* Plutarque Précepte de Mariage. *Pondet ex eo quòd vir & uxor non ampliùs sunt duo, sed caro una*, Matth. 19. Ce seroit une belle chose si l'on pouvoit dire d'eux ce que Pline dit des Pigeons, liv. 10. ch. 34. *Conjugii fidem non violant, communemque servant domum.* Il est vrai que la rubrique s'étend aussi à la communauté entre étrangers, à cause de l'article 69. de ce chapitre.

ARTICLE LXV.

HOmme & femme qui sont conjoints par mariage en premieres nôces, s'ils ont été & demouré an & jour ensemble en mariage, ils sont communs en biens, meubles, dettes, créances mobiliaires faits auparavant ledit mariage, & durant icelui, & és acqueremens faits durant leurdit mariage par eux ou l'un d'eux, en telle maniere qu'entre non nobles après le trépassement de l'un d'eux, iceux meubles & créances mobiliaires & acqueremens se divisent entre les heritiers du trépassé & le survivant également, si autrement le trépassé n'a disposé de sa part. Et entre nobles, tous les meubles appartiennent au survivant, si bon lui semble, en payant par lui toutes les dettes, créances mobiliaires, obseques & funerailles: & entre lesdits nobles les acqueremens faits durant leurdit mariage se partissent comme dessus.

Conjoints par mariage.] *Per matrimonii nexum*, comme parle Tertullien *lib. de Virgin. vel.*

An & jour.) La loi des douze tables, *cap. de uxore usu tantùm*, n'est pas à propos, si est bien, *de bonorum communione cap. 21. apud Marcilium.* Frerot s'est donc mépris sur Chartres, art. 57. Paris, art. 220. dit, du jour des épousailles & benediction nuptiale.

Meubles.] *Mobilia undecunque*, dit la note de Du Moulin sur l'article 27. de la Comté de Bourgogne. Les Coûtumes sont honnêtes, qui disent, que chacun des conjoints peut prendre hors part ses habits, Châlons, ch. 19.

Dettes.) La femme toutefois en demeure quitte, renonçant à la communauté, & faisant inventaire. Voyez les articles 221. 222. 237. de la Coûtume de Paris. Si elle n'a parlé: Voyez la note de Du Moulin sur l'article 145. de Bourbonnois. Loüet, lett. F. n. 17. & sans renonciation, n'en est tenuë que jusques à concurrence de la communauté, faisant inventaire, art. 227. de la même Coûtume de Paris. Les biens du mari ne sont obligez aux créanciers de la femme à cause de la communauté, & ne peuvent être vendus que jusques à concurrence de sa part & portion hereditaire, pour laquelle elle étoit tenuë lors qu'il l'a épousée, *cùm per aditionem hæreditatis & per communionem bonorum confundantur quidem jura personalia, sed non realia, vel hypotheca.* Voïez Bouguier, lett. C. n. 3.

Des acquerements.) Posé que l'acquêt soit fait au nom de l'un d'entr'eux, s'il n'y a paction au contraire, dit Anjou art. 511. Maine 305. Posé que la femme ne soit presente ne appellée, & que le mari en soit saisi & vêtu seul, sans faire mention de sadite femme, dit Chauny, art. 24. Sans considerer du labeur ou de l'argent de qui des deux conjoints les acquêts sont faits. Voyez Argentré sur Bretagne art. 408. Offices même de judicature entrent en communauté comme acquêts, *quia honores hodie dant arca & dispensator. Secùs* s'ils sont donnez du Roy. Jugé par Arrêt du 15. Février 1605. *Vide tit. de reb. à Rege marit. vel uxori donatis in L. L. Vuisigoth.* Des choses données qui n'entrent en communauté: Voyez Paris, art. 246. Loüet, lett. A. n. 2. *Secùs* des acquêts faits par le mari avant le mariage, & payez pendant icelui; mais seulement peut la femme demander part au prix; Voyez Loüet lett. A. n. 3. lett. T. n. 5. Des arriere-Fiefs réünis & consolidez au Fief appartenant à l'homme ou à la femme avant le mariage, Argentré sur Bretagne article 418. glos. 4. n. 10. *Luc. lib. 7. tit. 4. plac. 5.* Les Reines ne peuvent prétendre part aux acquêts faits des deniers de la Couronne, qui tombent en nature de Domaine: Voyez du Tillet, traité des rangs. Au reste, je n'entend être garand de rien, & ayant nommé mon auteur je suis hors de cause, en peine de faire dire de moi, si d'avanture je mêlois quelque chose de beau dans ces annotations, ce que Pline dit de l'émeraude, *ex alieno est quod placet.*

On peut faire par contrat de mariage que les propres mêmes entrent en communauté, Loüet, lett. D. n. 64. & que tous les acquêts, en cas de survivance, appartiennent à l'un des conjoints; mais ce sera une donnation sujette à insinuation. *Quid* si la femme a promis d'apporter certaine somme de deniers en dot, & par dol elle manque de promesse, aura-t'elle part à la communauté? Resp. Que non; Voyez Coquille sur Nivernois, chap. des droits des gens mariez, article 2.

Egalement.) *Id est*, par moitié. Anciennement la femme n'avoit que le tiers aux acquêts, *tertiam partem conlaborationis*, *Capitul. lib. 4. cap. 9.* La raison du changement est à mon avis, que les deniers dotaux n'entroient lors en communauté. La coûtume de doter les filles en France, n'est venuë que depuis la troisiéme lignée de nos Rois, si du Tillet dit vrai en ses memoires; on achetoit les filles à prix fait, & ce prix appartenoit aux peres. Aujourd'hui c'est le revers de la medaille,

Veniunt à dote sagitta.

Le mot *conlaboratio*, marque la raison de la Coûtume; il est tiré du labourage, & me fait souvenir de ce qu'Artemidore, livre 2. chap. 24. dit, que la charruë & instrumens qui servent à l'attelage des chevaux, signifient le mariage & societé. Et Tacite, que chez les Allemans, *juncti boves hanc societatem denunciabant.* Si l'homme acquiert, la femme conserve, ce qui n'est moindre vertu: *vide Aristot. lib. 3. Polit. cap. 3. Oeconom. lib. 1. cap. 3.* C'est pourquoi on bailloit anciennement à la nouvelle mariée toutes les clefs de la maison, *limen intranti*, excepté celles de la cave. Voyez Pline, liv. 14. ch. 13. Et à celle qui faisoit divorce on les ôtoit d'abord. *Vide Marcill. ad l. XII. cap. 26.* Les chiens, gardes maisons, signifient la femme, les serviteurs & les heritages ou possessions acquises dans le même Artemidore, liv. 2. ch. 11. *Vide fidelem Quint. Decl. 2. 62. jus suum; dominarum honorem apud Salvianum, de provid. lib. 7. dominari in aliena familia, apud Tert. lib. 1. ad uxor.* C'est pourquoi elle ne doit pas être villotiere: Phydias fit l'image de Venus aux Eliens ayant le pied dessous la coque d'une tortuë, *intùs manere mulierem oportet*, *Stob. serm. 72. ex Menandro.* Chez les Egyptiens les femmes ne portoient point de souliers.

Entre Nobles.] Paris ajoûte, art. 238. & vivans noblement. On ne perd sa Noblesse pour être Avocat, même en un Siege inferieur; *nam maximus quisque judex qui causas audit, inquit Joannes Faber: Tyberius adfuit Urgulaniæ apud Tacitum.* La femme roturiere est Noble mariée à un Gentil-Homme, *mixta deo.* C'est le pere qui annoblit ici le mariage, autrement qu'en Champagne; quand la qualité de Noble est revoquée en doute, il la faut prouver, à quoi plusieurs seroient bien empèchez.

Quorum nemo queat patriam monstrare parentis.

Cependant les Docteurs disent, que qui la prend induëment, commet crime de faux, voire de Leze-Majesté, *Bart. in l. 1. Columel. 7. vers. sequitur in diffinitione illa, C. de dignit. lib. 12. pertextum in l. 3. §. ult. D. ad l. Jul. Majest. de eo qui se pro milite gessit cum non esset miles, vide l. eos. D. ad leg. Corn. de fals. & contra eum qui se appellat doctorem & non est, idem Bart. in l. reddatur, C. de prof. & med. lib.* 10. Cette difference de nobles & de roturiers se remarque entre les animaux, les arbres & les herbes, *vide Plin. lib. 22. cap. 2. & lib. 24. cap. 15.*

Tous les meubles appartiennent.) Par privilege de Noblesse, dit la Coûtume de Troyes, article 83. *de hoc statuto Rota Romana, Decis.* 476. & 842.

Quelques Coûtumes disent, pourvû qu'il n'y aît enfans, comme Paris art. 238. Montfort art. 132. Estampes, art. 97. Autres donnent cette prérogative au seul mari, comme Bourgogne, art. 28. *Nempe qualibet regio non magis suo aere aut terminis, quam suis moribus definitur.*

Paris art. 238. dit encore par forme de restriction, les meubles étans hors la Ville & Fauxbourgs, à raison de la quantité & preciosité des meubles de cette excellente Ville, où l'on ne fait nul état des hommes, s'ils ne sont bien meublez en leurs maisons, & bien couverts en leurs personnes; *inde* les plaideurs pour n'être rabrouez des Clercs de Messieurs, y portent leurs habits de mariage. L'opinion publique y rend la pauvreté ambitieuse; aux champs on vit d'autre façon.

Tales ergo cibi, qualis domus atque supellex.

Les meubles suivent la personne, & se reglent par la loi du domicile, qui n'est pas reputé être au lieu où elle est allée pour ambassade, service, marchandise, études, maladie ou autres occasions; mais où elle a intention d'habiter, où sont, si elle est mariée, sa famille, femme & enfans; pratiqué en la succession du Sr. de la Salle, Capitaine des Gardes. *Vide Chopinum lib. 1. de morib. Paris. tit. 1. n. 11. & 12. Argentré art.* 447.

Les dettes mobiliaires.) Voyez Châlons, qui explique l'article 28. Argentré sur Bretagne art. 219. gl. 5. n. 3. le payement des dettes mobiliaires regarde la succession des meubles par le general des Coûtumes.

Obseques.) Qui regardent l'heritier, si la Coûtume n'en avoit disposé, comme dettes contractées, *in obitu & post obitum defuncti.* Voyez les notes de Du Moulin sur les articles 28. de la Duché de Bourgogne, & 17. de Chauny: & comme l'heritier est tenu de fournir la veuve d'habits de deuil, Loüet lett. V. n. 11. Pour sçavoir quelle regle on doit garder en la dépense des funerailles, nommement entre mari & femme. Voyez Platon livre 4. de ses Loix; elle s'entend en general *secundum qualitatem personæ & bonorum*, suivant la note de Du Moulin sur l'article 20. du chap. 14. de la Coûtume d'Auvergne, & la loi 21. *de relig.*

ARTICLE LXVI.

SI homme & femme conjoints par mariage, ou l'un d'eux ont été autrefois mariez, ils sont communs dès la premiere nuit de leur mariage en biens meubles, dettes personnelles & acqueremens qui se font durant & constant leurdit mariage, & aussi és dettes & créances mobiliaires esquelles chacun desdits conjoints étoient tenus au précedent dudit mariage.

Dès la premiere nuit.) En haine des secondes nôces *quæ habent aliquid ex impudico, viduitas contra est genus pudicitiæ apud Quintilianum Declam.* 305. Chez les Romains les mariages des veuves se pouvoient faire aux jours de Fêtes ; *quòd feriis ait Valerius Flaccus veteres fossas tergere, novas facere non liceret.* Ou cela veut dire que l'an & jour dont fait mention l'article précedent est introduit en faveur de la fille, & contre les folles dépenses que le mari fait durant ledit an & jour ; d'ailleurs que la Coûtume a pensé que celui des conjoints qui a été marié, fera leçon du menage à l'autre, & lui dira qu'il faut joüer de l'épargne de bonne heure, *nam tarda parcimonia in fundo est.*

ARTICLE LXVII.

QUAND l'un desdits conjoints ensemble par mariage en premieres nôces va de vie à trépas devant l'an & jour échû d'icelui mariage, communauté n'a point de lieu ; & peut chacun reprendre ce qu'il a apporté.

Peut chacun.] *Idem* Chartres article 59. Dreux art. 50. cela s'entend quand il y a dequoi reprendre, car s'il n'y a pas dequoi, la femme doit être preferée en cette reprise sur ce qui reste. Aussi Anjou art. 511. & Maine 508. disent en ce cas que la femme ou ses heritiers emporteront ce qu'elle y apporta, sans parler du mari, ce qui est à noter. Fait à ce propos que par le droit Romain le mari bailloit bonne & suffisante caution de restituer le dot, ce qui fut ôté depuis, *vide rubr. ne fidejuss. vel manol. dot. dentur.* Je veux que cette interprétation ne soit pas conforme au texte de la Coûtume, à cause du mot chacun, elle ne laisse pas néanmoins de s'accorder à son intention & vrai sens ; *littera occidit : leges scire non est verba earum tenere. Quid*, des donnations faites par contrat de mariage, sont elles resoluës le mariage étant dissolu avant l'an & jour? Resp. que non, & qu'elles n'ont rien de commun avec la communauté, *& in iis hanc solam conditionem subintelligi, si nuptiæ sequantur, l.* 1. *D. de donat. l. cum veterum, C. de donat. ant. nupt. Idem* des presens faits par le fiancé à sa maîtresse.

La femme en ce cas n'aura rien aux acquêts faits par le mari, si elle n'est nommée aux contrats. Voyez Argentré sur Bretagne art. 443.

ARTICLE LXVIII.

SI deux conjoints par mariage font durant iceluy labourer aucun heritage qu'ils tiennent à ferme, moison ou pension, après le trépas d'iceux conjoints, ou l'un d'eux, les fruits ameublis se partiront par moitié, comme fruits venus d'acquerement fait durant leur mariage: Et si les fruits sont encore pendans par les racines en l'heritage desdits conjoints, ou de l'un d'eux lors dudit trépas, ils se partiront aussi par moitié pour l'année dudit trépas; & seront tenus payer chacun par moitié les charges & redevances dûës pour raison dudit heritage en ladite année, sans comprendre en ce les fruits naturels & non industriaux ainsi pendans par racine lors dudit trépas, qui seront & demourront au proprietaire de tel heritage, soit le survivant ou l'heritier du décedé.

Les fruits ameublis.] Sans fiction, comme si c'est du bled, qu'il soit soyé: si c'est pré, qu'il soit fauché, *desecta, ait Plinius lib. 18. cap. ult.*

Ils se partiront.] Chartres art. 60. donne le choix au proprietaire. Sur tout l'article, voyez les articles 23. & 24. ch. 8. de Berry, avec les notes de Du Moulin.

Les charges & redevances.) Excepté le Cens, *qui solvitur in recognitionem dominii, in quo inspicitur cessio diei, seu dies quo solui debet.* C. M.

Naturels.] *Quia non ex conlaborato*; comme sont pommes, glan, noix, marne; Du Moulin en sa note sur le 14. article de la Coûtume d'Amiens, fait mention du puits de marne de Favieres en cette Baronnie, & dit n'en avoir point vû de plus grand. Du foin, si c'est fruit naturel ou industrial, *Bald. in cap. gravis, coll. 2. de rest. spol.* C'étoit un fruit naturel que cette grande masse d'or que Casellius Bassus avoit promise à l'Empereur Neron, à raison de laquelle les Orateurs de ce tems-là pour le flatter disoient. *non tantùm solitas fruges, nec metallis confusum aurum gigni, sed nova ubertate provenire terras, & obvias opes deferre Deos apud Tacitum lib. 16. Annalium.* C'est le peché d'Adam qui a fait la distinction des fruits naturels & industriaux; car sans lui l'âge d'or eût continué, auquel, comme dit Ovide,

Ipsa quoque immunis rastróque intacta, nec ullis
Saucia vomeribus per se dabat omnia tellus.

Les hommes au commencement du monde, vivoient du fruit des arbres dit Tertulien, *Epist. de cib. Judaicis.*

Qui inter naturales; quique inter industriales fructus collocenter, Menoth. lib. 2. de arbit. judic. casu. 220. Mols §. 1. Paris. glos. 1. n. 50.

ARTICLE

ARTICLE LXIX.

POUR acquerir droit de communauté entre deux ou plusieurs, trois choses sont requises. La premiere est, qu'il y ait lignage entr'eux, & qu'ils soient personnes de soi, usans de leurs droits. La seconde qu'ils ayent demouré ensemble par an & jour à dépens cōmuns. La tierce, qu'il y ait apport & communication de biens par chacune des parties. Et ces trois choses concurrans, ils sont communs en biens, meubles & acqueremens faits par eux ou l'un d'eux, s'il n'y a accord ou protestation au contraire durant ladite communauté; & durera icelle communauté de biens tant entre mariez qu'autres, si aucun d'eux décede, jusques à ce que le survivant ait fait faire inventaire ou autre acte contraire.

Trois choses.) Dreux art. 52. dit, ou affinité. Autres Coûtumes ajoûtent l'âge; Angoumois dit 25. ans, art. 41. Bourbonnois 20. ans art. 231. Autres disent qu'elle ne se contracte qu'entre freres, comme Bourbonnois art. 231. Aussi Quintilien en sa Decl. 320. dit que c'est chose sacrée, *Et quadam fraternitas propositorum animorum*: Et le Jurisconsulte en la Loy *verum in princ. D. pro socio*, que *jus quoddam fraternitatis in se habet.* Les familles entieres vivoient en commun chez les vieux Gaulois. *Vide Cæsarem lib. 6. de bello Gallico.* Voyez les notes de Du Moulin sur Chartres article 61. & sur Montargis article 2. cha. 9.

De soi.] Ainsi parle le manuscrit que nous avons: les imprimez avoient *foi*; il est vrai que Du Moulin l'avoit corrigé en sa note sur Chartres art. 61.

Demouré ensemble.) *Adposite Joannes Fab. Instit. tit. de societate, vers. Quid si simul cohabitaverunt, Inter solemnia societatis communis habitatio, ut communis spelunca latronum apud Apuleium lib. 7. de Asino.* Nos Jurisconsultes pour signifier cet assemblage ou demeure commune, *dicunt societatem coiri passim, sicut Plinius lib. 18. cap. ult. contre pluvias.*

A depens communs.) Les Coûtumes disent pot, sel & dépense. Poitou, art. 231. dit, vivans d'un même bien. Charondas, *Catinensis legislator,* [Ομοσίπυους] *vocat apud Aristot. lib. 1. Politic. c. 1. Vide Joann. Epist. 1. cap. 1.* Saint Augustin livre sixiéme de ses Confessions, chap. 14. dit, que les Anges & Bien-heureux vivent en societé dans le Paradis, *Deus autem ipse illis est tanquam vita victusque communis.*

Communication de biens.) *De qua Bartolus in l. Titium & Mævium, § altero, D. de adm. tut. & in l. si patruus & ibi Baldus & Salicetus, C. Com. utr. judic.* C'est la principale marque de cette societé tacite; car il n'est point de forme sans matiere. *Vide glosellam Gothofredi ver. re, l. 4. pro socio Portionem tuam ponebas, Psal. 49. id est, societatem coibas, inquit Genebrardus. Hoc est compositum patrimonium habere conditione unius societatis apud Quintilianum Decl. 320. E re quod texta, plicata, nuptias, amicitias, sodalitatem significant apud Ar-*

temidorum lib. 4. caput. 6. Vide Menoch. lib. 3. Præsc. 66. Factis etiam reciprocis societas contrahitur Mol. Conf. 53.

Par chacune des parties.] Egale ou non, mais l'industrie seule d'un côté ne suffiroit en societé tacite; *Secus in conventionali*, ou ce qui est écrit, est écrit.

Meubles & acquieremens.) *Mobilibus quibuscunque*, & des acquêts faits durant icelle communauté seulement; *secus* des précedens. C. M.

Quid des successions : Elles n'entrent point en communauté, soit en ligne directe ou collaterale : Voyez Orleans art 217. Les choses données de même en ligne directe : Ni finalement en celle-ci, ni entre que ce qui s'acquiert, *ex actibus quæstuariis*, de trafic & negotiation, s'il n'y avoit paction au contraire. Quant aux dettes, il faut distinguer celles qui se contractent devant la communauté d'avec celles qui se contractent durant icelle; j'entens actives ou passives, & dire que pour celles là elles n'entrent point en cette espece de communauté, pource qu'elle n'est pas *universorum bonorum specialiter*, *l.* 3. §. 1. *D. pro socio:* Mais seulement des meubles & acquerémens, *secus* en la conjugale, d'autant que la Coûtume le veut, & qu'elle a ses raisons particulieres. Pour celles-ci il faut resoudre qu'au regard des passives elles tombent en communauté, *si in arcam communem pecuniæ versæ sint*, *l. jure societatis*, *D. pro socio* : & non autrement; car si un des associez avoit emprunté une somme de deniers de laquelle il eût marié sa fille, il ne seroit pas raisonnable que l'autre en payât sa part. Voyez Loüet lett. S. n. 13. *Idem* des actives si l'argent ou autres choses dont elles ont été créées, sont sorties, *ex arca communi*, *l.* 2. §. *cum duo eod.* Coquille sur Nivernois des commun. & associat. art. 3. s'est contenté de proposer cette question de dettes sans la traiter, & seroit à desirer qu'il l'eût traitée, pource qu'encore qu'il soit rude en son style qui sent son climat, comme ces pourpres que Pline appelle *calculosas*, graveleuses à *calculo maris*, & qui ne laissent pas d'être excellentes, il fait paroître autant de jugement qu'aucun des Glossateurs coutumistes que je sçache.

Au reste en quelque societé que ce soit universelle ou particuliere, c'est-à-dire de tous, ou de certain genre de biens, c'est une maxime que chacun des associez *propria facta præstat*, & est très-vrai ce que le même Coquille écrit de la dépense qu'un des associez fait à faire étudier son fils, à lui acheter un Office, ou à marier sa fille, qu'il en doit faire raison à la communauté, qui en reçoit dommage, *ut dicitur de eo qui mortuum intulit in locum communem*, *l.* 39. *D. pro socio*. Mais je n'approuve pas ce qu'il décide sur la fin de son annotation : que lors que la societé est de tous biens, la dépense faite par un des associez au festin des nôces de l'un de ses enfans va sur le dos des autres; se fondant sur la loi, *si societatem* 2. *pro socio*, qui s'interprête par la loi *quæ utiliter*, *D. de neg. gest.* où il s'agit, *de sumptu honeste ad honores obstingentes per gradus facto* : comme s'il y avoit quelque rapport de l'un à l'autre. Je veux que les banquets de nôces soient honnêtes; mais il y a bien de la difference entre ce qui est honnête & ce qui se fait *in honores*, aux frais de l'entrée ou installation d'une dignité & charge publique, dont il est mal-aisé de se dispenser, & qui se peuvent dire necessaire. Si un personnier vouloit employer en viandes & violons une partie des biens de la societé, comme il se voit que les plus pauvres se montrent ambitieusement excessifs en cet endroit,

> *Egregiùs cœnat meliusque miserrimus horum.*

Seroit-il point tenu d'en rendre compte à la communauté? En tout cas cette opinion est sujette à modification. Si ce festin étoit moderé comme celui d'Architriclin, où le vin manqua, passe; pour peu de chose peu de plaid.

La raison de l'article est double: car il va au devant des fraudes des tierces oppositions, & empêche que certains hommes, abusans de la bonne humeur de leurs amis, ne les ruïnent par une demeure commune, en vivant à leurs dépens, *sibi ignavi, aliis graves*.

Durera.) Toute cette fin a été ajoûtée à l'ancienne ; voyez le Procès verbal. La continuation de communauté a été introduite en haine de la mauvaise foi du survivant, contre la nature de la societé, qui finit par la mort de l'un des associez ; soit que les heritiers du prédécedé soient majeurs ou mineurs, suivant le Coûtume d'Orleans, art. 216. & 217. reformée depuis celle de Paris, qui a *mineurs*, art. 240. Si toutesfois lesdits enfans ou heritiers étoient mineurs, il sera en leur choix ou option d'accepter ou refuser ladite continuation de communauté, dit Orleans article susdit. Si raisonnable, qu'on la peut suppléer és Coûtumes qui l'ont simplement obmise sans l'abroger, voyez Loüet lett. C. n. 30. sauf les autres remedes de droit.

Inventaire.] Fait avec personne capable, & legitime contradicteur, voyez Paris art. 240. & 241. Jugé par Arrêt de l'Audience du 5. Janvier 1623. infirmatif de la Sentence du Prévôt de Paris, que la communauté étoit continuée entre le pere & le fils heritier de sa mere, à faute par le pere d'avoir fait créer un curateur à sondit fils pour assister à l'inventaire : encore que l'on fit voir que les Officiers qui l'avoient fait, étoient ses oncles maternels & heritiers présomptifs, en interprêtant le 217. article de la Coûtume d'Orleans. Et ordonné qu'il seroit lû au Siege, pource que ladite Coûtume d'Orleans ne dit pas avec personne capable & legitime contradicteur comme celle de Paris. Jugé par Arrest du 10. Juillet 1627. en la Coûtume de Dreux, qu'il y auroit continuation de communauté entre Loüise Neveu, veuve de Germain Rotrou, & les Rotrou ses enfans, à faute par elle d'avoir fait faire inventaire des biens qui étoient communs entre elle & le deffunt son mari, quoi que par testament il lui eût donné tous ses meubles & acquêts, & dit que l'Arrêt seroit lû tant au Siege de Chartres que de Dreux. L'inventaire clos finit la communauté, & témoigne que l'on veut venir au partage, sur ces propos de l'un des associez ; *intelligo nobis convenire non posse, itaque communes sarcinulas partiamur*.

Acte contraire.) Renonciation à icelle, exploit donné, si chacun fait son cas à part, s'il meurt un des associez, *vide l. verum* § *ult. & seqq. D. pro socio* : On ne sçauroit contraindre une personne de demeurer en communauté, *l. ult. C. Com divid.* & la paction au contraire ne vaut, *l. in hoc judicium eod.* si après l'acte contraire les associez vivoient en commun, ils seroient reputez avoir renouvellé la societé, à l'instar de la reconduction ; *Boer. dec.* 58. *n.* 5. *Menoch. lib.* 3. *Præsc.* 57.

Il est des hommes comme des bêtes de compagnie, d'autres qui veulent trafiquer seuls.

non omnibus unum est
Quod placet,

Idea perfidi socii Basilus apud Juvenal. Satyr. 10. *Jucundi apud Arist. Ethic. lib.* 4. *cap.* 4. *Nihil cum potente communica*.

CHAPITRE XI.

DE MARIAGE, ET DE LA PUISSANCE que le mari a sur la femme & sur ses biens.

De Mariage.) *Ivo Carnotensis* en son Epistre 141. à Loüis Roy de France, dit, qu'il y a trois conditions d'hommes en ce monde, *conjugatorum*, *continentium*, *& rectorum Ecclesiasticorum* ; & que quiconque ne sera trouvé vivre en l'une d'icelles au jour du jugement, n'entrera point en Paradis. L'importance est de bien choisir, il est vrai que jamais on n'est content de sa fortune ! L'homme marié voudroit etre Prêtre, & le Prêtre voudroit être marié, *Laudat diversa sequentes.*

Saint Paul ne conseille pas qu'on se marie en ses Epistres, Juvenal aussi peu dans sa Satyre sixiéme. Le Duc de Berry l'approuvoit à la charge de renouveller souvent, & disoit entre ses gens souvent, dans Froissart vol. 3. ch. 3. qu'un Seigneur ne vaut rien sans Dame, ni pareillement homme sans femme. Arioste à peu près de même Satyr. 5.

Ma fui di parer sempre & cosi detto
L'ho piu volte : che senza moglie à lato
Non puote huomo in bontade esser perfetto.

Unum probis ex matrimonio solatium, Agripine dans Tacite. La Coûtume n'en traite ici qu'eu égard aux affaires & commerce que l'on peut avoir avec gens mariez.

ARTICLE LXX.

LA femme est en la puissance de son mari, tellement qu'elle ne peut ester en jugement, ne faire contrats sans l'autorité de son mari, si elle n'est marchande publique, ou proposée à aucune negotiation par son mari : auquel cas elle peut contracter touchant ce qui concerne le fait de la negotiation & marchandise seulement, à laquelle elle a été ainsi proposée, & non autrement.

En la puissance de son mari] *Idem* Chartres art. 62. Dreux 53. Poitou art. 225. ajoûte, non de son pere, à la difference du droit Romain, *de quo Tiraquellus comment. in l. 1. Connub. gl. 1 part. 1. Joan. Fab. Instit. de Sen. Tertull.* §. 1. Si la fille veuve retombe en la puissance de son pere, voyez Argentré pour la negative sur Bretagne art 465. & 472. elle retombe en sa tutelle. Si cette disposition a lieu en pays de droit écrit. M. Loüet lett. M. n. 18. Auvergne ch. 24. art. 1. dit, que la fiancée est en la puissance de son fiancé : Cette puissance naît des anciennes mœurs des François, par lesquelles les maris avoient puissance *vitæ necisque* sur leurs femmes comme sur leurs enfans, dans Cesar *lib. 6. de bell. Gall.* ou plûtôt de la loi divine, *Genes. cap. 3. ibi sub viri potestate eris ; ex ignominia primi delicti*, dit Tertull. *lib. de habitu mulieb.* elle se remarque entre les animaux. *Plin. lib. 8. ch. 3.* On en touchoit anciennement quelque chose dans les contrats de mariage, *colligo ex cap. 9. lib. 9. Confess. D. Augustini, nec non ex Satyra 6. Juvenalis*, où une femme parle ainsi.

olim convenerat, inquit,
Ut faceres tu quod velles, nec non ego possem
Indulgere mihi.

A raison d'icelle on doit bien fuïr l'accointance d'un heretique, *ob pericula tum carnis tum spiritus : quis enim dubitet oblitterari quotidie fidem commercio infideli, & quomodo potest duobus dominis servire, domino & marito.* Voyez nôtre Histoire d'Amauri, Roy des Vvisigots, heretique Arrien, comme il traitoit mal Clotilde son épouse, fille de Clovis. Cette Coûtume a plusieurs fallences, que ceux qui ne les ont en leurs maisons peuvent voir dans les livres. Boër. le fait court. sur Berry, tit. de l'est. des pers. §. 4. toutesfois, dit-il, les femmes commandent aujourd'hui par tout au Royaume de France. Voyez Aristote en son Oeconomique, & au 8. de ses Ethiques, où il dit que cette puissance maritale est Aristocratique, qui fut exercée és termes de la droite raison par Julius Agricola sur Domitia Pediana, sa femme; *vixerunt*, dit Tacite leur gendre, *mira concordia, per mutuam charitatem, & invicem se anteponendo, nisi quod in bona uxore tantò major laus, quantò in mala culpa est.*

Indistinctement, dit du Moulin, encore qu'ils ne soient communs en biens; *Secùs* s'ils étoient separez, dit du Moulin en sa note sur l'article 170. de Bourbonnois. Encore en ce cas ne pourroit la femme abuser de l'administration de son bien : tenir trop bonne table, ou être trop somptueuse en habits, comme sont beaucoup que nous voyons, contre lesquelles Pline liv. 9. chap. 35. & le Sermon de Frere Thomas dans Monstrelet vol. 2. ch. 39.

Hæc sunt quæ tenui sudant in cyclade.

Secùs en matiere de crime ou injure, voyez Orleans art. 200. Berry tit. 1. art. 11. Poitou art. 226. *Nulla est societas maleficiorum, l. 1. §. plane, D. de tut. & rat. distr.*

· Ester en jugement.] *Ne conventibus virorum interesse cogatur*; ajoûtez ce que dit la loi, *ait prætor, §. quid sit autem, D. de jur. delib. absurdum est cui alienatio interdicitur, permitti actiones exercere.* Et à raison des fruits & administration de ses heritages qui appartient au mari, art. 73. car on perd son bien par procès en deux sortes; par mauvais évenement, & par la longueur, *Longo sufflamine.* Ce n'est pas qu'il n'y ait des femmes plus capables de plaider que les hommes, *& quæ.*

Componunt ipsæ per se formantque libellos.

Mais la loi considere ce qui est plus ordinaire : *majorem frequentiam*, comme parle du Moulin. *Secùs* si elle étoit autorisée par justice au refus de son mari, ou separée de biens, & la separation executée, art. 224. de Paris, voyez les notes de du Moulin sur les Coûtumes de Montfort, art. 122. de Bourbonnois 170. & 232. & d'Auvergne chap. 14. art 4. & de Reims art. 223. toutesfois son pouvoir de s'obliger en ce cas a été restreint par les derniers arrêts à ses meubles, revenu de ses immeubles, baux à ferme, nourriture & entretenement : Voyez Loüet lett. F. n. 30.

Ne faire Contrats.] Paris art. 223. ajoûte, tel contrat est nul, tant pour le regard d'elle, que sondit mari. *Idem* Grand Perche art. 109. Estampes art. 91. voyez Argentré sur l'article 224. de la Coûtume de Bretagne. Coquille sur Nivernois, chap. des droits appartenans à gens mariez art. 1. ver. faire contrats, & la note de du Moulin sur le 114. art. de l'ancienne de Paris; & sont tels contrats nuls, *ipso jure*, sans lettres. *Etiam in foro conscientiæ*; *quia statuta servanda sunt in foro conscientiæ gl. in cap. quia in Ecclesiarum & ibi. Bald. extr. de constit. Secùs* si elle empruntoit de l'argent pour délivrer son mari de prison; Loüet lett. A. n. 9. Ou pour le dot de sa fille, par Arrêt de l'Audience du 12. Avril 1595. *ex L. dotare, C. ad Valletan. Secùs* si les contrats que la femme auroit faits, lui étoient utiles.

Sans l'autorité.]. Encore qu'il eût fait cession pour le regard de ses contrats. *Secus* en ses procès. *Vide observ. 11. lib. 7.* comme les femmes étoient *in mundiburnio, l. 1. Longobar. tit. qual. mul. lib.* & comme leur mari étoit leur tuteur, *sive mundualdus, Cujac. in comm. feud. lib. 2. tit. 4.*

Fût-il mineur pourvû qu'elle soit majeure, par Arrêt du 1. Avril 1608. prononcé en robes rouges par M. le President Seguier. Jugé qu'une femme obligée sans l'autorité de son mari, n'avoit pû être excommuniée, faute de payement de la dette, Loüet lett. F. pour le refus du mari, le Juge autorise avec connoissance de cause, & ordonne qu'elles s'executeront sur les biens de la communauté, ou sur la portion de la femme après la dissolution d'icelle, selon l'exigence des cas. *Maritus autor mulieris apud Ambrosium ad Epist Pauli ad Ephes. cap. 5. Augustin. Epist.* 199. C'est un des prétextes que la femme prend pour se remarier, *dicit virum necessarium sexui, ut autoritatis, ut solatii causa Tertull. lib.* 1. *ad uxorem.*

Marchande publique.] Paris art. 235. explique. *Meretrices sunt publicæ mercatrices.*

Ou proposée.] Suivant le manuscrit; les Anciens tournoient le mot *praponere*, proposer; les langues se polissent avec le tems, & les mœurs se corrompent. La proposition vaut mandement, est expresse ou tacite, car la patience opere préposition ou jussion, *l.* 1. *Quod jussu. imò* le mari est présumé en ce cas lui prêter autorité, dit la note de du Moulin sur l'article 168. de Bourbonnois, & cite Balde *in L. post mortem, D. de Adopt.* non seulement pour exercer ladite marchandise, mais aussi pour ester en jugement, tant en demandant qu'en deffendant, pour raison des choses qui en dépendent, dit la note du même du Moulin sur le 24. article des Coûtumes de la Comté de Bourgogne. Quiconque s'étonnera de voir ces annotations farcies des notes de cet excellent homme, n'aura pas lû dans le vieux Pline livre 35. ch. 12. qu'en reparant le Temple de Cerés, on fut contraint de rompre ou couper les pieces des tableaux que Damophilus & Gorgasus y avoient peins à fresc sur les murailles dudit Temple, & enchasser, comme l'on peut, ces pieces ou croûtes, *parientum crustas*, en des tableaux particuliers, afin de ne pas faire la perte entiere d'une chose si rare. Si nous avions appliqué ces notes des Coutumes generales à celles-ci sans confusion, nous penserions avoir fait chose utile & plaisante aux Avocats & Praticiens, comme Virgile dit, *Gratum opus agricolis.*

Elle peut contracter.] Elle s'oblige elle & son mari, dit Paris, art. 234. & ceux qui contractent à son mari & à elle, afin que la Coûtume s'entende *activè & passive* suivant l'article 426. de Bretagne. C'est ce que l'on dit, que le tablier de la femme oblige le mari, & n'est pas liberée pour renoncer à la communauté, selon quelques-uns. Cette disposition se pratique aussi au pays de droit écrit; Arrêts de Bordeaux de l'an 1598. contre la femme d'un marchand qui ne vouloit livrer la marchandise, à cause qu'elle étoit encherie. Elle a trois raisons principales, dont la premiere est, que *concessa facultate unius actus, videntur ea concedi sine quibus ille actus exerceri non potest. Vide Roman. Cons.* 159. *Alex. Cons.* 4. *lib.* 3. *Gothofr. notulam ad l.* 6. *D. de alim. & cibar. legat. l.* 2. *D. de Jurisdict.* La 2. *Ne publicè eum ea contrahentes decipiantur. Vide Pyrrh. ad Aurel. tit.* De soc. ent. mari & femme ch. 3. & 4. La 3. qui se rapporte aucunement à la premiere, que chacun est maître & juge de la chose à laquelle il a été préposé, *quæ sibi credita est. Unde Ergasilus apud Plautum Capitu.*

Nunc ibò ad meam præfecturam,
ut jus dicam larido.

Sur l'obligation particuliere du mari, *facit l. ex qua persona. & l. secundum naturam D. de reg. jur. l.* 4. §. 2. *D. de edendo.* Sur tout l'article, voyez *Luc. lib.* 10. *Plac. tit.* 5. *Plac.* 1. *Doct. ad l.* 3. *D. rem. rat. hab. Joan. Fabr. Inst. Quod cum eo.*

Seulement.) *Ad id dumtaxat quod eum præposuit L.* 1. *D. de Instit.*

ARTICLE LXXI.

PAR mariage le mari eſt reputé majeur & perſonne de ſoi en jugement & dehors, tellement qu'il peut pourſuir ſes actions, & paſſer tous contrats : Toutesfois, ſi ledit mari en faiſant ſes contrats eſt ſous l'âge de vingt-cinq ans, & il eſt lezé par iceux contrats, il pourra être reſtitué pour le regard de ſes choſes & biens immeubles.

Eſt reputé majeur.] Boutiller tit. 93. dit, le mariage donne âge. Il ne donne pas du ſens, il en ôteroit bien plûtôt, ſi ce que diſoit Pytagoras eſt veritable, que la ſemence eſt un dégoût du cerveau : & Alcmeon, une partie du cerveau. C'étoit honte chez les vieux Gaulois de ſe marier trop jeune. *Qui diutiſſime impuberes permanſerunt*, dit Ceſar liv. 6. de la guerre contr'eux, *maximam inter ſuos ferunt laudem. Hoc ali ſtaturam, ali vires, nervoſque confirmari putant. Intra annum verò vigeſimum fœminæ notitiam habuiſſe, in turpiſſimis habent rebus.* Le droit Canon permet le mariage à 14. ans, en faveur de l'inclination du ſiecle qui court à ce contrat dès le berceau.

Et perſonne de ſoi.] Entendez de ceux qui demeurent à part, & ont leur domicile propre & ſeparé ; car les enfans, ſoient fils ou filles, qui demeurent en la famille de leurs parens, demeurent auſſi en leur puiſſance, dit la note de du Moulin ſur le 40. art. de l'Iſle. *Idem* en ſa note ſur Blois, art. 1. Donc le mariage en ce point a quelque effet du benefice d'âge, de la miſe hors de pain, de laquelle parle la Coûtume de Mons en Haynaut, chap. 6. & ſuivant, ou de l'émancipation ; pourquoi la diſpoſition de cet article ne doit avoir lieu, que lors que le mariage eſt contracté du conſentement des parens, ſuivant l'article 53. de Bretagne, fondée en raiſon de droit, par lequel l'émancipation ne ſe faiſoit que du gré & volonté du pere, *L. filius familias, L. ſed ſi liberos, D. de legat.* 1. joint la benediction nuptiale en face d'Egliſe, & les parens aſſemblez : de même que les lettres de benefice d'âge ne ſe peuvent enteriner par le Juge qu'en public, & par l'avis des parens On peut bien étendre ce texte à faire finir la garde des mineurs mariez, ſuivant le Grand Perche, art. 172. De ſoi, c'eſt-à dire, uſant de ſes droits, ſuivant Paris art. 239. Orleans 181. *ſui juris, ſuæ tutelæ, apud Senecam, Epiſt.* 33. *De privilegiis matrimonii, vide gloſ. & DD. in cap.* 1. *ut lit. non conteſt.*

Paſſer tous Contrats.] Boutiller tit. 92. dit, faire ſa volonté, non compriſes les fidejuſſions. Chopin ſur Anjou livre 3. chap. 2. *non alia ratio ſtatuti, quam ne magno incommodo hujuſmodi conjuges adficiantur, nemine cum iis contrahere volente, ut loquitur l.* 24. §. 1. *de minor.*

De vingt-cinq ans.] Non qu'il ſoit certain que tous hommes ſoient capables d'affaires à cet âge, mais il a été neceſſaire de mettre quelques bornes dans leſquelles il fût loiſible à chacun d'adminiſtrer ſon bien : Voyez Argentré ſur Bret. art. 457. cet âge de vingt-cinq ans eſt dite, *ſtatus, in l. cum pater, §. curatoris D. de leg.* 2. *perfecta ætas Novell.* 117. La raiſon de la Coûtume & autres ſemblables ſe trouve dans ces vers de Lucrece,

Præterea gigni pariter cum corpore, & unà,
Creſcere ſentimus, pariterque ſeneſcere mentem.

Et dans ce passage de Tertull. *de anima. Simul crescunt, sed diversa ratione pro generum conditione; caro modulo, anima ingenio, caro habitu, anima sensu. ætatis gradus ap. Suet. in August. c. 79. robur ætatis apud Tacit. lib. 13. Annal.* Cet âge se compte de moment à moment, *l. 3. §. minorem de Min. vide Pet. Fabrum ad Regul. juris* 101. *L. Langob. de ætate legitima.*

La minorité, faute de témoins ou registre baptistaire, se prouve par conjectures & présomptions, *vide Jac. Menoch. lib. 1. præs. q.* 58. *n.* 16. C'est à celui qui l'alegue de la prouver. *Idem autor lib. 2. præs.* 50. 51. Le serment d'entretenir le contrat, n'est considerable; on est relevé sans dispense. Arrêt du 19. Avril 1513. avant Pâques. Autre du 27. Mars 1531. Imbert en son Enchiridion. Cujas *in Parat. & DD. ad Auth. sacramenta C. si adv. vend.* l'affirmatif de l'âge est douteux, voyez Loüet lett. M. n. 7. *Secùs* s'il étoit accompagné de dol, comme celui de ce mineur, lequel pour induire un quidam à lui prêter de l'argent, lui fit voir son portrait avec cette inscription, *anno ætatis* 25. Par la Coûtume d'Anjou l'on est reputé majeur à vingt ans, marié ou non, & peuton aliener ses immeubles sans solemnité? voyez M. Loüet lett. C. n. 42.

Et il est lezé.) Car restitution aux pupilles fut ordonnée pour ce qu'ils ne fussent deçûs, non pour leurs voulentez ou plaisances dommageables accomplir, dit Boutiller, suivant la loi, *quod si minor, §. non semper autem, D. de minor. non quia minor, sed quia læsus.* Toutesfois nous voyons que les Arrêts qui tous les jours se donnent en cette Coûtume, suivent celle de Paris art. 239. qui porte en termes generaux que les conjoints par mariage mineurs ne peuvent vendre, engager ou aliener leurs immeubles, suivant la note de du Moulin sur Blois, tit. de l'état des personnes, article 2. comme il s'observe en benefice d'âge, voyez Tronçon sur ledit article 239. Ce n'est pas à dire qu'il n'y ait des mineurs qui trompent des majeurs, mais les Loix regardent au general, & à ce qui se fait le plus souvent. *Habet aliquid ex iniquo omne bonum exemplum.*

Il pourra être restitué.) Voyez les notes de du Moulin sur les Coûtumes de Dreux, art. 54. Du Maine, art. 455. D'Anjou, 444. De Nivernois, art. 26. chap. 23. De l'Isle, art. 47. D'Amiens, art. 46. Et d'Artois, art. 154. Fût-il industrieux & en estime de bon ménager au païs; *ne cum opinioni præstare volumus utilitatem publicam lædere videamur, inquit Cassiodorus in formula ætatis veniæ, lib.* 7. Quand à rendre les deniers, c'est à l'acheteur de montrer qu'ils ont été employez au profit du mineur, si la vente est faite sans solemnité; si elle est faite avec solemnité, c'est au mineur de montrer qu'ils ne sont tournez à son profit. Loüet lett. M. n. 19. En cette Coûtume; en celle de Chartres & de Dreux où la nullité est ôtée des venditions, suivant la notte de du Moulin sur ledit article 54. *ibi sublata nullitate*, il y auroit doute que le contraire ne dût être gardé, car par l'article 239. de Paris les venditions sont nulles: Toutesfois je renvoye la décision de ce point à la pratique, étant vrai ce que dit du Moulin que les Coûtumes, *tantum habent de effectu quantùm de usu. cons.* 13. *n.* 5.

E's biens immeubles.) Non pour meubles. *Secùs* Si la lesion étoit énorme: *cum sit in jure* dit du Moulin en sa note *hic. Secùs* des meubles très-précieux ou université de meubles, ou telle quantité, qu'elle fit la plus grande partie de la substance du mineur, ou en cas d'énorme lezion en vendition de meubles generalement : suivant les notes de du Moulin sur l'article suivant; sur l'artcle 120. de Boullenois; sur l'article 86. de Bourbonnois. Voyez Chopin sur la Coûtume de Paris, livre 1. tit. 1. au commencement. Considerez meubles menus au 455. du Maine, *utensilitas apud Tertullianum.*

ARTICLE

ARTICLE LXXII.

Pareillement la femme est reputée majeure & personne de soi en jugement & dehors, & peut poursuir ses actions & passer tous contrats, le tout ô l'autorité de son mari : Toutesfois, si le mari lui prêtant autorité est au dessous de l'âge de vingt-cinq ans, & la femme aussi mineure de vingt-cinq ans est lezée par le moyen desdits contrats, elle pourra être relevée d'iceux, comme il est contenu en l'article précedent.

Et Personne de soi.) Sauf la puissance que le mari a sur elle par l'article 70. plus haut. Auxerre dit, Et deslors demeure l'homme à ses droits, & la femme en la puissance de son mari. Ainsi les vestales étoient liberées de la puissance paternelle.

Poursuir.] Vieux mot François. Froissart, vol. 3. ch. 1. Si mavisé que je ne voulois pas séjourner de non poursuir ma matiere. On poursuit partie adverse en procès comme son ennemi en guerre. *Horatius.*

Insequeris tamen hunc & lite moraris iniqua.

Et la femme aussi mineure.] Il ne faut prendre cette conjonctive à la rigueur; car si le mari étoit majeur & que la femme fût mineure, elle ne laisseroit d'être relevée, *non è contra* si elle étoit majeure & que son mari fût mineur, nous en avons cité un Arrêt plus haut art. 70. Par les Loix des Vuisigots, il étoit expressement deffendu de marier une fille à un homme plus vieux qu'elle, livre 1. titre 1. Loi 4. ce qui est particulier & favorable au Sexe.

ARTICLE LXXIII.

Le mari a le gouvernement & administration des heritages & possessions de sa femme, le mariage durant; & est Seigneur des biens meubles, fruits, profits, & revenus appartenans à sa femme; & de ses dettes, il les peut demander & poursuir en jugement & dehors en son nom sans sa femme : & lui en competent les actions personnelles & possessoires, sans toutesfois qu'il puisse vendre ne aliener les heritages & possessions de sadite femme sans son vouloir & consentement; mais peut seul, sans sadite femme, disposer à son plaisir & volonté de tous les meubles & conquêts, immeubles communs entr'eux, & faits durant leur mariage, fors que par testament il ne peut disposer que de la moitié d'iceux meubles & conquêts à lui appartenants.

Administration.) Ensuite de la puissance qu'il a sur sa femme. Recevoir en foi & hommage les Vassaux de sa femme, & bailler les saisines des heritages roturiers vendus en sa censive, le tout sans son consentement ; dit Senlis, art. 250. au nom toutesfois de sadite femme, dit du Moulin sur la Coûtume de Paris, art. 1. gl. 1. q. 9. comme aussi faire les foi & hommage, payer les Cens pour elle ; c'est une des raisons qu'elles alleguent pour se remarier, dit saint Jerôme livre 2. de ses Epîtres familieres Epist. 19. *Quis procedet ad publicum ? Quis respondebit pro agrorum tributis* : & puis elles se disent, ou d'autres leur disent ; si l'on nous attaque en procès ou autrement qu'est-ce qui nous deffendra.

Non venit in mentem, quorum consederis arvis ?

Secùs de la femme à qui appartient une souveraineté ; car elle ne tombe en la puissance de son mari : ni lui ne gouverne & administre la souveraineté en qualité de Seigneur ; elle demeure en tout & par tout à ladite femme, comme il fut accordé au mariage d'entre Marie d'Angleterre & Philippe de Castille, appellé le mari de la Reine, & entre Sygismond, Archiduc d'Autriche, depuis Empereur, & Marie de Hongrie, appellée le Roy Marie. *Vide Bart. in l. 1. de dignit. lib. 10. C. coll. 2.*

Personnelles & possessoires.) Et non des personnelles petitoires concernans les immeubles, dit la note de du Moulin sur le 113. article de l'ancienne de Paris. Pour même raison qu'il ne peut aliener ses propres, *L. ait Prætor §. quid sit autem, de jur. delib.* Et doit être créé un curateur à la femme autre que le mari pour intenter ses actions réelles. Loüet lett. M. n. 1. Frerot a donc erré sur Chartres art. 54.

Ne aliener les Heritages.) Ni les siens propres. *Si sit uxorius vel unus ex maritellis de quibus Bald. in l. curatorem C. de interd. matr. vel maritis dote venalibus de quibus Tertull. lib. de patientia Juvenal. Satyr. 6.*

Nil unquam invitâ donabis conjuge, vendes
Hâc obstante nihil, nihil hæc, si nolet emetur.

Au contraire, s'il plaît à Mademoiselle, il faudra qu'il lui achete un carosse & de grosses perles :

Quódque domi non est.

Sans son vouloir.] Ni faire partage de son propre heritage, ni recevoir le rachat d'une rente qui est de son propre sans son consentement. Donc le mari peut vendre les propres heritages de sa femme de son consentement, *contra legem Juliam de fundo dotali.* Voyez M. Loüet lett. D. n. 12. lett. R. n. 30. Du Moulin en sa note sur l'article 94. d'Estampes dit, non contrainte ni menacée par son mari. *Vide Titulum Legis Langobardorum, DE MULIERE vendente res suas*, où il est dit expressément, que deux ou trois de ses parens devoient assister au contrat, pour voir si son mari ne la forçoit point à vendre, *si violentias se pati non clamaret. Contra leg. Juliam de fundo dotali*, par laquelle le mari du consentement même de sa femme ne pouvoit vendre son heritage. Voyez Loüet, lett. D. n. 12. lett. R. n. 30.

Tant s'en faut que le mari doive contrevenir à ce texte, qu'étant redevable à sa femme à cause du mariage d'une amitié la plus excellente de toutes, il ne doit faire aucun contrat ou affaire de cõsequence sans lui en communiquer. *Colloquatur spiritus cum carne de cõmuni salute.*

Disposer.] Contre la nature du contrat de societé, qui ne permet que l'associé dispose de plus que de sa part en icelle. *L. nemo. D. pro socio.* Paris, art. 225. ajoûte, par donnation ou autre disposition faite entre vifs & sans fraude, c'est-à-dire, sans s'enrichir ou ses hoirs en diminution de la Communauté, dit la note de du Moulin sur l'article 107. de l'ancienne de Paris. Suivant quoi Arrêt du 17. Juin 1617. au profit de la veuve M. Philippes Trochon, Procureur au Siege Présidial de Chartres, contre les enfans du premier lit dudit Trochon. C'est aussi fraude que donner tous ses biens, *universitatem, aut quotam notabilem*; Voyez Poitou art. 244. & les Notes de du Moulin sur saint Quentin, art. 17. & sur Auxerre article 30. Papon livre 15. tit. 2. article 24. Quelques Coûtumes, comme Anjou article 289. & Maine article 304. disent, qu'il n'en peut donner que sa part. Raoul, Roy de France, au recit de Flodoart, faisant de grands dons & liberalitez à saint Remy & à plusieurs Monasteres de France & de Bourgogne, excepta la portion qui pouvoit appartenir à sa femme, quoi que la femme n'ait le même pouvoir de disposer des biens communs, ce n'est pas à dire qu'elle n'y ait sa part; *non est argumentum aliquid tuum non esse, quia vendere non potes, quia consumere*; *Senec. lib. 7. de beneficiis.*

Fors que par testament.) Pource que c'est *Voluntas post mortem*, auquel tems la societé n'est plus, la femme est maîtresse de sa moitié, voyez en deux Arrêts dans Tronçon sur le 225. article de la Coûtume de Paris. Il ne peut aussi confisquer que sa part. Voyez M. Loüet, lett. C. n. 35. & 52. lett. D. n. 31. Celui qui par contrat ne peut frauder la communauté, ne le peut en delinquant, dit la note de du Moulin sur Troyes, art. 134. voyez encore ses note sur le 30. article d'Auxerre, sur le 12. de Vermandois, sur le 4. de Montargis ch. 5. & sur le 10. de Bourgogne. Ce seroit pitié que la fortune d'une femme dépendit des mœurs d'un mari, & néanmoins c'est la derniere chose dont les parens s'informent lors qu'on leur demande leurs filles,

de moribus ultima fiet
Quæstio.

Tant s'en faut que je puisse approuver la perdition du bien d'autrui en ce cas; que l'usage commun par lequel qui confisque le corps, confisque ses biens, n'est pas de mon goût quand le condamné a des enfans, ni de celui de du Moulin en ses notes, sur Sens art. 23. & sur Montfort 144. Quelle apparence, hors le crime de Leze-Majesté, que l'innocent patisse pour le coupable, & que l'enfant porte l'iniquité du pere: Origene sur saint Matthieu chap. 23. dit, Que naître d'un bon ou d'un mauvais pere, est chose qui n'est pas en nôtre puissance. Encore si en jugeant on leur reservoit quelque chose selon leur nombre, qualité ou valeur des biens sujets à confiscation, *juxta Asinii lepidique sententias in Sosiæ judicio, apud Tacitum lib. 4. Annal.* suivant même le stile du tems passé, *de quo Benedict. in cap. Raynutius, ver. uxorem nom. Adelas. n.* 848. Voyez Bodin liv. 5. de sa Repub. chap. 3. La grandeur a ses privileges, voyez Monstrelet vol. 3. ch. 77. parlant de la confiscation du Duc d'Alençon. Et quand je vois que par la Coûtume de Berry, confiscation de biens n'a lieu pour quelque crime que ce soit chap. 2. article 1. si ce n'est pour crime de Leze-Majesté, art. 2. du même chapitre ajoûté par Lyset, *& sic remanet in hæredes vetus consuetudo*, dit la note de du Moulin sur icelui, & que par celle du Grand Perche, les propres affectez à la ligne sont exempts de confiscation, article 19. qu'en celle d'Anjou. art. 142. & Maine 157. elle n'a lieu que pour les meubles, il me souvient de ce qui se voit dans Pline, que comme il se trouve des poissons de même espece meilleurs en certains endroits de fleuves ou rivieres qu'en d'autres, *sicut lupi in Tyberi amne inter duos pontes*; aussi par la diversité des dispositions coûtumieres, nous reconnoissons qu'en France il y a eu des hommes en quelque pays plus raisonnables que les autres. Le mari peut bien commettre par felonnie la part de sa femme aux conquêts. Voyez du Moulin sur Paris art. 43. gl. 1. ver. qui denie le Fief, mêmes ses propres, *in omittendo*, & au cas de l'Arrêt rapporté par Loüet lett. F. n. 15. Anjou art. 289. dit que le mari peut bien pour la décharge de sa conscience quand il voudra par son testament ou ordonnance de derniere volonté, ordonner & disposer lesdits acquêts ou partie d'iceux être rendus par sa femme, & par les heritiers de lui à ceux de qui il les a acquis, en rendant & payant ce qu'ils coûterent; *elegans exceptio ad deffuncti manes expiandos, sed non hujus sæculi*, qui a bon cœur & ne rend rien, *vide Panorm. in c. ult. de sep.*

CHAPITRE XII.

DE RETRAIT PAR PUISSANCE de Fief.

ARTICLE LXXIV.

UN Seigneur Châtelain peut retirer & appliquer à son domaine un heritage assis en sa Châtellenie vendu, & mouvant de lui en Fief, en payant le prix que l'acquêteur en a baillé & payé, & les loyaux coûtemens dedans l'an & jour de la vendition d'icelui heritage, & dedans quarante jours après qu'on lui a notifié ladite vente & exhibé les contrats, si aucuns en y a par écrit ; & en ce faisant, peut faire de son Fief son domaine, s'il n'a reçû l'acheteur dedans ledit tems en sa foi, ou donné souffrance.

Un Seigneur] Immediat l'Eglise, *juxta caput potuit, de Locato*, à la charge de l'amortissement, ou mettre hors ses mains, à quoi elle peut être contrainte non par l'acheteur, mais par le Roi ou son Procureur. Jugé par Arrêt du 1. Février 1518. entre M. l'Evêque de Chartres, demandeur en matiere de saisie feodale pour le Fief de Brou ; Et Florentin Girard Escuyer, deffendeur, acheteur dudit Fief, mouvant immediatement de la Baronnie de Pontgoin, qui est de la mense Episcopale. Voyez encore deux Arrêts sur le même sujet dans Coquille sur Nivernois, tit. des Fiefs, art. 35. & les raisons dans *Benedicti in cap. Raynutius. ver. uxo. nom. Adelasiam. n.* 272. 273. 855. 594. *& in capite* 80. *lib.* 3. *Capitul. Caroli Magni.* La question est grande si le Roy peut retirer les Fiefs mouvans de la Couronne ; Du Moulin sur l'article 13. de la Coûtume de Paris tient l'affirmative ; le Palais la negative, voyez Chopin liv. 3. du Domaine, Bacquet des droits de Justice, ch. 12.

Châtelain.] Particulier ici, & à Lorris tit. 1. art. 5. & à Montargis ch. 1. art. 5. comme en la Coûtume de Dunois art. 16. nul ne peut avoir droit d'aubenage s'il n'est Châtelain. Chartres art. 65. & Dreux art. 59. Paris art. 20. & 21. ont simplement, Seigneur. Voyez l'opposition du Seigneur du Tremblé, qui n'est pas Châtelain au procès verbal. Ce que c'est Châtellenie & Châtelain. Chopin sur Anjou, tit. *de Jurisd. lib.* 1. *cap.* 46. Loyseau des Seigneuries, chap. 7. Le Châtelain étoit fondé d'avoir Châtel ou Maire de Châtel, dans les grandes Coûtumes. Châtels étoient forteresses ou forts en certains lieux des Provinces, pour faire des courses sur les ennemis, & puis y faire retraite ; si bien que le service que le Châtelain rendoit au Prince en guerre, lui faisoit donner des droits de Justice, *habes Castellanas ap.*

Hirsium. Comm. de bello Alexandrino.

Peut retirer.) *Vide Obertum in usib. feud. lib. 2. tit. 4. & 9. Joan. Fab. Instit. de rer. divis. Quid* si c'étoit le Roy qui eût acheté le Fief. Voyez Tiraqueau *de retract.* §. 1. gl. 14. Du Tillet, Traité de la grandeur & excellence de nos Rois. Encore que dès le lendemain le contrat de vendition parfait fût resolu du consentement des parties, *quia facilè utile dominium ad directum redit.* Pithou sur Troyes art. 27. *Quid* si de plusieurs Seigneurs feodaux, les uns veulent investir, les autres retirer, quels seront préferez? Resp. que ce seront les premiers: Voyez Coquille sur Nivernois chap. des Fiefs, art. 35.

Et appliquer à son Domaine.] Vermandois, article 259. dit, & n'est tenu ledit Seigneur retrayant réunir si bon lui semble. *Hæc communis regula*, dit la note de du Moulin sur icelui. Argentré au contraire sur la Coûtume de Bretagne art. 340. tient que l'application au Domaine se fait *ipso jure*, comme un serpent n'est qu'un après que ses pieces coupées se sont reprises. Ces deux sçavans disputent souvent l'un contre l'autre,

> *Hoc etenim sunt omnes jure molesti,*
> *Quo fortes quibus adversum bellum incidit.*

Tullou sur l'article 65. de Chartres dit, que la raison de la Coûtume est, afin que le Seigneur soit préferé à l'acheteur étranger, *& ut sibi habeat, & domanio vel mensæ suæ reunire possit, non etiam extraneo cedere*, ce sont ses mêmes paroles; en quoi il s'abuse, d'autant que la puissance qu'a le Seigneur feodal de retirer, ne naît pas de la faveur d'appliquer, mais des clauses de la concession & investiture ancienne; *num dicet figmentum ei qui finxit cur me finxisti ad hunc modum?* & par consequent il peut ceder son droit à un étranger, & se joüer de sa chose, suivant l'article 20. ch. 21. de la Coûtume d'Auvergne; auquel cas, dit la note de du Moulin, le retrait lignager resuscitera, & sera préferé au cessionnaire du Seigneur direct: Pourtant l'opinion de Tullou étoit celle des Docteurs & du tems, mais non pas la verité, *cui nemo præscribere potest*, dit Tertullien.

Et toutesfois à raison de la conjonctive *hic* retirer & appliquer, qui s'attacheroit à la lettre comme il semble que le retrait feodal s'exerce, voire est permis *ad finem consolidationis*, en ces trois Coûtumes voisines de Chartres, Dreux & Château-neuf, suivant ce qu'en a écrit du Moulin sur Paris, §. 20. gl. 1. n. 20. *& seqq.* plûtôt qu'en celle de Paris, qui dit simplement peut retenir, par consequent on diroit qu'il y seroit moins cessible, l'un dépendant de l'autre, mais il s'en faut tenir aux Arrêts qui ont ôté le doute.

Un heritage.) Ce qui en tient de lui seulement, non la totalité des choses venduës comme au retrait lignager, suivant les notes de du Moulin sur l'article 282. de la Marche, & 81. de Mante. *Secùs* s'il n'étoit Seigneur du Fief qu'en partie, il seroit au choix de l'acquereur de l'admettre au retrait, pour la part qu'il a au Fief dominant, ou bien à retirer le total, par Arrêt du 30. Mai 1587. Loüet lett. R. n. 25. *Quid* de l'heritage feodal baillé à Cens sans la volonté du Seigneur de Fief, le Vassal ayant retenu le Fief avec la censive, voyez M. Loüet, lett. R. n. 16. & 26. N'est dû rachat en cas de retrait lignager ou feodal, dit Troyes article 27.

Vendu.) Ou adjugé par decret, art. 84. plus bas.

Et mouvant de lui en Fief.) Car retenuë n'a point ici de lieu pour choses censuelles. Et se peut le retrait feodal exercer pour partie en ce qui releve du Seigneur, suivant l'article 282. de la Marche, avec la note de du Moulin. Loüet lett. R. n. 25.

En payant le prix.) Et supplément d'icelui fait par autorité de Justice, & sans fraude, dit Anjou, art. 365. Fût-il excessif, & que l'acheteur eût été trompé, *ultra dimidiam.* C. M. La Coûtume ne dit point dans quel tems, non plus que les voisines Chartres & Dreux, ni même Paris. Grand Perche 184. dit, dedans le tems, & en la maniere qu'il est dit au retrait lignager, *sed hic non puto supplendum*

Ponthieu article 68. & 69. dit, rabatu ses Droits Seigneuriaux. Ce qui a lieu tant en retrait lignager que feodal.

Et Loyaux-coûtemens.) Necessaires, accoûtumez. *Secùs de voluntariis.* Les voyages faits *eundo, stando, redeundo*, pour parvenir à l'acquisition. C. M. & est ceci commun à tout retrait.

Et dedans quarante jours.) C'est-à-dire que le Seigneur de Fief a plus grand délai d'exercer le retrait feodal que le prochain lignager : voyez l'article 387. de la Coûtume d'Anjou. *Sed notificatione facta non tenetur emptor interpellare dominum* de déclarer s'il veut retirer ou non, *num ipso jure ei currit tempus*, dit la note de du Moulin sur le 95. article de la Coûtume d'Amiens.

On donne souffrance.] De faire la foi. *Idem* Chartres, art. 40. & art. 65. *& debet modificari in patrono sciente tenorem & qualitatem contractus. C. M. Idem* s'il avoit reçû le rachat, composé d'icelui, ou donné délai de la payer. *Vide Molin. ad* §. 21. *Paris.*

Grand Perche, art. 184. ajoûte, ou que pour raison d'iceux, rachat ou Droits Seigneuriaux, il n'eût fait specialement & expressement saisir son Vassal.

ARTICLE LXXV.

LE lignager du vendeur du côté & ligne dont l'heritage vendu lui est venu & échû, est à préferer au Seigneur Châtelain au retrait d'icelui heritage dedans l'an & jour de la vendition : Et à ce que ledit Seigneur de Fief ne puisse être frustré de son droit en celant par les acheteurs la vendition de tels Fiefs, l'acheteur de tel heritage sera tenu notifier au lieu dont il est tenu, en parlant au Seigneur ou à ses Officiers, si aucuns en a, ledit acquerement par lui fait, & lui exhiber ses contrats, s'aucuns en y a, portez par écrit quarante jours, au plus tard, auparavant la fin de l'an & jour : Et où il notifiera plus tard, ledit Seigneur pourra, du jour de la connoissance qu'il en aura, demander dans quarante jours après tel heritage par puissance de Fief.

Est à préferer au Seigneur.) *Vide Obertum lib. 2. Feud. tit. 4. & 9. Joan. Fab. Inst. de empt. & vend. in princ. Loci & rationes apud Boerium ad ver. Biturigum h. tit.* §. 5. *Pyrrh. ad Aurel. h. tit. cap. 13. Benedict. in cap. Raynutius, ver. uxor. nom. Adelasiam. Inde sequitur*, que si le Seigneur a retenu par puissance de Fief, le lignager peut retirer de lui, voyez Paris, art. 159. & que si le lignager a acquis ou retiré, le Seigneur ne peut retirer sur lui, *ex l. invitus*, §. *cui damus de Reg. jur.*

Dedan l'an & jour de la vendition.) *Idem* Chartres, art. 72. Cela s'entend venans par concurrence au retrait dedans l'an & jour de la vendition ; & si le Seigneur retire ou retient par puissance de Fief, Paris art. 159. dit, que le lignager le peut retirer dans l'an & jour de la retenuë.

De la connoissance qu'il en aura.) Par notification & exhibition du contrat de vente. *Bartolus ad l. denunciasse*, §. *quid ergo, D. ad l. Jul. de Adult. & in l. non solum* §. *morte, D. de op. nov. nunciat.*

CHAPITRE XIII.

DE RETRAIT LIGNAGER.

De retrait lignager.] Qui naît ou du droit divin, *cap.* 25. *Levit. Ruth.* 4. *Jerem.* 32. ou de l'ancien des Romains, *l.* 35. *de Minor. l.* 22. *C. de adm. tut. l. dudùm, C. de contrah. empt. l. fundo alino. D. de rei vindic.* ou est propre du droit François, selon Coquille sur la Coûtume de Nivernois, fondé sur l'interêt d'affection, *& ut videatur rem suam esse cuique carissimam*, comme parle Acyltos dans Petrone, pour raison dequoi les Présidiaux n'en peuvent connoître en dernier ressort, ne fut-il question que d'un pied de terre, dit la note de du Moulin sur l'art. 258. de Senlis, dit *premesse*, ou droit de proximité dans les Coûtumes, & dans Froissart, vol. 1. ch. 216. Du Roy Jean, qui print & retint par droit de proximité la Duché de Bourgogne.

ARTICLE LXXVI.

QUi vend son heritage propre, à lui venu de succession de ses parens & lignagers, à un étrange de la ligne dont meut ledit heritage, il peut être retrait par un du lignage dudit vendeur, du côté & ligne dont ledit heritage lui est échû, dedans l'an & jour de la possession réelle & actuelle faite & prise sans fraude par l'acquereur au moyen de son tître d'acquisition, publiquement, en presence de personne publique & témoins, en remboursant l'acheteur des deniers de la vente dedans le tems de Coûtume, qui est de huitaine après l'adjudication ou reconnoissance faite par l'acquereur, & aussi des frais & loyaux coûtemens, que l'acquereur fera taxer & liquider dedans ledit tems de huitaine de ladite adjudication ou reconnoissance, le retrayant appellé pour ce voir faire; Et ou cas que ledit acquereur n'aura fait ou pû faire taxer sesdits frais & loyaux coûts dedans ladite huitaine, le retrayant fera néanmoins le remboursement de ladite acquisition; Et huitaine après ladite taxe & liquidation desdits frais faite, lui appellé pour se voir faire, remboursera iceux frais & loyaux coûtemens; alias & en défaut de ce faire, sera déchû dudit retrait : Et lui seront par l'acquereur les deniers du sort principal qui auroient été pour ce, fait remboursez audit retrayant rendus & restitués : Et s'il y a aucun qui soit plus prochain lignager dudit côté, dont meut ledite heritage vendu, que celui qui aura fait bailler ledit adjournement qui vueille avoir ledit heritage par retrait, il sera préferé à celui qui aura fait bailler ledit adjournement, pourvû qu'il vienne dedans quinzaine après la premiere assignation de ladite matiere, qu'on sera tenu prendre en plein jugement : En remboursant par ledit plus prochain lignager l'autre lignager des frais mises & loyaux coûtemens faits par celui qui aura fait bailler icelui adjournement. Et s'il y en a deux ou plusieurs en semblable degré qui vueillent avoir par retrait ledit heritage vendu, l'aîné sera préferé au puisné, & le mâle à la femelle ; Et s'il n'y a que filles, l'aînée sera préferée aux puisnées ; Et sera tenu ledit prochain lignager faire serment qu'il ne demande point icelui retrait en fraude, mais le demande pour lui, pour le remettre en sa ligne : Et s'il est trouvé qu'il y ait fraude de son côté, sera condamné en amende arbitraire du Juge, & à délaisser ledit heritage à lui adjugé à celui qui aura fait bailler ledit premier adjournement pour le sort principal & loyaux coûtemens faits pour raison de ladite premiere vente.

Qui vend.) Le general des Coûtumes dit, par contrat de vente ou équipollant à vente. Auxerre, article 53. dit, qu'en heritage échangé contre biens meubles y a retrait. Montfort, art. 158. dit, ou constituë rente sur ses propres heritages, s'entend au denier vingt, ou plus haut ; autre chose est d'une rente volante, dit la note de du Moulin sur icelui, tirée du 42. article d'Auxerre. Normandie, art. 498. dit, que l'heritage donné pour recompense de service peut être retiré. *Idem* si des rentes constituées sont baillées en échange contre un heritage, art. 507. La chose se donne pour son prix ; *Ideò pomum venditionis nostræ letale pretium apud D. August. Serm. 47. de tempore : Sanguis CHRISTI, redemptionis ; apud Tertull. lib. 2. ad uxorem.* Tullou a donc erré sur Chartres, article 67. quand il dit que ces mots, qui vend, se doivent entendre *de venditione proprie & strictè sumpta.*

Exceptez

Exceptez les cas de transaction en la Coûtume d'Anjou, art. 306. qu'il faut voir, avec la note de du Moulin, & de l'heritage baillé pour la nourriture & vie en celle de Bourbonnois, art. 469. où le même du Moulin dit en sa note, que cela est afin qu'il puisse plus aisément trouver qui le nourrisse. Mais plûtôt à raison de l'incertitude de l'estimation de cette charge.

Heritage) *Secùs* de l'usufruit, Som. Rur. Tit. 70. Paris art. 147. *quia fructus videntur venditi, id est, res mobiles*, dit M. Anth. Mornac en sa note sur ledit article. Du bois de haute futaye, voyez. *Luc. lib. 9. tit. 3. Plac. 1.* La note de du Moulin sur l'article 201. de Bloys.

Propre) *Proprium veteres perpetuum, stabile firmum dixerunt. Servius ad Eclog. 7.* Quelques Coûtumes ont aussi reçû ce droit aux acquêts. Comme Normandie, art. 438. 405. tit. 10. art. 1. & 4. 5. *Sever tit. 5. art. 1. 2. & 3.* & autres, la raison desquelles Feronius pense tirer de la loy *Si in emptionem, D. de minor.*

De succession) Ou de doüaire, ou de donation à la charge qu'il demeurera propre au donataire, ou baillé en contrechange du propre en partage ou autrement, ou donné par celuy auquel le donataire devoit succeder en tout ou partie de la chose donnée.

Il peut être retrait) Non le droit de retrait cedé a un étrange. Le vendeur & acheteur, ou autres contractans, ne peuvent par leurs pactions empêcher le retrait, dit Nivernois, ch. de Retrait. art. 21. *argum. l. nemo potest, de legat. 1. secùs* si le fief est vendu au Roy, qui tient immediatement de la couronne, *Chop. de Dom. lib. cap. 23.*

Du côté & ligne) *Idem* Paris, art. 129. Chartres, art. 67. & Dreux, art. 57. ont seulement, du côté. Et sont reputés parens du côté & ligne, supposé qu'ils ne soient descendans de celui qui a acquis l'heritage, dit Paris, art. 329. Voyez la note de du Moulin sur la coûtume de Montargis, ch. De succession, art. 3. Encor que lors de la vendition l'enfant du vendeur, ou autre du lignage ne fut nai, ni conçû, mais au temps de l'action, dit la note de du Moulin sur le 254. article de Vermandois; d'autant que ce droit n'est pas attribué à certaine personne, mais en general à toute la famille. Voyez M. Loüet, lett. R. n. 38. Le retrait peut être intenté au nom de l'enfant qui est encor au ventre de sa mere, Laon, art. 253. & suivant. Par le mary seul pour sa femme lignagere, & contre son gré, s'ils ne sont separez de biens, suivant la note de du Moulin sur Rheims, art. 223. Par la caution ou fidejusseur de la garantie, *etiamsi venditioni consenserit, loci apud chopinum, de privil. Rust. lib. 3. cap. 5.* Dans le dixiéme degré au plus, *secundum Cepolam, caus. civil. Cons. 44. Clarissime, col. 1. Non, si quis ramum millesimum duceret, ut ille apud Persium, Satyr. 3.*

Le premier appointement que le Juge donne en cette matiere est, que le retrayant baillera sa genealogie par écrit; c'est un des sujets plus communs où s'exerce la vanité; comment les hommes n'en seroient-ils curieux, qu'ils le sont bien de celle de leurs chiens, *in Philostrati Caracteribus, stemmata cognationum, l. 9. D. de grad. ad fin.*

Dedans l'an & jour) Dedans trois mois par autres Coutumes, à compter du jour de la vendition. Bourges, tit. 14. art 1. dit, dedans soixante jours: *nimia licentia brevioris temporis spatio constringitur.* Le simple ajournement ne proroge le tems sans contestation, Arrêt prononcé en robes rouges par M. le President de Thou, le 7. Decembre 1566. La frivole appellation empêche qu'il ne coure contre un tiers: par Arrêt du 17. Juillet 1550. President Bertrandi, rapporté par du Moulin en sa note sur le 422. art. de la coûtume de Bourbonnois: comme aussi le procès entre le vendeur & l'acheteur, pour raison du contrat de vente, *Cyn. in l. contra majores, C. de inoff. testam.* S'il porte faculté de rachapt, le tems ne court que du jour d'icelle expirée, comme aussi lors que le mary a vendu le propre heritage de sa femme, à la charge de la faire ratifier, du jour de la ratification; & en cas de fraude, du jour qu'elle est decouverte. Il court contre le mineur, contre l'absent, l'ignorant, sans esperance de restitution.

Voyez Coquille sur Nivernois, ch. du retrait, art, 10. Laon art. 129. ajoûte, furieux & tous autres privilegiés. nous sommes longs il nous en deplaît :

Sic ingens rerum numerus jubet atque operum lex.

De la possession réelle) Auxerre art, 258. dit, possession corporelle. Et ne suffiroit la civile que l'acheteur auroit prise par le contrat de vendition, ni la connoissance que le lignager pourroit avoir euë d'ailleurs de la vente, voire eût-il été present au contrat comme Notaire ou témoin. *Vide Tyraq.* §. *ult. h. tit. gl,* 2. *n.* 26. & 27. *Denique hæc possessio debet esse publica, continua non momentanea & talis quod transeat in notitiam viciniæ ; facit Clement I. in fin. de concess. præb.* Cette possession n'est necessaire que pour le retrait ; car celle que les Notaires donnent par le contrat de vendition est suffisante pour la proprieté. Loüet, lett. V. n. 1.

De personne publique & témoins) Et doit être pris le Notaire du lieu, & témoins, voisins plûtôt du vendeur que de l'acheteur : toutefois il n'importe, pourveuqu'ils soient Voisins de la chose de laquelle on veut prendre possession. Voyez sur tout l'art. 159. de la coûtume de Tours, avec la note de du Moulin.

Des deniers de la vente) S'il les a payés. *Quid* s'il y a terme de payer par le contrat de vendition ? Auxerre art. 53. dit, que le retrayant aura lesdits termes, en baillant bonne seureté d'aquiter ; car le vendeur ne changera son deteur, s'il ne lui plaît. *idem* Tours, art. 155. Chalons Tit. 21. art. 237. Troyes Tit. 9. art. 149. C. du Moulin sur Paris §. 20. *ver.* le prix, n. 6. 7. 8. Rheims dit, que le retrayant doit payer comptant, sinon que le vendeur veuille décharger l'acheteur. *idem* Normandie article 497. Voyez Argentré sur Bretagne, art. 293. Tiraqueau §. 3. gl. 3. & gl. 17. n. 8. Chop. *de mor. Paris. lib.* 2. *Tit.* 6. *n.* 5. La derniere opinion me semble la plus saine.

En monnoye ayant cours, non en semblables especes que l'acquisition a été faite : sinon, dit la note de du Moulin sur l'art. 432. de la coûtume de Bourbonnois, que le vendeur y ait perte notable, & *constet non esse in fraudem retractûs pretium conventum & solutum in auro, quid si emptor potest emere similem domum pro simili moneta area.* Voyez l'addition à M. Loüet, lett. R. n. 25. sur la fin. Le changement des monnoyes dépend de la volonté du Prince. Du regne de Loüis XI. courut par longtems certaine monnoye de cuir, qui avoit comme un petit clou d'argent, dit Phil. de Commines en sa Chroniques, ch. CXI. Le retrayant est tenu rembourser le supplément de prix, & achapt de droit de rémeré, suivant Bourbonnois, art. 431.

Huitaine après l'adjudication) *idem* Chartres, art. 67. Paris, art. 136. dit, dedans vingt-quatre heures. *idem* Monfort, art. 161. Grand Perche, art. 179. Estampes, art. 172. ou consigner les deniers au réfus dudit acheteur. Cette faculté de consigner est de droit, & pour ce doit avoir lieu generalement. De la forme de bien faire la consignation. Voyez le plaidoyer 10. de Mr Marion. Huitaine par le droit François, *tempus modicum*, comme par le droit Romain, *decem dies.* L'ancienne avant la reformation avoit aussi vingt-quatre heures, auroit-on point alongé ce terme à cause que l'argent est court en cette Baronnie, qui n'est composée que de Villotes, Bourgs, & Villages : dans les Villes il est commun à cause du grand abord, & de la marchandise, chez les Bourgeois, chez les Financiers,

erata multus in Arca
Fiscus.

Cette huitaine commence dés l'instant de la sentence prononcée, de l'acte, non du jour de l'acte, distinction traitée elegamment par Tiraqueau, §. 1. glos. 11. n. 24. de moment à moment, du lundi au lundi ; car au lieu de huit jours il n'en faut pas donner dix. Voyez Argentré sur Bretagne art. 293.

Que si dans la huitaine il arrive debat sur prix, ou qu'il soit saisi pour le deu du retrayant, en sorte qu'elle expire ? Jugé que le retrayant est debouté, par Arrêt de l'audience du 21. Mars 1602. sur les 24. heures en la Coûtume de Paris. Le Prince ne reftituë contre cette prescription, non pas même les mineurs. Voyez M. Loüet, lett. R. n. 7. Bref qu'il n'est point de matiere plus hargneuse, que remboursement de deniers en retrait.

Ou reconnoissance] Même faite hors Jugement, auquel cas n'est besoin d'adjudication. *l. post rem. D. de re jud.*

Par l'Acquereur) Ou Procureur de lui specialement fondé. Tiraq. §. 1. *glos.* 10. *n.* 94. *&* 102. *glos.* 2. *n.* 4. 12. 93. sur la fin. §. 9. *glos. ult. n.* 7.

Des frais & loyaux Coûtemens) Taxez dans la huitaine, *etiam* sur la fin d'icelle. Argentré sur Bret. art. 293. Le Juge ne peut proroger ce delay coûtumier, Tiraqueau sur Poitou, Tit. de retr. lign. §. 3. gl. 2. n. 4.

Pour sçavoir en quoi ils consistent. Voyez Bourbonnois; art. 430. & là Papon. Nivernois *h. tit.* article 20. & là Coquille. Les epingles de la femme en sont, le vin du marché, tel qu'il a été payé au vrai, ce qui a été donné aux entremetteurs par la volonté du vendeur, *non si sponte emptoris.* Voyez plus haut, art. 74.

Quid si l'acheteur n'a payé par privilege les lots & ventes, ou rachaps? Resp. Qu'ils ne laisseront d'être payez par le retrayant non privilegié au Seigneur, non à l'acheteur, *qui non debet negotiari ultrà fines privilegii*, comme parle elegamment du Moulin sur Paris, §. 22. gl. 1. n. 5. *& quia consuetudo retractûs est translatoria.*

Quid s'ils avoient été remis ou donnez (ce qui est rare en ce siecle) la difficulté seroit plus grande; toutefois je la resoudrois de même, pour la même raison, & afin que le Seigneur ne soit frustré de son intention, qui a été de donner, en cas que la chose demeurât à l'acheteur, d'autant qu'ès bienfaits une partie de l'election regarde les personnes, sans m'arrêter aux opinions de du Moulin & de Tiraqueau sur Poitou, art. 29. *h. tit.* ver. & autres semblables, ni de Ferron sur Bordeaux, art. 20. *eod.* Coûtemens, Decoûtemens dans les Coûtumes, Coûtanges dans Monstrelet, vol. 1. ch. 2.

Fera taxer) Et à faute de l'avoir fait, le retrayant ne laissera d'entrer en joüissance, baillant caution de les rembourser aprés la taxe & liquidation, *per l. statuliber rationem, D. de statulib.* & suivant l'Edit de Moulins en l'an 1566. art. 52. comme aussi s'il y avoit appel de la taxe, en consignant.

Sera dechû dudit retrait) Non seulement de l'instance d'icelui, *per l. boves, §. hoc sermone, D. de ver. signif.* Voyez Tiraq. *h. tit.* §. 8. gl. 7. n. 23. & 24. Argentr. sur Bret. art. 293. *ver.* autrement il est hors de la promesse. Anjou, art. 366. Mayne, art. 381. disent, icelui lignager n'y sera jamais reçû. Bloys, art. 96. Sans qu'il puisse jamais demander ledit heritage par retrait. Cette matiere est de rigueur, le public a interêt que les affaires prennent fin. Le mot, decheu, est meilleur que debouté, pource qu'il emporte execution de droit par le seul défaut & manquement; celui-ci semble desirer le fait de l'homme, *Judicis scilicet, uxore excidit, legisse mœmini, apud Terentium in Andria*

Et lui) Lui, est superflu.

Plus prochain lignager] *Quis sit proximior cognatus, Vide Cujacium observ.* 27. *lib.* 10. eu égard au vendeur, & non à autre, suivant Paris, art. 141. & sans consideration du double lien, voyez la note de du Moulin sur Lodunois, ch. 15. art 1.

Il sera preferé) *Idem* Chartres, art. 68: Il ne s'en faut pas étonner, puis que par l'ancien droit François l'heritage qui avoit été vendu à l'un des lignagers pouvoit être retiré de lui par un autre lignager plus proche, *apud Joan. Fabrum Instit. de Hæred. qu. ab. int. def.* Ce qui est demeuré en la coûtume de Bordeaux, §. 3. de ce chapitre, *& in feudis apud Langobardos §. Titius, Si de feud. def. contr. sit vide l.* 69. §. 3. *de legat* 2. L'heritage se peut mieux dire être en la famille quand il est possedé par un plus proche, d'autant que la parentelle diminuë par la diversité des semences, comme les eaux se changent par l'éloignement de leur source.

Dedans quinzaine] Chartres, art. 68. dit, dedans huitaine. *Etiam* aprés l'adjudication entre la bourse & les deniers, pourveu que la quinzaine dure Ce droit de preference est un tempera..

ment, *media via*, entre les Coûtumes qui l'ont rejetté, comme Paris, art. 141. & Bourbonnois 439. & les autres qui ont adjugé le retrait au lignager, bien que plus éloigné, qui a prevenu en l'ajournement. *Est modus in rebus.*

En plein jugement] Et à jour ordinaire de plaids, afin qu'elle soit connuë au lignager qui voudroit venir à la preference.

L'aîné sera preferé au puisné] *Quintilianus Declam.* 258. *inter extraneos quoque & alienos est aliquod privilegium ætatis; honores prior peterem, ad signandum prior rogarer.* Hors les affaires, dans la conversation.

Credebant, hoc grande nefas & morte piandum,
Si juvenis vetulo non assurexerat, & si
Barbato cuicunque puer, licet ipse videret
Plura domi farra & majores glandis acervos
Tam venerabile erat præcedere quatuor annis.

C'est pourquoi la Coûtume de Tours, art. 161. dit, & se reglent les retraits selon les successions: neanmoins en retrait lignager l'oncle est preferé au neveu, combien que d'ailleurs representation ait lieu en matiere de successions. Voyez la note de du Moulin.

Et le mâle à la femelle) Avec raison, puis que la Coûtume tend à conserver les heritages en la famille, dont les femelles sortent par mariage, & *cujus columnæ liberi sunt masculi, ut ex Euripide refert Artemidorus de Somn. interp. lib.* 2. *cap.* 10. *munimenta dicuntur à Tacito. lib.* 1. *Annal. altius penetrantibus videtur hæc sexus prærogativa eadem cum ætatis privilegio, quia Adam creatus fuit ante Evam.* Voici l'ordre que tient le Statut, le degré est preferé au sexe, le sexe à l'âge. *Quid* si les lignagers sont de même degré, sexe & âge? Resp. qu'ils auront par egale portion la chose venduë, suivant les Coûtumes d'Auvergne, art. 17. ch. 13 & de Blois, art. 201. Voyez Bourbonnois; art. 440. & là Papon. *Benedict. in cap. Raynutius, ver. uxorem nom. Adelasiam. n.* 607. *& seq.* Bordeaux, art. 6. & 9. *h. tit.* qui ajoute, ou ceux qui les representent (car representation a lieu en retrait) *hoc est dividitur retractus, inquit Pyrrhus ad Aurel. h. tit. cap.* 4. mais il est difficile que les trois choses concourrent. *Quid* de la vente de la coupe du bois de haute futaye? Resp. Que celui des lignagers qui veut qu'il ne soit coupé, doit être preferé; *quia certat de conservando* à la ligne, dit la note de du Moulin sur ledit article 201.

Les uns & les autres consigneront, par Arrêt prononcé par M. de Harlay, le 14. Août 1568. cela s'entend à l'égard des lignagers concurrens, & pour leur interêt; car quand à l'acquereur, il n'est tenu connoître le retrait au profit de l'un pour partie.

Quid si l'un est contraint de consigner le tout par la negligence des autres. Voyez Coquille sur Nivernois *h. tit.* art 17. *Quid* si la chose ne se peut diviser? Resp. Que le Juge les peut contraindre de s'accorder à qui elle demeurera; *ne dividantur quæ separari nequeunt*, où s'il ne le peuvent, ordonner qu'elle sera adjugée à qui l'enchérira plus haut au profit des autres; ou s'ils refusent encor cet expedient, la faire jetter au sort; suivant l'opinion de Tiraqueau & de *Matheus de Afflictis*, autorisée des exemples de la sainte Ecriture, & du passage de Petrone, *suam habet fortuna rationem.*

L'aînée sera preferée aux puînées] En semblable degré, *Secùs* si les puisnées étoient plus proches lignageres.

Faire serment] Comme aussi celui qui a fait faire le Premier ajournement. La formule de ce serment est, *se sua caussa, suis nummis, sine fraude, apud Lucium lib.* 9. *Tit.* 3. *Plac.* 8. Voyez Berri ch. 14. art. 10. avec la note de du Moulin. Sens art. 55. Loüet lett. R. n. 53. *de fraudis præsumptionibus, indiciis, argumentis, loci apud cassaneum h. tit.* §. 12. Les premiers chrétiens juroient en leurs assemblées de ne commettre fraude les uns envers les autres, comme il se voit en l'Epître de Pline à Trajan liv. 10. & dans Tertulien, au commencement de l'Apologetique. Ils sont aujourd'hui divisez en deux parties, *nam aut falluntur, aut fallunt* & jurent fort librement, *nemo cælum putat.*

Pour le remettre en la ligne) A laquelle les heritiers propres sont tellement affectés en France, que les enfans issus des fils de Roy puisnez, prennent le surnom des Duchez ; Comtez & autres Seigneuries baillées à leur pere en apanage. Et en general les surnoms des Seigneurs & Gentilshommes n'étoient continués qu'au fils aîné, qui heritoit au principal fief,& les puisnez prenoient leurs noms du principal fief de leur partage. Quandles fiefs furent faits hereditaires & patrimoniaux sous la seconde lignée des Charliens, & quand la Noblesse s'en vit asseurée depuis l'an neuf cens,& sur la fin de lad. seconde lignée, elle prit surnoms la plûpart de leurs principaux fiefs. Aucuns depuis au contraire ont donné leurs surnoms à leurs fiefs, *imposuerunt nomina terris suis* ; je trouve dans les vieux titres de l'Abbaye de S. Vincent un surnommé *Balu Dominus de Bosco*,& c'est ce qui se nomme aujourdhui le Bois-Balu en cette Baronnie. C'est honneur à une race de posseder des biens anciens, & marque de probité de conserver ce qui nous vient de nos predecesseurs : c'est en ce sens qu'il faut prendre Horace. Epist. 2. lib. 2.

Utar & ex medio quantum res poscet acervo
Tollam nec metuam quid de me judicet hæres
Quod non plura datis invenerit.

Et Arioste, Cant. 28.

Che del ben, che la fortuna gli concede
Tranquilla é senza affanni avia nodrita
La roba di che il padre il lascio erede
Ne mai cre sua avea ne minuta.

Si j'applique à propos les belles lettres au droit François, je ne crois pas que ce livre n'en soit mieux vendu ; c'est ce que les autres n'ont pas fait, *primus ego*, & si je puise dans ma citerne.

ARTICLE LXXVII.

L'Ajournement en matiere de retrait se doit faire sur le lieu & heritage qu'on veut retraire, present temoins, hors huitaine, qui s'entend qu'il doit y avoir huit jours francs entre le jour de l'ajournement & le jour de l'assignation ; & signifier ledit ajournement à l'acheteur : Et à la premiere assignation de la cause, les deniers doivent être offerts à découvert par celui qui veut retraire tel heritage ; & autrement le retrayant dechet dudit retrait, sauf toutesfois, que pour succession universelle, ou pour aucun droit de succession, ou autre droit incorporel qu'on voudra retirer, suffit faire l'ajournement à la personne ou domicile de l'acquereur, en presence de témoins, en faisant les offres que dessus. Et pareillement, où il y a plusieurs pieces de terres venduës, suffit faire l'ajournement & offres que dessus sur l'une desdites pieces de terre, pour toutes les autres étans en une même Seigneurie.

Sur le lieu) *Quasi fundus intelligat, Quasi emptor fundo hæreat*, & qu'il n'apparoisse pas assez par l'exploit fait à sa personne que c'est lui qu'on veut retirer. Observation comique omise à bon droit par autres Coûtumes, & qui toutefois doit être pratiquée ici : *Quando ita majores voluerunt. Similis ritus judicii petitorii, nec non gentilitii Leg. Alem. Tit.* 85. *& Bojoar. Tit.* 24. *uterque cum isto ex Leg. XII. cap. XI. SI QUI IN JURE MANUM CONSERUNT. ap. Marcil.* On ne sçauroit trop apporter de façon à un acte odieux.

Hors huitaine) La Coûtume pourvoit à ce que le tems de l'assignation ne soit trop bref, afin que l'acquereur ne soit surpris, & qu'il ait le moyen de se preparer à y répondre. Autres, à ce qu'il ne soit trop long. Nivernois ch. 31. art. 2. dit, dans dix jours au plus, c'est à dire, contenir dix jours & non plus : cela s'entend si l'acheteur se plaint, autre chose seroit s'il ne s'arrêtoit à ce défaut ; car il ne pourroit pas être objicé par un tiers même concurrent au retrait, dit la note de du Moulin. Ici le terme peut bien être donné plus long, sauf àl'acheteur qui a interêt d'être asseuré de son acquêt d'anticiper l'assignation de sa part.

Chartres dit aussi hors huitaine, *id est*, dit Frerot, qu'il y ait huit jours francs entre le jour de l'ajournement & de l'assignation, *hocque jure utimur* ; en quoi il s'est mépris, d'autant qu'à Chartres l'assignation est bonne à de demain huitaine. Par quelques Coûtumes, comme celles de Paris, art. 130. Montargis, art. 158. Estampes, art. 168. il faut demander le retrait dedans l'an & jour : ici suffit que l'ajournement soit baillé dans l'an & jour, encore que l'assignation échée hors le dit tems. Voyez Loüet lett. A. n. 10. elle doit être à jour certain, & non aux prochains plaids. L'ajournement est bon à jour de fête. Voyez Loüet lett. R. n. 39.

Quippe etiam festis quadam exercere diebus
Fas & jura sinunt.

La phrase Françoise dit, huitaine, quinzaine, en supprimant jours. Boutiller, hors octave. Et Juvenal,

Exul ad octavam.

Et à la premiere assignation de la cause] *Scilicet in judicio : quia hoc non requiritur hic in actu citationis, sed tantum quod citatio sit libellata*, dit la note de du Moulin sur Chartres, art. 69. qui dit à chacun jour d'assignation de la cause. Donc la consignation n'est necessaire en cette coûtume, ni pour le principal du retrait, ni pour le gain des fruits. Voyez *Lucius lib.* 9. *Placit.* 3. *Tit.* 1. Le retrayant a fait son devoir, & semble qu'il n'a tenu qu'en l'acheteur de recevoir, de tendre le giron, arg. l. 34. §. *imperator. D. de Statul. l. Celsus.* §. *fin. in fin. D. de arbitr. l. pecunia.* §. *fin. D. de Usur. l. si non stat per te. C. eod. l. Titia Scio* §. 1. *in fin. D. de Legat.* 2. Voyez les notes de du Moulin sur la 331. question *de Jean Galli*, sur les Coûtumes d'Arthois, art. 87. de Nivernois ch. 31. art. 9. de Bloys, art. 198. *ita regulariter, inquit, observatur in Gallia. Secùs* ès Coûtumes qui veulent, comme celles de Chartres & de Paris, qu'à chacune journée de la cause on offre deniers ; *obsignatio enim semper loquitur* : Voyez Troyes, art. 251. Loüet, lett. R. n. 35. de quel jour, & comment on gagne les fruits, Chopin *de mor. Paris. lib.* 2. *tit.* 6. *n.* 7. *Tiraq. h. tit.* §. 15. De ceux que l'acquereur a perçus avant l'ajournement, voyez Bloys, art. 196. Si bon lui semble il les rendra, & sera rembourssé des frais, voyez Coquille sur Nivernois, *h. tit.* art. 20.

Jugé par Arrêt du 6. Août 1611. pour Loys d'Estrée appellant, défendeur en retrait ; contre Anthoine Guerrie, intimé, demandeur & défendeur en lettres ; que le retrayant n'est restitué de l'omission des offres, si est bien l'acquereur de la negligence de ne l'avoir proposée en tems & lieu. En quelque lieu qu'on plaide, il faut garder la Coûtume du lieu auquel l'heritage est assis, Loüet, lett. R. n. 6.

A decouvert] *Incerta nam oblatio in fol. l.* 82. *D. de cond. & demonst. ut & solutio in sacculo, l.* 25. *D. de usufr. E re Martialis Epigramma lib.* 10. *in Olum,*

Mensas, Ole, bonas ponis sed ponis opertas,
Ridiculum est: possum sic ego habere bonas.

Voyez Loüet, lett. R. n. 32. Non tous les deniers, mais quelques pieces, & offrir à parfaire ; telle offre réelle met l'acquereur en demeure ; & sert pour le gain des fruits, comme une offre réelle faite hors jugement empêche le cours des interêts, *quia quemadmodum se habent fructus naturales ad fundum, ita pensiones ad reditum. C. M.*

Droit incorporel] De rente, dîmes, peages, cens, servitude, champart, action pour iceux ; ou si le vendeur avoit cedé la faculté de Rémeré à un étrange de la ligne, au cas de l'article 484. de la Coûtume de Bourbonnois. Voyez Tiraq. §. 1. *ver.* rentes, *ver.* ou autres choses, *h. tit. chass.* §. 1. *ver* heritage, *eod.*

Faire l'ajournement à la personne) *Quia incorporalia situm non habent, nec possidentur, sed quasi possidentur, l. ait Prætor, §. & qui per captivitatem, D. ex quib. causs. major.* D'où nait la question, de quel acte commence à courir l'an & jour du retrait *in hujusmodi*, d'autant que l'acquereur n'en prend la possession réelle.

ARTICLE LXXVIII.

ET où l'acheteur sera demourant hors de cette Baronnie, fins & enclaves d'icelle, la signification de l'ajournement qui ainsi sera fait, sera faite au detenteur de l'heritage, s'aucun en y a, & à cri public à l'issuë de Messe Parrochiale du lieu où lesdits heritages seront assis.

Demourant hors) Ou si pour doute de retrait il s'en est absenté, ou autrement, dit Troyes, art. 159.

Sera faite au Detenteur) *Idem* Grand Perche, art. 192. Dunois, art. 82. Normandie, art. 485. & autres Coûtumes. *l. Dies cautioni, §. Prætor ait, D. de dam. infect.* encor que par l'Ordonnance tous exploits doivent être faits à personne ou à domicile, même par le droit Romain, sinon quand la persône est incertaine, *l. 2. C. de noxal. act. Scilicet respectu rei fugientis & ne actor excludatur*, dit la note de du Moulin sur l'article 382. de la Coûtume d'Anjou, par laquelle tout retrait doit être demandé en toutes les jurisdictions où les choses venduës sont assises. Aussi tenons-nous *ex mente hujus articuli*, que l'action de retrait est réelle en ce bailliage. En general si elle est réelle ou personnelle, & quelle jurisdiction il faut suivre. Voyez M. Loüet lett. R. n. 51. Beraut sur l'article 485. de Normandie, qui dit en l'article 481. que si le detenteur ou fermier font sçavoir l'ajournement à l'acquereur, ils repeteront les frais qu'ils feront à ce sur leurs fermages. Les Coûtumes qui donnent le choix de jurisdiction au demandeur, me semblent déraisonnables, tant pour ce qu'elles ouvrent le chemin à la fraude contre le plus prochain qui voudroit venir à la preference, que pour ce qu'elles ne prennent parti dans la diversité des opinions, *in his juribus, quæ non tam ratione, quàm persuasione gentium constant*, comme parle Pline livre 32. ch. 2. C'est doctement réver de dire qu'elle est personnelle, *quia condictio ex lege.*

Et à cri public) *Vide glosam in l. si finita. §. si plures, ver. prius, ibi, vel si non inveniatur domi*, afin que si le detenteur étoit negligent de faire sçavoir l'ajournement, quelque autre ami suppléât à ce manquement. *Quid* si aucun ne se presente ? Resp. Que le retrait s'adjugera par défaut, après que le retrayant aura verifié sa demande & lignage, en consignant en Justice, suivant l'article 429. de Bourbonnois.

ARTICLE LXXIX.

SI homme & femme sont conjoints par mariage, & il leur est adjugé aucun heritage par retrait, soit du côté du mari ou de la femme; tel heritage ainsi retrait est reputé acquerement, & demeurera au survivant d'iceux conjoints par moitié, & aux enfans du deffunt l'autre moitié, s'il y a enfans d'icelui mariage: Et s'il n'ont enfans, ceux du lignage dedans l'an après le decès de la personne, du côté de laquelle a été fait ledit retrait, ou de ses enfans, pourront avoir icelui heritage ainsi retrait par maniere de remboursement, supposé qu'il y ait plusieurs ans passez depuis ledit retrait, en payant comme dessus les derniers, chastels & loyaux coûtemens; & sera le plus prochain lignager preferé comme dessus.

Si homme) Voyez Paris, art. 155. & suivant

Ou de ses enfans) *Hic videtur contradictio in textu, sed debet intelligi quando superstes qui non est de illo latere habet filios communes, & sic spes est quod recuperabunt à parente, & sic reponent in suam lineam, sed intelligendo de liberis prioris cujusvis alterius matrimonii absurdum esset, quia istis statim ut extraneis currit tempus ad eorum commodum contra propinquos, & fortiùs contra remotiores*, dit la note de du Moulin sur Chartres semblable, art. 71. qu'il faut voir entiere, & qui porte sur la fin, que l'an du retrait coure contre les enfans, du jour du partage fait avec leur pere. Il ne court pendant la tutelle ou administration que le pere a du bien de ses enfans; mais après icelle finie. *& adhuc post titulos exhibitos*, dit la note du même sur Poitou, art. 340. Voyez *Lucius lib. 9. Plac. 6. h. tit.* Loüet lett. R. n. 40. & sur tout l'art. Melun art. 151. *Pyrrh. ad Aurel. h. tit. cap. 8. Tiracq. §. 17. gl. unica*, Coquille inst. du droit François sur la fin *eod. Quid* s'il y avoit separation de biens executée & publiée en jugement? Resp. La femme n'est pas tenuë de venir à ce remboursemeut dans l'an & jour d'icelle, *propter spem reconciliationis, l. 3. l. si pœnituit, D. de divort. l. quidquid calore D. de Reg. jur. l. si mulier, D. sol matr.*

Ils étendent cet article aux personniers & associez, autres que mary & femme, suivant la Coûtume de Bourbonnois, qui declare toutes les autres de ce Royaume, dit Tiraqueau art. 20. gl. unic. art. 26. gl. 1. n. 38. *de retractu.*

Et Loyaux Coûtemens) Troyes dit, & meliorations. Ce qui est singulier & raisonnable, à cause de la bonne foi qui se presume entre les conjoints par mariage. Si un autre acheteur melioroit, il sembleroit que ce fût pour empêcher le retrait. Il fait plus sagement de tenir la chose en état pendant l'an & jour, attendu qu'il n'est encor Seigneur incommutable, & comme parloient les Anciens, qu'il ne tient fermement.

ART.

ARTICLE LXXX.

DEbourſement & rembourſement a lieu quand on vent ſon heritage propre à aucun de ſon lignage, & aprés l'acheteur le vent à un étranger, & hors du lignage, dedans l'an & jour & temps que deſſus, l'un des lignagers, du côté dont meut ledit heritage, le peut avoir par forme de rembourſement, en rembourſant l'acheteur du ſort principal & des loyaux coûtemens, comme dit eſt; & ſera le plus prochain lignager preferé comme deſſus.

Debourſement) *idem* Chartres, art. 72. Dreux, art. 61. & autres. La raiſon de douter eſt qu'il étoit acquêt, & ſe tire du 183. article du Grand Perche. Voyez Argentré ſur Bretagne, art. 284.

L'un des Lignagers) Paris, art. 133. dit, auquel cas peut auſſi retraire le premier vendeur, comme ne l'ayant au precedent mis hors de la famille. *Quid* S'il l'avoit mis hors de la famille, & qu'ayant été retiré par un d'icelle, celui-ci l'eût par après vendu à un étranger, ſeroit-il admiſſible au retrait? Tiraqueau dit qu'oüi; Coquille que non, ſur l'article 24. de Nivernois *h. tit.* l'opinion de celui-ci eſt fondée ſur la Loi *cùm pater* §. *libertis*, *D. de Legat.* 2. Mais il y a bien de la difference entre un affranchi qui fait contre le commandement de ſon maître, & de celui qui vend ſon bien par la neceſſité de ſes affaires; l'opinion de Tiraqueau eſt donc la mienne.

ARTICLE LXXXI.

ET pareillement ledit rembourſement a lieu quand celui à qui aucun heritage eſt adjugé par retrait lignager, le vend à un étranger de la ligne, en y venant dedans l'an & temps que deſſus, & en rembourſant comme deſſus; & pour ledit rembourſement n'eſt dû aucun droit de ventes, comme dit eſt.

Et pareillement) *Idem* Chartres, art. 73. Dreux, art. 62. Encor que l'heritage retrait par le lignager lui ſoit reputé acquêt, & s'il eſt marié, conquêt, dit Châlons, art. 150. Pour ce que le retrait lignager eſt *jus nedum conſervatorium, ſed tranſlatorium*, portant une continuation de Poſſeſſion de l'heritage retiré en la ligne, *ita* que celui qui en uſe, ne ſemble pas tant faire ſon négoce particulier, que celui de la famille.

ARTICLE LXXXII.

QUand aucun heritage propre est baillé à rente à recousse à un étranger de la ligne, l'un des lignagers du bailleur du côté & ligne dont meut ledit heritage, le peut avoir par retrait dedans l'an, jour & temps dudit bail que dessus, à la charge de ladite rente & recousse; & en ce faisant, sera tenu ledit lignager decharger & garantir le preneur de ladite prinse à rente, & de ce bailler caution suffisante. Et sera le plus prochain lignager preferé comme dessus.

Le peut avoir par retrait.) *Idem* Chartres, art. 74. Paris art. 137. La raison est pareille à celle des articles 23. & 47. plus haut. *Vide L. si pro mutua D. si cert. pet. Chop. lib. 2. de mor. Paris. tit. 6. n. 20.*

Tours, art. 166. dit, Que si l'amortissement est fait après l'an, le lignager ne peut demander que la rente, & le connoîtra l'acquereur au fonds ou à la rente, à son choix. Et s'il n'y a point de condition ou faculté d'amortir ladite rente, & elle soit amortie dans l'an dudit contrat, le lignager demandera le fonds ou rente à son choix.

Caution suffisante) Paris, art. 137. dit, en remboursant celui à qui la rente est dûë. Dreux, art. 63. à la charge d'acquitter ladite rente, si mieux n'aime le bailleur continuer le bail au retrayant, à la charge de la même rente, suivant l'Arrêt du 25. Mai 1579. La caution se dit suffisante qui possede des immeubles, *L. sciendum, qu. satisd. cog.* Loüet, lett. C. n. 9.

ARTICLE LXXXIII.

QUAND aucun baille son heritage propre, ou partie d'icelui, ou par autre contrat l'aliene avec déboursement de deniers, ou autre meuble, à personne étrange de la ligne dont meut ledit heritage, tel heritage est sujet à retrait & remboursement comme dessus, envers le lignager du côté & ligne dont meut ledit heritage.

Avec debourfement de deniers) Petit ou grand, *quia lex non distinguit*, comme Paris art. 145. & est l'heritage sujet à retrait pour le tout, de peur de faire entrer le lignager en communion, *L. si non sortem, §. si centum, D. de cond. indeb.* peut-être avec un plus riche, qui n'est pas aise qu'on lui rongne ses pieces de terre, *& proferre libet fines*; & ne veut ni compagnons ni voisins s'il se pouvoit; mais desire au contraire joindre les heritages d'autrui aux siens par droit de bienſeance : *non alia de cauſa, dixit Auguſtinus in Pſalmos, amat avaritia unitatem. Vide omninò Declamationem Quintiliani inſcriptam Apes pauperis. Plin. lib. 18. cap. 6.* & pourquoi le retrait n'a lieu en échange d'heritage contre heritage ſans retour, Coquille ſur Nivernois, *h. tit.* art. 19.

Ou autre choſe meuble) Si c'étoit choſe précieuſe, comme un diamant, un excellent Tableau, ou un beau Cheval, il ſeroit difficile d'indemniſer celui qui les auroit baillés, voire de faire l'eſtimation de ſon interêt. *Stupet Albius are.* Pourquoi retrait n'a lieu en échange d'heritage contre heritage ſans retour. Coquille ſur Nivernois, *h. tit.* art. 19.

ARTICLE LXXXIV.

HEritage propre adjugé par decret eſt ſujet à retrait lignager, en gardant les ſolemnitez comme deſſus.

Eſt ſujet à retrait) *Idem* Grand Perche, art. 202. Paris, 150. Contre Orleans, art. 400. Tours, art. 180 La raiſon de douter étoit, que l'heritage mis en criées ſemble être offert aux lignagers, auſſi bien qu'aux Etrangers; de décider que le retrait ſuppoſe une vendition précedente, & eſt un droit de préference qui n'a point de lieu en decrets & encheres publiques. *Quid* ſi les heritages ſont ſitués en diverſes Coutumes, les unes où le retrait eſt reçû en decrets, les autres où il n'eſt reçû ? Jugé qu'il n'aura lieu que pour ceux qui ſont ſitués où il eſt reçû, pour les autres, non, par Arrêt du 3. Juin 1589.

L'heritage propre adjugé ſur le Curateur aux biens vacans, où ſur l'heritier par bénéfice d'inventaire eſt ſujet à retrait, dit Paris art. 151. *Secùs* ſi ſur le Curateur à la choſe abandonnée, art. 153. *quia nulla tunc linea, & neſcitur unde illa res*, dit la note de Mornac. Voyez M. Bouguier lett. R. n. 15. *Idem* en choſe indiviſible, & quand le retrayant n'eſt parent que pour le regard d'une petite portion, qui ſeroit limitée ſans recommencer la licitation. C. M. Jugé que ſi le decret étoit intervenu ſur un Curateur après le déguerpiſſement, l'an du retrait commenceroit du jour du premier contrat, & non dudit decret, par Arrêt du 16. Mars 1577. *Idem* ſi ſur decret conventionnel, Orleans, art. 401.

ARTICLE LXXXV.

QUand aucun baille ſon heritage propre à rente à toujourſmais à perſonne étrange de ſon lignage, ſon lignager du côté & ligne dont meut ledit heritage, peut avoir par retrait ladite rente perpetuelle, ſi elle eſt venduë, dedans l'an de ladite vendition ; en rembourſant l'acheteur du ſort principal & loyaux coûtemens : Et ſera preferé le plus prochain lignager comme deſſus.

Ladite rente) Non la chose même, & toutesfois c'est sur elle que sont fondées les affections qui donnent lieu à ce retrait ; *ipsius cespitis gleba reptata, gramina incessu, flumina natatu, venatu nemora fracta, conscii natalium parietes, apud D. Augustinum, Serm. de Abraham.* Les sepulchres des majeurs qui font apprehender une succession onereuse & chargée de dettes. *L.* 36. *de bon. libert.* Mais Coutumes sont Coutumes, qu'il ne faut pas mesurer au niveau de la raison, & qui ont été établies par la fantaisie ou caprice des peuples divers, par sens contraire, on se fâche de voir, & on hayt les lieux qui font souvenir du bien passé & du mal present, comme ce Berger, *los verdes y dileytosos prados que el caudaloso rio esla consus aguas va regando*, au commencement de la Diane.

ARTICLE LXXXVI.

QUand aucun vend sur son heritage propre rente à personne étrange, le lignager du côté & ligne dont meut ledit heritage, peut avoir par retrait ladite rente dedans l'an & jour de ladite vendition, en remboursant l'acheteur comme dessus ; & sera le plus prochain lignager preferé comme dessus ; & ce, pourveu toutesfois que l'acheteur de ladite rente ne veuille declarer que pour raison d'icelle rente il ne se veut adresser sur l'heritage propre du vendeur, auquel cas, telle rente ne sera sujette à retrait.

Rente.) *Reditus per d. simplex, à redeundo ut anni, apud Tacitum lib.* 15. *Annal. Thori reditus, apud Ovidium, lib.* 1. *Amor. qui & apud nos frequens, ut dicere possimus,*

optima summi
Nunc via processus.

vel à redigendo, quasi redactus, ex l. Titius, de pres. verb. vide Observ. 15. *lib* 9. *à reddendo quandò per duplex d.* bon païs & rendable, dans Froissart, vol. 3. ch. 136. & dans Alain le Chartier, Bouvier qui sa rente vient rendre, *Martialis ib.* 2.

Quid mihi reddat ager quaris, Line, Nomentanus,
Hoc mihi reddit ager te, Line, non video.

C'est un beau revenu de ne voir plus un fâcheux, & une grande charge de le voir plus souvent qu'on ne voudroit.

Non est intelligendum des rentes volantes *ad rationem duodecima, per ea qua dixi in tract. de com. & usur. & in Consuet. Paris.* §. 57. C. M. Voyez encor sa note sur Chartres, art. 76. Coquille sur Nivernois, art. 25. ch. des Fiefs. Pithou sur Troyes, art. 140, Papon sur Bourbonnois, art. 392.

Ne veuille déclarer) Cette Déclaration met la famille hors d'interêt, car la rente sur l'heritage n'est pas l'heritage même, *meraque hypotheca pristinum dominii jus minime convellit* ; mais il est à craindre que faute de payement, on ne le fasse saisir & passer par decret. *Vide L. qui habebat, D. de Legat.* 3. *l.* 31. *D. de pignor. & hic metus est ratio consuetudinis*, & de celle de Ribemont, Tit. 3. art. 42. & de Ponthieu, Tit. 9. art. 134.

Au contraire, quand quelqu'un éteint ou amortit quelque rente ou prestation annuelle, de laquelle son heritage étoit chargé, telle rente n'est sujette à retrait, dit Grand Perche, art. 197.

ARTICLE LXXXVII.

LE temps de retrait lignager ne court point, sinon depuis l'infeodation ou la saisine & possession réelle faits, eus & prins par l'acheteur, & sans fraude.

L'infeodation ou la la saisine) Addition à l'article 73. plus haut, *ubi* de la possession réelle & actuelle. Voyez Paris art. 129. Chauny, art. 33. vest, devest, saisine, desaisine, dans les Coûtumes. *Vide Epistolam* 41. *Ivonis Carnotensis*, Boutiller dit, si tu achetas aucune tenure & en fus mis en saisine, ainsi sans doute en fus fait Sire. Ce qui procede de la retention du Domaine direct, & à quoi fait allusion le Roman de la Rose,

Quand vous en aurez la saisine,
Si comme esperance divine,
Et votre joye aurez planiere.
Si la gardes en tel maniere,
Comme on doit garder telle florette,
Lors joirés de l'amourette.

Adeò, que si l'acquereur demeuroit trente ans à se faire infeoder ou ensaisiner, ou pourroit intenter le retrait après trente ans. Par Arrêt du mois de Mars 1602. en la coûtume de Bourbonnois. Infeoder, *beneficiare dixit Sigebertus in Chron. anni.* 1007.

La saisine se faisoit par la tradition de quelque baston ou autre chose. Voyez Chauny art. 33. & par aucun des officiers de la justice, sous laquelle les choses étoient situées, *Episcopatus & omnia feuda antiquo more tradebantur per annulum & virgam*, ce qu'ils appelloient par rain & par bâton, *inde* le brocard se joüer de son fief jusques à mettre la main au baston, c'est-à-dire jusques à demission de foi. Les investitures se donnoient par instrument public, *vel brevi testato coram paribus curtis, lib.* 1. *feud. tit.* 1. *lib.* 2. *tit.* 2. & 3.

Sans fraude) *Speciem fraudis hujusmodi tractat Chopinus, lib.* 3. *de Privil. Rustic. cap.* 2. *Intellige de investitura facta in loco unde potest innotescere.* C. M. en sa note sur le 422. de Bourbonnois. Voyez les notes du même Autheur sur Anjou, art. 429. & sur l'ancienne de Paris, art. 173. Ce qui s'observe en quelques Provinces, que les contrats d'aquêts se publient en jugement, pour le fait des infeodations ou saisines, devroit avoir lieu generalement.

ARTICLE LXXXVIII.

QUand aucun des deux conjoints vend son heritage, & des derniers de telle vente est fait acquets par lesdits conjoints, ou l'un d'eux, d'autre heritage; tel heritage ainsi acquis, de tels deniers, sans fraude, sortira la nature dudit heritage premier : & sera reputé tel & de telle nature que ledit heritage premierement vendu, tant quant au retrait que autrement.

Quand aucun) voyez pour l'éclaircissement de cet article Bourbonnois, art. 239. & Nivernois, ch. 23. art. 31. avec la note de du Molin. *Quid*, si le prix du propre vendu est encor deu lors du decès des conjoints, ou de l'un d'eux ? Resp. Qu'il reviendra pour le tout à celui d'eux, ou ses hoirs, à qui appartenoit ledit propre, suivant la Coûtume d'Anjou, art. 296. où du Moulin dit en sa note, qu'il pense que cela se doit garder generalement, *etiam* à Paris *Idem* si les deniers reçus étoient notoirement tournez au profit de la communauté. *Secùs* s'ils avoient été dissipez au jeu, ou en folle dépense. Ce qui est fondé sur la bonne foy, qui doit exceller entre gens mariés, desquels celui qui a reçû tels deniers, ne fait que ce qu'il doit quand il en est besoin.

Si reddat veterem cum tota ærugine follem.

Entre autres associez, si l'argent reçû est une fois entré en societé, & mêlé parmi d'autre, il n'en faut plus parler. *L. si alieni, D. de sol.* Il y a moins de difficulté, si le prix est encor dû pendant le mariage. La raison de cet article induit manifestement le droit de remploi, duquel Loüet lett. R. n. 22. 30. & suivant, l'article 232. de la Coûtume de Paris, tant pour le mari que pour la femme, n'eût-il été stipulé par le contrat de mariage ou de vente, attendu que cette Coutume dispose du remploi tacitement, en parlant du rachat d'autre heritage.

Sortira la nature) Par subrogation. Voyez Loüet lett. S. n. 10.

Que autrement] Il prendra bien les mêmes qualités de propre paternel ou maternel, mais non pas celles de feodal ou roturier; pource que celles-là sont extrinseques, celles-ci intrinseques, joint qu'elles dépendent d'un tiers; sinon qu'en ce cas la roture se pourra partager comme fief la premiere fois, non par la seconde, *quia roture*, dit la note du Moulin sur l'article 273. d'Anjou. Les hypotheques ausquelles étoit sujet l'autre heritage ne le suivront pas, d'autant que par le fait du detteur elles ne changent leur état, *L. si superatus, D. de Pign. Bald. in l. pro debito, col. 1. D. aut. jud. poss.* comme la subrogation ne se fait *pro omni causa. vide Joan. Fab. ad §. fuerat Inst. de act.*

ARTICLE LXXXIX.

SI un acheteur, dedans l'an du retrait, edifie de nouveau ou fait reparation non necessaire sur la chose par lui acquise sujette à retrait: Si tel heritage est retrait, telles meliorations ne se restituent point par lignager ou Seigneur retrayant; mais pourra l'acheteur tollir lesdites reparations, si faire le peut, sans endommager la chose.

Edifie de nouveau) D'autant qu'il n'est Seigneur incommutable, *l. si ex duobus, l. sed & Marcellus. D. de in diem adject.* joint que c'est changer la face du lieu, à laquelle s'attachent les affections du retrait; & c'est en ce sens qu'il faut prendre le passage de Suetone *in Vespasiano, cap. 2. Quare Princeps quoque & locum incunabulorum assidue frequentavit, manente villa qualis fuerat olim, ne quid scilicet oculorum consuetudini deperiret.* Sans que je veüille faire valoir ma marchandise, je veux bien que les esprits plus dégoûtez sçachent que cette application merite bien d'être considerée. Aussi Grand Perche ajoûte, art. 195. changer ou invertir l'édifice. Certains hommes aiment la truelle, & à peine peuvent-ils attendre que l'an & jour soit passé: bâtir est une passion & maladie d'esprit hereditaire, dans Juvenal Satire.

24. *ibi Ædificator erat Centronius.* S'il étoit permis édiffier de nouveau, un riche acquereur frustreroit aisément un pauvre lignager du retrait,

Dum meliore novas attollit marmore villas. Vide l. in fundo, D. de rei vind. l. si in area, D. de condict. indeb. Boer. Declam. 47. E re quod aliud est reficere, aliud facere, l. 3. §. 15. D. de itin. acte. priu. Ædificans in alieno solo scienter donare præsumitur, l. ult. D. de aqu. rer. domin. l. si is, C. de Ædiff. priu. vide jacob. Menoch. liber 3. Præs. 32. Molinaus ad Paris. Tit. 1. §. 1. gl. 3. n 101.

Reparation non necessaire) *Tria esse genera impensarum, scilicet utilium, voluptariarum, necessariarum, notum lippis. Vide tit. de imp. in res dot. fact. Observ. 20. lib. 10. inter voluptarias sunt supervacuæ, quæ fiunt tãtum impensæ, causa ut columnæ nihil sustinentes, apud Senecam, Epist. 86.* Quelques Coûtumes portent que même il ne peut faire les necessaires sans autorité de justice; & me semblent raisonnables. Tellement qu'il n'est besoin que celui qui veut retirer denonce à l'acheteur qu'il n'ait a édifier, ou faire aucunes reparations, en peine de les perdre, suivant le Conseil *d'Alberic. de Rosa, in l. intra utile. §. vendentibus, D. de Minor. arg. l. si fundum cum notatis ibi per eundem. C. de rei vindic.* Les frais des reparations necessaires se taxent par le menu, des utiles en gros; & selon l'état present, par Arrêt au rapport de M. d'Espinoy, du 27. May 1617.

Tollit *Vide l. 37. cum sequ. D. de rei vind.* Qui porte une exception raisonnable, laquelle se trouve aussi en la Coûtume de Poitou, art. 371. sinon que l'acquereur ou retreyant (car elle parle de retrait coûtumier aussi bien que de conventionnel) les voulût rembourser par l'estimation des matieres seulement, qui sera à l'arbitrage d'experts.

ARTICLE XC.

SI aucun baille son heritage propre à rente à toujoursmais à personne étranger & hors la ligne dont meut ledit heritage, & en ce faisant il y ait bource desliée, deniers ou autres choses équivallans baillez, ou promis bailler; en ce cas le lignager du côté dont vient & procede ledit heritage, le pourra avoir par retrait lignager, à la charge de ladite rente: Et en payant lesdits derniers, ou choses équivallans & loyaux coustemens, dedans le temps de coutume comme dessus: & en ce faisant, le preneur sera déhargé de ladite rente: & sera le plus prochain lignager préferé, comme dessus est dit.

Bourse desliée) *Idem* Chatres, art 77.

Baillez ou promis bailler) Mêmes choses en droit, *pretium fides habita de pretio.*

Sera déchargé) *Secus* en bail à rente a recousse, art. 81. plus haut.

ARTICLE XCI.

POUR heritage ou autres choses ajugées par retrait lignager, ou par forme de remboursement, ne seront deuz gands, ventes, ne profits de fiefs au Seigneur, censier ou feodal ; mais seulement aura icelui censier ou feodal lesdits gands, ventes & profits de fief de la vendition faite, au moyen de laquelle est fait ledit retrait ou remboursement : Lesquels gands, ventes & profits de fief seront comprins ès Chastels & loyaux coustemens, si ledit acheteur les a payez ; sinon sera tenu celui à qui sera adjugé ledit retrait, les payer audit Seigneur censier ou feodal.

Ne seront dûs) La raison de la Coûtume est que l'adjudication par retrait n'aît du contrat de vente ; ou plutôt que les deux ne sont qu'un, en ce que les mêmes pactions concernans le prix & autres choses executées au profit du retrayant, *via translationis*. Aussi la Coûtume de Chartres, art. 17. dit, qu'au Perche Goüet de toutes morts & mutations est dû rachat, excepté le retrait lignager ; comme disant qu'il ne fait pas mutation. *Quod ex uno contractu in alium transfuso non debetur nisi una gabella, scribit Baldus in l. cum dotem, vers. modo extra. C. de jur. dot.*

Les a payez.) Quid s'il ne les a payez par privilege, ou lui ont été remis de courtoisie. Voyez l'art. 76. plus haut. ver. & aussi des frais.

ARTICLE XCII.

S'Il est trouvé que l'acquereur ait commis dol & fraude pour frustrer le lignager du retrait lignager, & il est par après découvert, & l'heritage adjugé par retrait audit lignager par jugement contradictoire, tel acquereur perdra son sort principal, & sera confisqué à Justice.

Commis dol & fraude) En déguisant le contrat, ou y faisant mettre plus grand prix que le vrai ; & c'est espece de crime de faux, dit Anjou, art. 377. Les François ont de tout temps abhorré la fraude & ceux qui la commettoient, *inde convicium, si quis alterum vulpeculam clamaverit, cap. 32. Legi Salicæ.* Les mœurs sont changées, ce qui étoit reputé injure, est aujourd'hui estimé loüange : Ils sont comme ces habitans de Crotone, divisez en deux parties, *nam aut falluntur aut fallunt.* Voyez Arrian liv. 3. ch. 3. des discours d'Epictete, piɛtete où il dit, que nous ne sommes la plûpart les uns envers les autres que des renards *Aloperes*.

Par apres découvert) Par preuves communes, *etiam* après l'an & jour. Voyez Argentré sur Bretagne, art. 269. ver. que l'acheteur les eût tenus, ou par le serment des parties, sur quoi les Coûtumes sont differentes ; car les unes obligent seulement l'acheteur de jurer, les autres plus raisonnables, tant lui que le vendeur : Voyez Boutiller, tit. 70. *Cujac. ad l.* 3. *de jur. fisc. lib.* 10. *C.* L'adjudicataire par decret n'est tenu d'affirmer le prix, dautant qu'il en apparoit par son adjudication, exempte de suspicion de fraude, par Arrêt du 1. Decembre 1542. plaidans Riant & Benedicti.

Par jugement contradictoire) Si la contestation est sur le prix, & qu'après le serment, & nonobstant iceluy, le lignager veüille persister & soutenir qu'il a été mis plus grand au contrat, il pourra cependant consigner & faire ses preuves, desquelles dépendra le jugement du procés, sans qu'il soit obligé maintenir le contrat de faux, car autre chose est fausseté, autre chose fraude, & autre chose simulation. C. M.

Perdra son sort) Le vendeur ne perdra rien, *cùm non de dolo ejus disputetur, l.* 1. §. 12. *D. si qu. infr. patr. Tum quia invidia penès emptorem, penuria penes venditorem, & penuria excludit voluntarium simpliciter, vide Arist.* 3. *Ethic. Scot. in* 4. *Sent. dist.* 15. *q.* 2. *art.* 3. *Bald. l. pen. at fin. C Quom. & qu. iud. Mol. tract. usur. qu.* 52. *n.* 364. *& q.* 62. *n.* 411. *Ingens mulcta de fallentium turba, vide Suet. in August. cap.* 14. Auxerre, art. 59. adjoute, & sera adjugé l'heritage au retrayan sans payer aucuns coûts L'Empereur Claude condamnoit aux bestes ceux qui étoient convaincus de fraude ; *Suet. in Claud. cap.* 14.

ARTICLE XCIII.

CHose mobiliaire ne chet point en retrait. Qui n'est habile à succeder, ne peut venir à retrait lignager.

Chose mobiliaire) Pource qu'elle ne tient ni côté ni ligne. *Secus* quand les meubles passent avec l'heritage ou immeubles vendus. voyez Maine, art. 371. Bourbonnois, art. 472. & autres Coûtumes, *Luc. lib.* 9. *h. tit. Plac.* 4. *Tiraq.* §. 1. *gl.* 7. *eod.* Deux cignes nageans sur l'etang du Seigneur, reputez immeubles dans Boutiller. *Secus* des meubles precieux, *secundum aliquos, inter quos Ferronius ad Burdig. Tit. de Feudis*, §. 20. *Mornacius in notula ad* §. 144. *Paris. huic similem : Ego si essem aliquis, contra Tiraq. dict.* §. 1. *gl.* 7. *n.* 102. *& alios*, contre Montfort, article 166. *Pretiosa sunt, imagines, spirantia signa, tabulæ operis antiqui, gemmæ amplæ, quæ dicit Suetonius Julium Cæsarem semper animosissime comparasse, vita ipsius cap.* 47. *Adde ornamenta, supellectilem pretiosam, & cætera quæ fuerunt in instrumento veteris aulæ quod Caligula distraxit, de quibus idem autor in Caligula. cap.* 39. *nec non opera quæ Plinius recenset lib.* 7. *cap.* 28. *Mensas, lib.* 3. *cap.* 15. *Idem lib.* 9. *cap.* 35. *de grandibus marguaritis. Et hoc, inquit, æternæ memoriæ est. Sequitur hæredem*, c'est à dire, est sujet à retrait. La Licorne, Pots d'Agathe, Camayeux bien taillez, medailles, & autres meubles excellens semblables à ceux, qui furent trouvés en la maison de Pierre de Medicis, dont fait mention Phil. de Commines ès Chroniques de Charles VIII. ch. 13. à une Courtisane, que j'ay de la propre main de Titian, pour qui j'ai plus d'amour que pour toute autre chose que je possède au monde. Que l'on die si l'on veut de moi, *stultus circa picturas*; Les Romains n'étoient pas moins curieux de conserver les beaux meubles qui leur venoient de succession, que les heritages, ce lieu de Juvenal l'insinuë,

argenti superest quodcunque paterni.

Chacun à son goût.

Qui n'est habile) Comme Aubains, Bann s à perpetuité, Religieux profés, Bâtards non legitimez avant la vente. C. M. Quelques uns distinguent des legitimés par mariage suivant, ou lettres du Prince. Voyez Coquille sur Nivernois, *h. tit.* art. 25. pour ce qu'ils sont *sine gente*, *sine genere*; c'est pourquoi la pudicité est dite de Tertullian, *fides generis*. Voyez Bretagne, art. 309. Boër Decis. 227. Par la Coûtume de Bourdeaux, *h. tit.* art. 9. representation a lieu en retrait comme en succession.

On pourroit renverser ce brocard, & dire, qui ne peut venir à retrait lignager ne peut succeder, *quia jus retractûs strictius est, quàm jus successivum*. C. M. en sa note sur Berry ch. 19. art. 1.

CHAPITRE XIII.

DE SERVITUDE & prescription.

ARTICLE XCIV.

EN Villes, Faux-bourgs, Bourgades & Villages de ladite Baronnie, chacun est tenu de soy clorre de closture convenable entre son voisin & soi, ou bailler terre pour porter ses eaux en son dangier, ou en ruë, & hors le dangier & dommage de son voisin, s'il n'y a servitude constituée au contraire.

Soy clorre) *Idem* Chartres, art. 79. Voyez Paris, art. 209 *l. singularum*, *C. de ædif. priv. Gothofredi notas ad l.* 157. *de ver. sign. Vitruv. de Archit. lib* 2. *cap*, 8. *cap.* 43. & 44. *Leg. XII. apud Marcilium*; *de quatuor septorum generibus*, *Varronem de re rust. lib.* 1. *cap.* 14. *fossis*, *ve e*, *virgula*, *quæ tutelam vicis aut hortis præstent apud Sic. Flaccum*, *lib. de cond. agr. sepimina locos consecrasse lib.* 1. *Floridorum. Tit. l. salica de sepibus*: *reχendæ sepes apud Virgil.* 2. *Georg.* Pericles & Cimon pour acquerir les bonnes graces du peuple firent rompre la clôture de leurs heritages, afin que chacun peut librement cueïllir les fruits des arbres plantés en iceux Voyez Plutarque en leurs vies *Casaubon ad Theofr. Caract. cap. Peri micrologias. Senec. Epist.* 43 La Coutume tend à empêcher les querelles qui naissent de la communion, *Arist. lib.* 7. *Polit. cap.* 7. *August. Ser.* 43. *de verb. Domini.* Les dommages des bêtes, larcin des fruits;

Quippe aliter tunc orbe novo cæloque recenti
Vivebant homines, cum furem nemo timeret
Caulibus & pomis, & aperto viveret horto.

De clôture convenable] Estampes art. 77. dit, de muraille où le fond le peut porter, si non telle autre clôture que la nature des heritages le requiert. Suivant la forme ancienne : que si un voisin hargneux ou riche y vouloit faire plus grande dépense, ce seroit à lui de la porter, *l. 37. ibi, nisi sumptuosè, D. de dam. infect. Idem* si le vice ou ruine procedoit de la faute d'un des voisins, dit Nivernois ch. des maisons & servitudes réelles, art. 4. Il est permis d'enduire ou peindre la muraille commune de son côté, sauf si le voisin la démolit, de rembou[r]er lesdits enduits ou peinture, *tanquam vulgaria tectoria. Cujac. ad l. quidam hiberus, §. parietem communem, D. de serv. urb. præd. in postum.*

Ou bailler terre) Voyez Paris, art. 211. 212. *l. 4. C. de ædif. priv.* à cause que toute clôture faisant séparation est reputée metoyenne ou commune, dit Paris, art. 211. *paries domui communis utrique apud Ovidium in fabula Pirami & Thisbes.* Si mieux n'aime le voisin quitter le droit de mur & la terre, sommation à lui faite au préalable de contribuer, *dict.* art. 211. *ex l. & si fortè, §. Labeo, D. si serv. vind.* & sauf à lui de rentrer par après en son premier droit, en remboursant art. suivant *In nova urbe post incendium voluit Nero, ne ut in veteri communione parietum, sed propriis quæque muris ambirentur, hoc est ex domibus insulas fieri, inquit Tacitus lib. 15. annal.*

Pour porter ses eaux) *Idem* Chartres, art. 79. où Frerot dit, qu'il estime qu'il faut lire, & porter ses eaux, c'est-à-dire, effacer pour, & mettre en son lieu ; & il n'a pas consideré que les eaux endommagent l'heritage du voisin en deux manieres, tombant du Ciel, & coulant par terre quand elles sont tombées ; & que la clôture outre ses autres usages sert encore à divertir les eaux, ou à les soutenir sur le sien, comme parle Nivernois, ch. 10. art. 1. *effluxiones ne noceant, l. unic. in princ. D. de via publ. inde maceria, substructiones ad sustinendas aquas terra ne dilabantur*, dans les caves & ailleurs, *ap. Sic. Flaccum, lib. de cond. agr. aggeres facere, flumina avertere, l. impensæ 14. D. de imp. in res dot. fact. flumina, stillicidia uti nunc sunt, ut ita sint, l. 33. D. de cont. empt.* Fait à propos de ce texte ce que dit Vitruve livre 1. ch. 1. parlant de l'Architecte, *jura quoque nota habeat oportet ea quæ necessaria sunt ædificiis communibus parietum, ad ambitum stillicidiorum.*

Grand Perche art. 218. dit, que quand entre deux heritages il y a haye assise sur fossé, que celui du côté duquel est le jet dudit fossé est reputé Seigneur de la haye & du Fossé, des autres marques qui font juger la muraille commune ou metoyenne, *Bocr. Conf. 5.*

Je conclus donc qu'il vaut mieux retenir ce *pour*, que de l'ôter, pource qu'il trouble fort peu le sens, joint qu'il se trouve en ces trois Coutumes voisines, & même au manuscrit de celle-ci ; *at quod apud omnes unum invenitur, non est erratum sed traditum*, dit Tertullian *advers. hæreticos.*

Et hors le dangier] *Vide loricam testaceam, projecturam coronarum rejicientem extra perpendiculum, stillas, apud Vitruv. lib. 2. cap. 8 Mornac. ad l. 3. si mens. fals. mod. dix.*

S'il n'y a servitude) Dite d'égoût, d'avoir son plouvier sur un autre, dans Boutiller. *Stillicidii, in l. 20. §. 3. Stillicidium avertendi in tectum vel aream vicini, l. 2. D. de Ser. urb. præd. Vide stillicidium situlæ apud Tertull. lib. adv. Gnosticos, stillicidia vesicæ, ap. Plinium lib. 18. cap. 8.* Entends d'un simple égout ou gouttiere en l'air posée sur l'heritage du voisin, soit qu'elle soit pendante sur icelui ou non : mais seulement y dégoute. *Secùs*, si elle étoit incorporée, bâtie & posée visiblement sur l'heritage du voisin, *arg. l. in vendendo, D. de cont. empt. dixi in Consf. Parif. §. 80.* C. M. en sa note sur l'art. 230. de Bloys. Frerot peche sur Chartres, quand il dit que soi clorre & porter ses eaux sont deux servitudes : ce ne sont que sujettions légales communes aux deux voisins, & pour nourrir paix entr'eux, *qui dimittit aquam caput est jurgiorum, præterea servitutum non ea natura est, ut aliquid faciat quis, sed ut aliquid patiatur, aut non faciat, l. 15. §. servitutum, D. de servit. l. 6. §. 2. D. si serv. vindic.* En matiere de livres où s'agit de deffendre la verité, c'est mal aller d'épargner son prochain : *stulta est clementia.*

L'observation 24. de Cujas du 24. livre, & la 24. du 27. ne sont à propos de cet article, ni du 227. de Paris où Tronçon les rapporte ; car en matiere d'édifices, soit au champ, soit à la ville, le voisin inferieur ou superieur, *sive natura loci postulet, sive non*, n'est jamais tenu porter les eaux de son voisin, *in agris secus*, où les inferieurs reçoivent les eaux des superieurs : mais cette sujettion est recompensée de ce que *omnis pinguitudo terræ ad eos decurrit, l 1. §. sed & si vicinus, D. de aq. & aq. pluv.* Celui à qui est dû servitude d'égout, la peut bien rendre plus legere par son fait, non pas plus onereuse, *ut si ex tegula cassitaverit stillicidium, posteà ex tabulato vel ex alia materia cassitare non potest, l. 20. §. si antea, D. de serv. urb. præd. Cujac. ibi in postum. tom. 3.*

ARTICLE XCV.

AUcun ne peut avoir ne tenir vûë ou Fenestres ouvrans contre & sur l'héritage de son voisin, sinon qu'elles soient de sept pieds de haut à reés de terre ou de plancher & voirre dormant, ne prescrire en tout ce que dit est par quelque temps ou joüissance que ce soit, s'il n'y a servitude constituée au contraire.

Tenir veuës) Idem Chartres, art. 80. Dreux, art. 68. Paris, art. 199. & suivant. *Coepol. Tract. de Serv. cap. de Fenestra.* La raison de la Coutume est, que chacun veut être libre, clos & couvert, & non veu chez soi, *contra hominum curiosum genus ad cognoscendam vitam alienam, desidiosum ad corrigendam suam, ait D. Augustinus lib. 10. confess cap. 3. Juvenalis.*

Scire volunt secreta domûs, atque inde timeri.

Abimelech Rex Palestinorum vidit per fenestram Isaac ludentem cum Rebecca, uxore sua, dans les saintes lettres.

Elle tend à faire vivre les voisins en amitié & commodité chacun de sa maison : Et toutefois lors qu'on bâtit une maison l'on travaille principalement à la rendre claire, *vide Vitruv. lib. 6. cap. 9.* Juvenal Satyr. 3. appelle une maison obscure *tenebras. vide Martial. ep de apro. lib. 11.* Les parfaits mépriseroient la pratique de cet article, comme fit Drusus, *qui cum ædificaret domum, promitteretque ei Architectus, ita se ædificaturum, ut libera à conspectu esset, neque quisquam in eam dispicere posset Tu verò, inquit, si quid in te artis est, ità compone domum meam, ut quidquid agam, ab omnibus perspici possit, apud Vell. paterculum. De fenestrarum ratione vide Guil. Philandrum ad cap. 9. Vitruvii lib. 6. de Architectura.* Coquille Institut. du droit des François, Tit. des Servitudes, *De situ laboravit Gellius apud Martialem lib. 9. Qui*

Nunc has, nunc illas mutat, reficitque fenestras.

Voirre dormant) Qu'est-ce, Voyez Paris, art. 201. Auxerre, art. 105. Grand Perche, art. 217. dit, mais telle fenêtre n'empêche que le voisin ne puisse bâtir sur son heritage, & offusquer ladite vuë toutefois & quantes qu'il lui plaira, *& rectè, nam qui habet solum habet centrum & cœlum*, le dessus & le dessous du sol, dit Mante, art. 97. *nisi vicinus habeat jus non extollendi.* qui est la servitude contraire, *l. 2. D. de Ser. urb. præd. De cæco pariete, cubiculo, vide Observ. 31. lib. 1.* Au demeurant, ce lieu de S. Augustin ne s'éloigne pas de notre sujet, *Plerumque* *homines de usu solis & luminis in ædificiis suis lites injustissimas concitant ; & ut fenestris suis radii liberiores aliquanto largiùs infundantur, domos alienas dejicere sæpe moliuntur*, *Homil.* 30. *tangit servitutem ne prospectui officiatur*, *de qual.* 15. *de serv. urban.*

Ne prescrire] Paris, art. 186. dit, encor que l'on en ait joüi par cent ans : mais la liberté se peut acquerir par trente ans entre âgez & non privilegiés. *Vide l.* 32. *infin. de Serv. urb. Observ.* 17. *lib.* 55. & 13. *lib.* 13. Pithou sur Troyes, art. 61. La raison de la Coutume est, que telle servitude *possideri non potest*, *l.* 32 *infin. D. de serv. urb.* & par consequent ne se peut prescrire.

S'il n'y a servitude) *Luminum, & ut vicinus lumina nostra excipiat*, *l.* 4. *D. de Serv. urb.* La plupart des Princes d'Italie possedent leurs terres sans titre, s'il ne leur est donné au Ciel, dit Commines en ses Chroniques de Loys XI, ch. 107. Quelles servitudes desirent titres, quelles non, voyez Argentré sur Bretagne, art. 266.

Sans reservation) *Id est* pure & simple, ce qui n'arrive guere, car on met d'ordinaire dans les actes de reception en foi, la clause, sans préjudice du rachapt ou rachapts *&c.*

ARTICLE XCVI.

LE Seigneur feodal & le vassal ne peuvent prescrire l'un contre l'autre, au regard des droits & devoirs Seigneuriaux, & de la proprieté, par quelque tems qu'ils joüissent de l'heritage, ne semblablement en droit censuel, excepté toutesfois des rachapts & arrerages de cens qui pourroient être dûs, qui se prescrivent par le laps de trente ans : Et lesquels rachapts & arrerages ledit vassal ne sera tenu payer après qu'il aura joüi trente ans paisiblement de son fief, & sans avoir été inquieté, & seront les rachapts & arrerages deus auparavant lesdits trente ans, couverts : Et aussi par la reception de foy & hommage faite par le Seigneur, sans reservation expresse des rachapts qui lui sont deus, tous rachats precedans sont couverts.

Ne peuvent prescrire) *Idem* Chartres, art. 81. Dreux, art. 69. Paris, art. 12. 123. 124. Montfort, art. 63. & est general. Berry, ch. 12. art. 3. en rend la raison ; Pour la mutuelle & reciproque obligation de fidelité de l'un envers l'autre, tirée des écrits de du Moulin sur Paris, art. 12. *Secus* si le Seigneur possedoit, *non jure feudi*, faute d'homme, droits & devoirs de fief, mais comme son domaine, suivant la note du même auteur sur Blois, ch. 4. art 37. *Secùs* du droit de feodalité ou vasselage actif de la part du Seigneur, qui se prescrit par trente ans, & de la part du vassal que son heritage est feodal, ce qui a pareillement lieu en censive, suivant les articles 4. 5. 6. de la coûtume de Berry, ajoutés par le President Liset, Reformateur de ladite coûtume, des commentaires de du

Moulin sur Paris, §. 7. n. 6. *& seq.* comme lui-même témoigne en sa note sur ledit article 4. Voyez Argentré sur Bretagne, art. 277. *ver.* accoutumé. Loüet, lettre C. n. 21.

Excepté toutesfois des rachats & arrerages de cens) Dautant qu'ils ne sont pas le fief ou le cens, mais comme des fruits separés du fonds (meubles par consequent) car ce que fait aux fruits la separation, le terme échû, *diei cessio*, opere la même chose en tels arrerages : Voyez Argentré sur Bretagne, art. 276. *Idem* des lots & ventes, suivant Berry, *h. tit.* art. 7. pourveu que le nouvel acquereur ait possedé naturellement. *Secus* si le vendeur étoit demeuré en possession, soit comme usufruitier, dit la note de du Moulin sur icelui. *Idem* de la quotité du cens, art. 124. de Paris. Montfort, art. 63. Voyez Auvergne, ch. 17. art. 6. avec la note de du Moulin, qui dit que cela est, à sçavoir si le tenant à cens a payé *sub nomine totius*, comme ne devant pas plus, *secus si sub commemoratione majoris censûs*, pource qu'en ce cas le tout est conservé. *Secus* s'il y avoit titre de l'espece duë, suivant l'Arrêt donné au profit du Roy de Navarre, Comte de Marle, du 12 May 1581. *Idem* du Seigneur qui a reçû quelques rachats de son vassal, ou arrerages de cens de celui qui tient de lui à cens ; car il prescrit contre eux *condictionem receptorum*, par trente ans, *non jus indebitum*, de les recevoir ou percevoir à l'avenir. C. M.

ARTICLE XCVII.

MArchands, gens de mêtiers, Hôtelliers, Taverniers, & autres vendans leurs denrées & marchandises en détail, Chirurgiens, Barbiers, Orphévres ; Apoticaires, Maçons, Charpentiers, Laboureurs, Manouvriers, Serviteurs, & autres Mercenaires en ladite Baronnie de Château-neuf, fins & enclaves d'icelle, ne pourront faire action, question ou demande de leursdites denrées & marchandises, salaires & services, après le tems de six mois, fors & excepté de celles qui auroient été & seroient reconnuës par obligation ou cedulle.

Marchands] La raison de la coûtume est à mon avis de peur que les livraisons des marchandises en detail ne soient captieuses, *lubrico memoria*, ou par la fraude des marchands, qui ajoutent quelquefois à leurs parties ; tellement qu'elle est plus favorable au debiteur qu'au creancier : Il est difficile d'exercer la marchandise en conscience, aussi étoit-elle interdite aux penitens, *Capitul. lib. 7. cap. 44. Vide mercatorem pro plano Levit. cap. 19. Interpretes ad illud Horatii Satyr. 3. lib. 2. Tusci turba impia vici. Considerationem de contemptis mercatoribus apud Aristot. lib. 3. Polit. cap. 3.* Toutefois la marchandise honnestement exercée est plus honnête à mon goût que la chicane & autres vacations ausquelles nos gens s'adonnent.

Gens de métier) Architectes, Peintres, *etiamsi pictura inter pulcherrimas artes apud Petronium. habet dignationis suæ testimonia apud Plinium, lib. 35. cap. eod.* J'estime bien fort les grands maîtres qui tous les jours travaillent & étudient à perfectionner les arts, *neque enim cum animis cœli è penetralibus ceciderunt*, dit, Arnobe *adversus gentes*. Tertullian remarque qu'elles sont inspirées de Dieu, *à Deo prospectore & oblectatore hominis sui.* J'aimerois mieux avoir été Apelles ou Phydias qu'Alexandre.

Taverniers] Il faut entendre la coutume des passans, *juxta l. nauta, D. naut. caup. stab.* Aussi Paris, art. 175. dit, Pelerins. Et en l'art. 128. que les Taverniers & Cabaretiers n'ont point d'action, *&c.* Voyez les Ordonnances, Code Henry, tit. 11. l'art. 25. d'Orleans. Car quant aux domiciliez, ils ne doivent point frequenter la taverne, cousine germaine du Bordel, aussi les deux sont-ils joints ensemble par Horace; *Epist. ad Villicum, ibi,*

Fornix tibi & uncta popina.

Non alia ratione ZONA Heb. meretricem & cauponariam significat Josue, cap. 2. Vide l. si quis de injur. l. ult. C si manc. ita ven. l. 4. §. 2. D. de his qu. not. infam. Catholica de cauponibus, apud Platonem Dial. 11. de Legib. elle se tolere aucunement, sur ce qu'elle s'accommode au commerce; & la plûpart de nos gens ne sçauroient conclure un marché qu'en la taverne. *Gloriari solebat Socrates quòd nunquam tabernam inspexerat. Petronius.* Neron deffendit que l'on n'y servit autre chose que des herbes ou des legumes. Suet. en sa vie.

Maçons) Le procès d'entre Apollon, qui avoit fait les murs de Troye, contre Laomedon, fut un des motifs de la guerre. *pretium Rex inficiatur, ait Ovid. Metam. lib. 11.*

Chirurgiens, Barbiers, Apoticaires) Ici Barbiers & Chirurgiens ne sont qu'un, *nec disputant de artis modo finibusque regendis*, comme ils font à Paris, où la Coutume donne un an à ceux-ci, comme aux Medecins, pour intenter leurs actions, & six mois seulement aux Marchands & autres, article suivant, avec quelque raison, *cùm salutis hominum curam agant, ait Ulpianus, l. 1. §. 2. D. de Var. & extr. cognit. Timuit hanc fori præscriptionem medicus ille de quo Fabella Æsopi 21. Ne avaritiam quidem arguam rapacesque nundinas pendentibus fatis, ait Plinius, lib. 19. cap. 1.* Sur l'autorité duquel passage & de l'Epigramme de Martial. *in Thelesphorum, lib. 11.* j'estimerois que les promesses & obligations qu'un malade feroit à telles gens pendant sa maladie seroient nulles. En quel ordre ils sont mis, voyez Loüet, lett. C. n. 29. *ctesippus*, duquel parle Athenée, livre 4. étoit une bonne pratique pour les barbiers, qui se faisoit raser trois fois le jour, tandis qu'il eut dequoi. Auguste se faisoit couper la barbe & les cheveux par plusieurs Barbiers en même tems. Suetone en sa vie. Le soin moderé en cet endroit est loüable, & regarde les meurs: Voyez Arrian, liv. 2. des propos d'Epictete. *Epistolam Ivonis carnotensis 6.*

Serviteurs) *Servus ut placet Chrysippo, perpetuus mercenarius est apud Senecam, lib. 3. de Benef. cap. 21.*

Mercenaires] On les doit payer le jour même par la loi de Moyse. La Coûtume de Bretagne, art. 243. dit, qu'ils se peuvent payer par leurs mains, à l'exemple des Israelites sortans d'Egypte. Par les loix de Platon Dial. 11, Celui qui avoit fait travailler un mercenaire étoit tenu, lui offrir le salaire au jour accordé; autrement il payoit le double. A quoi est conforme l'Ordonnance d'Orleans, art. 63. *Vide levit. cap, 19. Tob. 4. Malach, 3. Epist. Jacobi Catholicam, cap. 5. mercenario sese labore fulcire apud Arnobium, lib. 7.* Outre le payement, l'on doit encore observer de ne surcharger de besogne un pauvre mercenaire, afin qu'il n'ait sujet de dire comme les autres dans le Satirique R[illegible]main, *Hominis operas locavi, non caballi. Quando & animalium labori natura leges imposuit, inquit Plinius lib. 13. cap. 19.* Aussi doit le mercenaire travailler raisonnablement; car la plus-part n'aime que besogne faite, & Horace a bien dit que

dies
Longa videtur opus debentibus.

Au lieu de penser qu'ils ne sont plus à eux, depuis qu'une fois ils se sont loüés à autrui. *quo sensu venditor sui, apud Chysologum Serm. 2.* Tous hommes sont mercenaires, grands & petits; dans Lucian. Dial. de merc.

conduct. 2. *de duobus generibus servitutis & de mercenariis*, *Cujac lib. 3. postum. ad l. 39. & 40. de verb. signif. Vide l. 4. de usu. & habit.* Sens, art. 255. dit, que peine de corps de manouvriers & gens de bras ne peuvent être demandées aprés trois mois.

Aprés le tems de six mois) Suivant l'Ordonnance de l'an 1512. art. 68. au lieu des deux ans par l'ancienne. Voyez le procès verbal. Et ne seront les debteurs tenus payer, *etiam in foro conscientiæ* ; veu la dite loi, selon l'opinion d'innocent Pape *in cap. Curia pastoralis, de jure patr. in antiq.* dit du Moulin sur la coutume de Chaumont en Bassigny au procès verbal. On demande si le Juge est obligé de déferer le serment après les six mois sur le payement. Resp. Que non ; attendu les paroles de la Coutume, faire autrement c'est la corriger, c'est aider à la lettre, *& ultra legem tendere opus* : & toutesfois nous gardons en ce cas, la Coutume d'Orleans, art. 165. qui veut le contraire. Platon au 4. de ses loix dit que Rhadamante en causes douteuses prenoit le serment des parties : dit *emplastrum æris alieni* par un ancien, *inde apud Prætorem solvere, Vide Marcil. Leg. XII. cap. 73.* ce qui est fort en usage en ce siecle *in quo nemo jusjurandum servat.*

Quid si aliquis mihi servivit per longum tempus, ut puta per quinque annos continuos, ou par autant de tems m'a distribué par le menu des marchandises à diverses fois, & à mesure qu'elles m'étoient necessaires & à ma famille. Tullou dit, que ce n'est qu'un service & une distribution de marchandise : *ita* que pour alleguer cette fin de non recevoir je ne puis separer les trois dernieres années des deux premieres, *per ea quæ notabiliter decidit Bart. in l. Pomponius 2. & l. seq. D. de neg. gest.* Ce sont ses mêmes paroles sur Chartres, où il se trompe pour le regard de la distribution de la marchandise, pour le service continué : passe aussi les cas qu'il rapporte, traités par Bartole sont bien éloignés des termes de sa question, que nous examinerions plus au long, n'étoit qu'en tout cet ouvrage nous pratiquons ce dire de Virgile tant qu'il nous est possible, *litus ama.* On suit la Coutume du lieu où les marchandises ont été venduës, non de celui où l'on plaide, Si un habitant de Château-neuf étoit adjourné devant nous pour étofes prises à Chartres, nous garderions la Coutume de Chartres qui a deux ans. *Servatur consuet. loci contractus ad causæ decisionem l. 3. §. fin. D. de testam. Joan. Fab. ad. l. 1. c. de sum. trin.* Je serois d'avis que l'on étendit la Coutume aux actions de peage, étallage & autres de peu de consequence qui sont frequentes ici, & sur l'autorité de ce passage de Tacite liv. 3. des Annales. *Edixit princeps ut leges cujusque publici occultæ ad id tempus proscriberentur, omissas petitiones non ultra annum resumerent.*

Reconnües par obligation) Ou pour lesquelles y auroit eu action intentée : Car notés qu'un simple exploit interrompt ces Prescriptions coutumieres, qui courent sans titre, sans bonne foi de la part du prescrivant. *Bart l. 2. §. ult. D. pro empt.* Ou dont y auroit eu compte fait, ou parties arêtées ; & se proroge ou perpetuë l'action non seulement jusques à autres six mois, mais jusques à trente ans.

Quelle foi doit être ajoutée aux livres des marchands, voyez du Moulin sur le §. 5. de l'ancienne de Paris. des usures qu. 22. & 27. *Guid. Pap. decis.* 141. Argentré sur l'art. 169. de bretagne. On y ajoute foi contre eux. *Glos. in l. quadam, §. nummularios. D. de edendo. Boer. Decis.* 505. Ils font foi en ce qui concerne la marchandise, non les autres choses, *Jac. Menoch. lib. 2. Præscr. 58. n. 20. ex Romano cons. 204. & 205.* Plusieurs articles de parties verifiés, font presumer les autres contenus au papier veritables. *Idem lib. 3. Præs. 63. in princ. & de arbitr. judic. lib. 2. casu 92. Centur. 1.*

Ou cedulle) Jugé par arrêt du mardi 9. Mars, 1593. qu'il faut avoir promesse par écrit, & que le fait d'une promesse de payer n'étoit recevable à verifier par témoins.

CHAP.

CHAPITRE XIV.

DE DECRET, CRIEES, & Subhastations.

De decret) Saint Augustin livre 10. ch. 11. de la Cité de Dieu dit, que les Anciens consultoient leurs Dieux sur deux cas, *ob inveniendum fugitivum*, *prædium comparandum.* Allez au conseil chez les plus fameux Avocats, ils vous diront que si vous voulés acquerir seurement, il faut que ce soit par decret. Notez dans une des Epitres de Pline second *que mala emptio displicet*, pource qu'elle reproche à l'acheteur sa sottise, qui n'est pas seulement d'acheter une chose trop, mais sujette à tant d'hypotheques, que l'on est contraint de la ceder en Justice, & l'acheter encore une fois ou la perdre. Le monde plus que jamais est composé de prêteurs & de detteurs.

Criées) *Quasi quiriées*, pource que tout le peuple étoit reçû à encherir, *à latino quiritari sive quirites invocare.* Argentré sur Bret. art. 21. Pour cette raison les Sergens anciennement en estime pour leur forte voix. *Juvenalis*

notaque per oppida buccæ.

Vide omninò Aristotelem. lib. 7. Polit. cap. 4. C'est pourquoi Saint Augustin appelle S. Jean Sergent, *Serm. 4. de tempore. Agnovit præco judicem qui se in Evangelio vocem dixit. Vide præconium*, pour criées, *apud Tertullianum, lib. de Pudicitia. Præconia*, en la même signification, *in Epist. Paridis. Ars præconia inter pecuniosas. Martial. lib. 5. Epist. ad Lupum.* Les méchans Poëtes se faisoient Sergens, *Juvenal. Satyr. 7.* Et ceux-ci preferez en mariage aux Chevaliers, aux Avocats; ce qui se feroit bien encor en France, où le merite est mis en ordre aprés le bien.

Quis gener hic placuit censu minor & puellæ

Sarcinulis impar.

Subhastations) Vieux mot. *Hastæ subjiciebantur ea quæ publicè venundabant, quia præcipuum signum hasta.*

Sive quod hasta quiris priscis est dicta Latinis.

vide Tit. de Jur. Hast. fisc. lib. 10. c.

Et præbere caput domina venale sub hasta. ad Juvenalem, Satyr. 3. cujac. Obs. 29. lib. 5. Turneb. in Orat. 1. cicer. de Leg. Agr. ver. hasta præconis.

ARTILCE XCVIII.

QUand aucun heritage est mis en criées par ordonnance de Juge à la requête d'aucun, les solemnités gardées, tel heritage appartenant au debteur doit, en tant que touche ledit debteur, être sequestré & mis en la main de Justice, & regy par Commissaires, avec les fruits d'icelui, pendant lesdites criées, au profit de qui il appartiendra, si le debteur ne vouloit garnir ou satisfaire, en quoi faisant, doit joüir pendant lesdites criées.

Les solemnités gardées) Qui sont essentielles ès decrets, *& omissa reddunt actum nullum.* Bouguier lett. D. n. 1. autres pour les offices, que pour les heritages, Paris, art. 250. & suivant.

nec minimo sane discrimine refert,
Quo gestu lepores & quo gallina secetur.

Appartenant au detteur) Il est reputé lui appartenir, quoi que possedé par un tiers, & à lui vendu depuis l'hypotheque acquise; & peut-être saisi, discussion faite des biens du detteur, *Auht. hoc si debitor, c. de pign.* & de son pleige, *Vide notulam Gothofred. l. 24. eod.* encor que l'heritage vendu fut specialement hypothequé. *Secus* des contrats gracieux & pignoratifs, Loüet, lettre H. n. 9.

Estre sequestré) Afin qu'il soit fait le gage de justice, afin que les autres créanciers en puissent être avertis, suivant la note de du Moulin sur Montreuil, art. 95. Voyez l'Ordonnance de l'an 1551. sur le fait des criées, art. 4. Paris, art. 353. Non que le detteur soit privé de sa possession, qu'il ne prescrive, qu'il ne puisse vendre pendant les criées, sauf aux créanciers d'arrêter le prix. Argentré sur Bretagne, art. 266.

Regi par commissaires) Le poursuivant criées, ni aucun autre creancier ne le peuvent être, M. le Maitre trait. des criées, ch. 3. M. Bourdin sur l'Ordonnance de l'an 1539. art. 77. Le sujet aux biens de son Seigneur, par l'Ordonnance de Bloys, art. 176. Un Sergent, par Arrêt du mardi matin 6. May 1567. Un gendre aux biens de son beau-pere, par autre Arrêt du même jour en l'audience, infirmatif de la sentence du Bailly de Provins, plaidans Durand & Brunel. Berry, ch. 9. art. 71. dit, que les fermiers ne la pourront être: non, dit la note de du Moulin, que le fermier doive être chassé; mais un étranger sera établi Commissaire, qui recevra de lui.

Jugé que sept enfans n'excusent d'être commissaire, la relevée du mercredy 16. Decembre 1614. plaidans Monstreul & Magnet; la loy *semper*, §. *demonstratur*, dit, qu'il en faut seize, la loy *si quis Decurio de Decurion.* ne parle que de douze: mais Cujas est d'avis qu'il faut lire seize comme en ladite Loy *semper.* Le même jugé en l'an 1599. ou 1600 plaidant M. Foulé, maître des Requêtes, lors Avocat.

Jugé qu'un exploit d'établissement de commissaire est nul, faute d'avoir interpellé ledit commissaire de le signer, bien que l'exploit fit mention qu'ils en avoient eu copie. M. Loüet lett. E. n. 3. Un saisissant est tenu de l'insolvabilité du Commissaire; *Secus* du Seigneur feodal. *Vide L. ea qua, D. de pig. act. L. sicut vim. D. de pign.*

Au profit de qui il appartiendra] Tant du detteur, saisissant; que autres créanciers. *Uno creditore in possessionem misso omnes missi intelliguntur, L. cum unus §. 1. D. de bon. aut. jud. poss.* Voyez Bourdin sur l'Ordonnance 1539. art. 77. L'établissement de Commissaire en France est au lieu de la mission en possession du droit Romain: si les fruits suffisoient, on ne vendroit point la chose.

Garnir ou satisfaire) S'entend le saisissant, non tous les opposans: Quelle affliction & quel ennuy c'est de devoir; Auguste répondit à ceux qui lui demanderent pourquoi il avoit acheté à l'encant le lit d'un Chevalier Romain, afin que je dorme où celui qui devoit tant, à peu dormir. *Parere debito*, pour satisfaire, *dixit Tertull. de resurr. carnis. Notavit Cujacius Observ. 15. lib. 25.* Mais tel qui voudroit bien payer, & faire ne le peut, vient à ce propos l'épigramme *de Catone grammatico.*

Catonis modò, Galle, Tusculanum,
Tota creditor urbe venditabat,
Mirati sumus unicum magistrum,
Summum grammaticum, optimum Poëtam
Omnes posse solvere quæstiones;
Unum non facilè expedire nomen.

Je pretends faire dire de ces annotations & du texte de cette Coutume ce que l'on dit du droit canon & de ses gloses. Ceux qui croiront qu'elles ont été faites au premier coup, ne s'y connoitront pas.

ARTICLE XCIX.

IL est loisible aux creanciers ausquels sont dûs aucuns deniers, ou qui ont droit de rente sur aucun heritage, dont arrerages sont dûs & eschûs, & esquels le detempteur est envers eux obligé ou condamné, de faire mettre ledit heritage par deffaut de payement d'iceux deniers ou arrerages en criées & subhastations, les solemnitez en tel cas réquises gardées.

Par défaut de payement) Chartres, art. 84. & Dreux, art. 70. ajoûtent, & de trouver biens meubles. Les Reformateurs ôterent ces mots de l'ancienne, à cause de l'Ordonnance 1539. art. 74. qui abroge la Loi *à Divo Pio, D. de re judic.* La perquisition de meubles n'a plus lieu que pour les mineurs, sinon que le Pere eût ordonné le bien être vendu : voyez Chopin sur Paris, liv. 1. tit. 1. n. 7. Loüet, lett. A. n. 5. Lett. M. n. 15. Nous citons souvent cet auteur, pour-ce qu'il est de grand service, c'est dommage qu'il ait donné *sanctum canibus*, ou jetté les marguerittes devant les pourceaux.

On a demandé si la perquisition des meubles doit preceder les criées, ou s'il suffit qu'elle soit faite avant le decret ; *rectius illud.* Toutes executions de meubles sont défenduës au Royaume d'Aragon : J'aimerois mieux qu'on saisit ma terre que mon lit.

ARTICLE C.

LES criées & suhastations d'heritages se doivent faire par le Sergent, en vertu de la commission du Juge de la Justice du Seigneur Chastelain ou haut Justicier sous laquelle tels heritages sont sujets, ou en vertu des obligations en forme autentique, ou sentence, après commandement fait au déteur de payer, & reffus par lui fait, en la maniere qui s'ensuit. C'est à sçavoir, par quatre jours de marché suivans l'un l'autre en la Ville de Château-neuf, & lieux où il y a marché : Et en plat pays, où il n'y a marché, au prochain marché de la Chastellenie où ledit heritage est assis ; & encores par quatre jours de Dimanche à l'issuë de la Messe parochiale en laquelle Parroisse tels heritages sont assis :

Et icelles quatre criées faites & parfaites, & deuëment rapportées & passées, & la quarantaine passée, à compter du jour que fut faite la premiere criée, icelles criées seront rapportées en jugement en la Justice de laquelle dépendent lesdits heritages criés à jour ordinaire de plaids, & iceux tenans, seront leuës en jugement à haute voix en presence du Juge qui tiendra le siege, des Avocats & Procureurs, & assistans qui seront nommez, par l'avis desquels ledit Juge declarera si lesdites criées sont bien & deuëment faites & continuées, suivant la commune usance de ladite Baronnie, par acte qui sera signé du Greffier ou son Commis, & attaché ausdites criées.

Les Criées) Des criées, *Bart. in l. licitatio, D. de Pub.* Ce sont les criées qui font vendre la chose, & qui appellent les marchands, *Alludit Ovidius lib. 3. amor. Eleg. 3.*

Fallimur? an nostris innotuit illa libellis;
Sic est, ingenio prostitit illa meo.
Et meritò, quid enim formæ præconia feci:
Vendibilis culpâ facta puella mea est.

Par le Sergent] Les Sergens sont friands de criées comme les Procureurs de taxes de dépens c'est une de leurs meilleures pratiques. *Cicero pro Cluentio. Consuli P. Nasicæ præco Granius, cum edicto justitio domum discedens, rogasset Granium, quid tristis esset, an quod auctiones non essent, imò verò inquit quod legiones.*

Aprés commandement) Qui met le detteur en demeure. *Cicero pro quintio Cum tibi quotidie potestas hominis fuisset admonendi, verbum nullum facis. Non est ab executione incipiendum, l. 1. l. fin. D. de exec. rei jud. Mol. ad Paris. art. 30.* Et ne sera disputé de la validité ou invalidité dudit commandement, quand il y aura terme certain de payer par les obligations ou par les sentences, dit l'Ordonnance de l'an 1539. art. 75. Criées faites sur le mari de l'heritage de sa femme, la femme n'ayant été appellée, ni commandement à elle fait, sont nulles, M. Bouguier lettre D. n. 4.

Par quatre jours de marché) S'entresuivans l'un l'autre, sans intermission, s'il y avoit manquement d'un jour il faudroit recommencer, *l. testamentum, C. de testam. & ibi Alexander.*

A L'issuë de la messe Parrochiale) C'est à dire à jour solemnel, ordinaire, qui est le jour du Dimanche subrogé au lieu du Sabat Mosaïque, à l'issuë de la publique, ordinaire & divine assemblée, qui se fait au lieu où tous Chrétiens se trouvent, dit la note de du Moulin sur le premier article de la coûtume de la Prevôté de Beauvoisis. *vide concilii Elibertini cap.* 21. à l'instant que le peuple commence à sortir de l'Eglise, Argentré sur Bretagne, art. 266. Et ne s'accomplit cette solemnité par équipollent, comme à l'issuë de Vêpres ou de Sermon. *Tiraq.* §. 23. *gl.* 2.

Tels heritages sont assis] Autant de criées que de paroisses. Voyez Tiraqueau §. 39. gl. 3. n. 13. §. 8. gl. 15. Argentré des appropriances, art. 265. *ver.* à qui la jurisdiction, n. 3. *Quid* si les confins des parroisses sont ambigus, il faut sçavoir à laquelle paye la dixme l'heritage saisi. *Panorm. cap. 1. extr. de Parroch. & cap. de decimis.* Quant à la maison, elle est jugée de la paroisse, vers laquelle ouvre la principale porte d'icelle, *l. qui conclave: ubi Bartolus, D. de dam.*

inf. Si l'on crie une servitude deuë par un heritage scitué dans une paroisse, à un heritage assis en une autre paroisse, les criées se feront en celle de l'heritage servant ; c'est à son maître que se fait le prejudice *disputant Bartolus & Imola ad L. Mævius, §. ult. D. de Legat.* 2. Ou criées d'office. Voyez Paris, art. 350. & suivant.

En la Justice de laquelle dependent) Nivernois dit, en jugement, en auditoire le plus apparent du pays, siege de la Coutume, Loyseau liv. des Seigneuries, ch. 14. Justice Royalle, ou non Royalle, par Arrêt donné au rapport de M. Ribier en la 5. des Enquêtes, le 22. Août 1607. contre l'avis de M. le maître, trait. des criées, & de Baquet, des droits de Justice, ch. 15.

Criées faites & parfaites] *Decursis hastis, l. 6. C. de jur. hast. fisq.*

Par l'avis desquels) Quinze ou dix au moins, *ad similitudinem turbæ*, & d'un même avis, Luc. liv. 11. tit. 17. Arrêt 3. Papon liv. 18. tit. 6. Arrêt 27. nonobstant lequel avis le saisi peut bailler moyens de nullité, & appeller de l'acte de certification. Argentré sur Bretagne, art. 268.

Nivernois, ch. 32. art. 55. dit, sans que lesdits Juge, Avocats, & Praticiens en prennent aucune chose. Mais après l'audience il faut dîner, *& pensio clamat.*

S'il y a faute aux criées, comment le poursuivant en est tenu, Voyez Coquille sur Nivernois tit. des Fiefs, art. 22.

ARTICLE CI.

DES la premiere criée, le Sergent mettra & attachera la copie des criées contenant la declaration des heritages & encheres du creancier à la porte de l'Eglise Parrochiale où lesdits heritages sont assis ; & aussi l'attachera au pôteau des halles du marché où lesdites criées seront faites, à ce qu'aucun n'en puisse pretendre cause d'ingnorance.

Mettra & attachera) *Fixi tituli, apud Cassiodor. lib. 5. var. cap. 6. vide l. si eo tempore, c. de rem. pign.*

La declaration) Claire & au long, voyez l'art. 1. de l'Ordonnance de l'an 1551. l'article 346. de la Coutume de Paris : c'est à cette declaration que s'aplique un passage de Ciceron, *Orat. 2. de leg. agrar. jugera cc. in quibus oliverum fieri potest, jugera ccc. in quibus institui vineæ possunt.* On lit de Themistocle, que vendant une maison, il fit mettre, *bonum vicinum habere, L. sæpe. §. ult. D. de contr. empt. L. 39. D. de act. empt. Novius malus vicinus, Vide Epigramma Martialis de eo, lib. 1.* Tel Gentilhomme est mauvais voisin. C'est peut-être de cette declaration qu'il faut entendre *suspensus amici bonis libellus* dans Seneque, liv. 4. des bienfaits, ch. 12. *Vide titulos obscuros & ambiguos apud Suet. in Augusto, cap. 75.*

Et encheres du creancier) au lieu de l'estimation de l'heritage qui se faisoit chez les Romains avant proceder à la vente d'icelui, à faute de laquelle ladite vente étoit nulle, fut-elle poursuivie par le fisque, *L. si quos debitorum, C. de resc. vend. l. 2. de fid. instr. & jur. hast. fisc. lib. 10. c. L. fin. t. si in caus. jud. pig. capt. sit* ; que si l'on n'encherissoit par dessus, l'heritage étoit adjugé au creancier pour l'estimation.

A la porte de l'Eglise parochiale) *E re Tertullianus de pudicitia. O Edictum cui adscribi non poterit bonum factum, & ubi proponetur liberalitas ista! Idem opinor sub ipsis libidinum januis.*

Tout ce traité n'est qu'une Satyre contre le Pape de ce tems-là ; On a excusé cet excellent Auteur aussi bien qu'Origene en beaucoup de choses, & les eût-on châtrez si l'on n'eût craint de les faire mourir ; c'est l'ivraye qu'on a sauvée pour sauver le bon grain. *Vide L. 2. de Orig. jur. M. Tullium pro Quintio.* La note de du Moulin sur l'article 428. de Poitou. *Cujac. ad L. 6. c. de fid. & jur. hast. fisc.* Autant en chacune des Parroisses dont les choses saisies dépendent. Ordonnance 1551. art. 2.

Au poteau des Halles] Quelques-uns tirent ce mot de ALON *area. Vide Tit.* 69. *Ripuar. Salic.* 43. Leur vrai usage est, que le peuple s'y retire quand il survient une pluye au jour de marché, comme des portiques derriere la scene anciennement, *uti cùm imbres repentini ludos interpellaverint, habeat populus quò se recipiat ex theatro*, dans Vitruve liv. 5. ch. 9. On ne voit autre chose à ces pôteaux que des criées ou autres actes qu'on veut publier, *ut porè frequentioribus civitatum locis, L. pen. c. de Deffensoribus.*

Et assiduo rupta lectore columna.

ARTICLE CII.

LES criées ainsi faites & parfaites, le Sergent qui aura fait lesdites criées, ou autre, adjournera le proprietaire, parlant à personne, ou à domicile, à jour certain pardevant le Juge, pour voir interposer le decret de sesdits heritages, & bailler moyens de nullité, si aucuns en veut bailler ; ensemble les opposans, si aucuns en y a, pour dire leurs causes d'opposition : Lequel Juge avant qu'adjuger par decret lesdits heritages, fera prealablement droit sur la nullité desdites criées, & causes d'opposition afin de distraire, & sur les oppositions formées pour rentes & droits réels fonciers, si aucuns en y a. Ce fait, le Juge procedera à l'adjudication par decret au plus offrant & dernier encherisseur, à la charge des droits & devoirs seigneuriaux, frais & despens des criées, à qui il appartiendra : Et avant ladite adjudication, les causes d'opposition des opposans, lettres & tiltres seront communiquées tant au proprietaire, s'il compiert poursuivant, que autres.

Ajournera le Proprietaire] Son tuteur ou curateur, non point à la cause, mais à la personne, dit la note de du Moulin sur l'art. 190. de l'ancienne de Paris. Voyez l'article 359. de la même Coutume.

Afin de distraire) Voyez l'Ordonnance de l'an 1539. art. 81. qui porte, que pour les oppositions afin de distraire ne sera retardée l'adjudication par decret, s'ils ont été six ans auparavant que d'intenter leurs actions, sur lesquelles ils fondent leurs distractions, à compter depuis le tems que prescription aura pû courir ; & neanmoins en verifiant leurs droits, en seront payez sur le prix de l'enchere selon l'ordre de priorité ou posteriorité. Si la veuve se peut oppoſer afin de diſtraire pour ſon doüaire aux criées des immeubles de ſon mari. Loüet lett. F. n. 24. Jugé que l'on n'eſt receu à s'oppoſer afin de diſtraire après le congé d'adjuger, par arrêt du 28. Janvier 1601.

Pour rentes & droits réels] Conforme à l'ordonnance de l'an 1551. art. 8. Sur le doute ſi telles rentes & droits ſont reputés Seigneuriaux, & ſe conſervent ſans oppoſition, voyez la note de du Moulin ſur l'article 76. de la coûtume de Berry, tit. des exec. & ſubhaſt. Il n'eſt beſoin de s'oppoſer pour ſervitudes viſibles & apparentes comme d'égoûts, Loüet lett. P. n. 1. Tuteur tenu vers ſon mineur, pour ne s'être oppoſé aux criées d'une terre ſur laquelle ſon mineur avoit hypotheque, *Idem* lett. D. n. 32. lett. T. n. 2. & de celui qui ne s'eſt oppoſé au decret, s'il peut agir contre ſon cedant en vertu de la clauſe fournir & faire valoir, lett. F. n. 25.

Procedera à l'adjudication] *Adjicere in jure; adjudicare invenio apud Tertullianum de præſc. adu. hæret. abjudicare contrà in oratione* Ciceronis 2. *de leg. agrar.*

Les adjudications ſe doivent faire publiquement à l'audience, non à la chambre du Conſeil. Voyez Chopin *lib. 3. de mor. Pariſ. tit. 4. n.* 11. Les arrêts rapportés par Tronçon ſur Paris, art. 351. *Cicero Orat.* 1. *de leg. aggraria. Cujuſmodi eſt quod ejus auctionis quam conſtituunt, nullum ſibi locum definiunt*; pour obvier aux fraudes. Non s'il y a appel au prejudice d'icelui ſur peine d'en répondre en ſon nom privé, M. Loüet lett. D. n. 65.

Au plus Offrant & dernier encheriſſeur) A celui qui, dertainement y a feru, dit Boutiller. *Quid* s'il ne ſatisfait, celui qui a encheri devant lui ſera-t'il liberé? Arrêt pour l'affirmative du 23. Janvier 1598. Si long-tems après ſon enchere l'heritage étoit adjugé; Galand plaidoit pour l'une des parties. Voyez M. le Maître trait. des criées, ch. 18. *Chop. de mor. Pariſ. lib.* 3. *tit. 4. n.* 7. Encor que peu de tems après; Chopin ſur Paris. liv. 3. tit. 4. n. 7. ſuivant l'opinion de Paul de Caſtre, *in l. locatio vectigalium, D. de publican.* Il n'eſt donc pas liberé par une enchere ſuivante ſans adjudication. Le Procureur encheriſſant doit connoître & nommer ſon homme; Papon liv. 18. Arrêt 12. tit. 6.

Jugé en cette coûtume que l'un des creanciers prevoyant ne pouvoir venir en ordre, ne pouvoit après ce dernier encheriſſeur encherir ſur & en duduction de ſon deû, par arrêt du 1. Juillet 1599. *Secùs* par la coûtume de Normandie, art. 168. & ſuivant.

Juge ne peut adjuger à ſoi-même, ni ſe rendre adjudicataire devant autre en ſon ſiege, doit ménager cette affaire, en ſorte que la choſe ſoit raiſonnablement venduë; car il repreſente le ſaiſi & vend en ſa place. Ceſar fit autrement, *vide Suetonium in ejus vita cap.* 50. *ubi faceriſſimus Ciceronis jocus. Tertia deducta eſt.* Caligula contraignit en certaine adjudication les aſſiſtans d'encherir juſques à certaine ſomme, *per ſe exquirens pretia, & uſque eo extendens, ut quidam immenſo coacti emere venas ſibi inciderent, Suetonius in ejus vita cap.* 38. Il prit le branlement de tête d'Aponius pour une enchere, & lui adjugea treize gladiateurs pour nonante mille ſeſterces. *Mirum quod Plinius ait de faba lib.* 18. *cap.* 12. *Lucroſum auctionibus eam adhiberi.*

A la charge des droits & devoirs ſeigneuriaux] A cauſe de l'obligation réelle; qu'ils repreſentent le fonds qui a été baillé à la charge d'iceux à perpetuité, & que le domaine direct plus noble ne peut être obligé par le vaſſal, *Rubr. Sin. cenſ. & reliq.* qui s'étend au cens des particuliers par l'uſage françois, *L. alienatio, D. de contrah. empt. L. ſi debitor, D. de diſtr. pign. cap. cùm non ſit extr. de Decimis.* Maſuer des ſubhaſt. n. 5. Boër. Deciſ. 112. n. 14. & ſur la Coutume de Bourges §. 3. & 4. Argentré ſur Bretagne, art. 270. L'Ordonnance de l'an 1551. art. 12. Et quand le Juge n'adjugeroit à cette charge, l'adjudication eſt entenduë y être faite. *Secus* pour les arrerages; car ſi l'on ne s'oppoſoit pour eux on les perdroit. Voyez Paris, art. 355. Montargis, art. 8. ch. 19. L'Ordonnance de l'an 1551. art. 13. Il n'eſt beſoin de s'oppoſer pour droit de Champart Seigneurial, Loüet lett. C. n. 19. ni pour droit de corvées, Bouguier, lett. O. n. 5. *usus fori Romani in theatro Romano. Plautus captivis.*

Quasi fundum vendens meis me addicam legibus.

Frais & dépens des criées) *Vide L. 12. de bon. aut. jud. poss. Luc. lib. 11. tit. 17. Plac. ult.* Papon livre 18. Arrêt 23. *Chop. lib. 3. de Mor. Paris. tit. 4. n. 17.* La note de du Moulin sur l'article 62. d'Amiens. Loüet, lett. C. n. 44. où il se voit que ces frais de criées doivent être mis en ordre devant toutes autres dettes, excepté les arrerages des droits Seigneuriaux : ils disent néanmoins que le contraire a été pratiqué au jugement d'ordre de la terre de Loinville; scituée en cette Baronnie.

ARTICLE CIII.

QVAND aucun heritage est adjugé par decret ; & il se treuve sur icelui rentes hypotheques constatuées pour prix d'argent, elles seront amortissables, en remboursant les creanciers du prix de la vente d'icelles rentes, & en payant les arrerages justement & loyallement dûs.

Amortissables) Car l'adjudicataire succede au lieu du detteur. *Vide chopin. de mor. Paris. lib. 3. tit 4.* Touchant les foncieres non amortissables, & de la difference des rentes hypotheques & foncieres, liv. 1. tit. 3. n. 16. Si l'adjudication par décret est faite à la charge d'icelles, elles font partie du prix en la computation du rachapt. Voyez la note de du Moulin sur la Coutume d'Artois, art. 44.

De la vente d'icelles) Car les rentes constituées en France sont vrayes venditions par l'extravagante *regimini, extr. de empt. & vend.* ne se créent que sur immeubles, & le vendeur d'icelles se désaisit du revenu d'iceux jusques à concurrence, Loüet lett. H. n. 9.

ARTICLE CIV.

TOUS opposans seront receus à opposition avant le decret scellé.

Avant le decret scellé) Mais en Parlement & ès Requêtes du Palais on n'est plus reçû après le jugement de discussion, dit la note de du Moulin sur l'art, 122. de Meaux semblable.

Paris explique toute cette maniere, qu'il faut voir, & supléer pour l'équité & utilité ; art, 354. & 356. & ajoute levé, & que le decret doit être 24. heures ès mains du Scelleur avant que le sceller, par style loüable. C. M.

Quels sceaux sont authentiques ou privés, du Moulin sur Paris, §. 8. gl. 1. *ver.* denombrement, n. 12. 13. 14. *Menoch. lib. 2. de arbitr. jud. centur. 2. casu. 113. lib. 2. præsump. 57.* Loyseau livre 2. des Offices, ch. 252. Anciennement les Ducs, Comtes, & autres, jusqu'au degré de Châtellain, faisoient les expeditions de leurs affaires sous leurs sceaux, & de plus grande ancienneté se contentoient de sceller sans signer. On ajoûte même ès actes de Justice ordinaire les seings aux sceaux, *quia*

quia quantò plura signa & solemnia adhibentur, tantò major & plenior habetur ratio certitudinis & veritatis detegenda, & minor occasio falsitatis. Le sceau donne foi aux actes. *plus annulis quàm animis credimus, probato sigillo probata est veritas. Abb. & Felin. in. cap. inter dilectos, de fid. instrum.* Si l'écriture n'est suspecte. Nuls contrats executoires s'ils ne sont scellez, par l'ordonnance de l'an 1568. Voyez Froissart, vol. 1. ch. 252. touchant les lettres de défiances envoyées par le Roy de France au Roy d'Angleterre. Pausanias en ses Laconiques écrit que les Lacedemoniens saisoient cet honneur à Polydore, un de leurs Rois mort il y avoit long-tems, qu'ils scelloient de son image tous actes publics.

On appose aussi le scel aux meubles des défunts, tellement qu'il empêche les larcins aussi-bien que les falsitez. Les Romains scelloient de leur anneau leurs ustancilles, leurs viandes, leurs bouteilles, & enfermoient celui qui étoit destiné à cet usage comme une chose sacrée, *majorque vitæ ratio circa hoc instrumentum esse cœpit; incertum à quo tempore*, dit Pline, liv. 33. ch. 1.

ARTICLE CV.

MAis s'ils s'opposent après les causes d'opposition des opposans communiquées tant au proprietaire, poursuivant que opposans, seront tenus de refonder les dépens des réponses qu'il conviendra faire à leurs causes d'opposition, comme dépens prealables & prejudiciaux.

Refonder) Comme il se pratique en production nouvelle; en haine de leur negligence.

ARTICLE CVI.

QUand aucun heritage est adjugé par decret, les solemnités en tel cas requises gardées, ledit decret baillé & délivré en forme authentique au dernier encherisseur, & possession prise au moyen d'icelui decret, les heritages à lui adjugez par icelui; ledit acquereur est fait par ce moyen proprietaire & possesseur de tel heritage à lui adjugé par ledit decret: en telle maniere que tous ceux qui auparavant ledit decret, eussent pû pretendre ou demander aucun droit d'hypotheque, proprieté ou possession sur tel heritage, en sont forclos, privez & deboutez.

Baillé & délivré] Notez l'ancien usage dans Bouciller, tit. 69. Si est encor à sçavoir qu'au bailler le decret à l'acheteur, si le detteur venoit avant à tout, les deniers comptans, encor auroit-il son heritage parmi, payant les mises; c'est à sçavoir le denier-à-dieu, & exploits de Justice tant seulement. Tems donné au detteur de retirer son heritage par divers statuts d'Italie & autres lieux. Voyez Chopin sur la coûtume de Paris, liv. 3. tit. 4. n. 20. *L. ult. C. de jur. dom. impetr.* Si cela avoit lieu il ne se trouveroit plus d'encherisseurs, ou s'il s'en trouvoit ils seroient bien morfondus, *frigidiores hyeme Gallicâ*, comme parle Petrone.

Et possession prise) *Addicta, abducta. Plautus in mercatore.*

Est fait par ce moyen proprietaire] *Etiam* contre le mineur, auquel ne serviroit de dire que lui ni son curateur ne se seroient opposés, sauf son recours, ni d'alleguer lesion quelle qu'elle soit, non pas même d'outre moitié de juste prix, contre la note de du Moulin sur l'article 122. de la Marche. Ce qui a été reçû pour le bien public & l'utilité de l'acte, autrement il se trouveroit toûjours quelque mineur, Eglise ou autre moyen de casser les decrets, & personne n'y oseroit encherir. Voyez M. Loüet, lett. D. n. 32. Boër. Decis. 141. *Secus* si le tuteur a fait fraude; Imbert Enchir. *ver.* mineur. Tertullian pour exprimer comme l'homme après la création du monde en fut fait Seigneur & proprietaire, dit que Dieu lui adjugea; *Minora enim quæ fiebant, eo qui fiebant si quidem homini fiebant, qui mox à Deo addicta sunt, lib. de Resurrect. carnis.*

Forclos) Car ils disent qu'un decret est le Heaume de Domitian, & qu'il fait une espece de Sisachtie, leve toutes charges, & purge toutes hypotheques, *Vide Joan. Fabrum in L. si eo tempore, C. de rem. pign.* il ne purge pas les substitutions; *Vide Mornacium ad L. 13. D. Qui satisd. cogantur.*

CHAPITRE XVI.

DE DONATION MUTUELLE.

De donation mutuelle) Dite don naturel par Boutilier Som. Rur. tit. 74. Soulas des gens mariés, revetissement ailleurs. *Vide Leg. Vvisigoth. lib. 5. tit. 2. De rebus inter maritum & uxorem inv. datis*, qui n'est proprement donation, dit la note de du Moulin sur le 169. art. de Bloys, *Sed genus quoddam permutationis, ex L. sed etsi lege, §. Consuluit, D. de pet. hæred.* qui admet compensation, *L. quod autem spectetur, §. si vir & uxor. D. de don. int. vir. & uxor.* Elle a lieu entre les personnes d'ailleurs incapables de donation, *apud nos hujusmodi donatio est genus quoddam sponsionis*, espece de gageure, *sive alea lusus liberis cognatisque noxius de vitæ cursu; & in hoc qui vincitur, vincit, id est, qui ad mortem quæ meta est ultimus pervenerit*, encor que chacun des conjoints pour persuader son amour face mine de vouloir mourir le premier: *aliter ac in contentione pedum Atalantæ cum procis, aut certamine navium, de quo Vergilius lib. 5.*

pares ineunt certamina remis.
Infindunt pariter sulcos.

Nous appliquons ce mot *pariter* à ce que la donation mutuelle doit d'un côté & d'autre marcher égallement. Auxerre, art. 112. dit, égaux en âge, en chevance: en âge, c'est-à-dire Nivernois, que l'un des conjoints ne soit âgé que de dix ans plus que l'autre: en biens, qu'ils ayent même droit aux biens donnez: au moyen dequoi elle ne vaudroit entre mariés non communs en biens. Paris, art. 280. ajoûte, étans en santé; car quelle apparence qu'un des conjoints moribond ayant, comme l'on dit, deja un pied dans la fosse, *Acheruntícus, in peculio Proserpinæ nu-*

meratus, fit ce contrat avec l'autre vigoureux & gaillard. *Placuit Venusto Maronilla quia tussiebat, apud Martialem lib. 1.*

ARTICLE CVII.

DEux conjoints ensemble par mariage, soit nobles ou roturiers ayant enfans peuvent donner mutuellement l'un à l'autre tous & chacuns leurs meubles & conquests immeubles, pour en joüir par le survivant par usufruit, à la charge de nourrir & entretenir par le survivant durant ledit usufruit les enfans selon leur état; & avant qu'en avoir la délivrance par les mains de l'heritier, sera tenu ledit survivant faire inventaire, & bailler caution; & si ledit survivant se remarie, ladite donation mutuelle demeure nulle, & entre roturiers lesdits meubles & conquests immeubles, & entre nobles les conquests se departiront entre le survivant & les enfans du premier decedé, & s'il n'y a nuls enfants dudit mariage, lesdits deux conjoints pourront donner mutuellement l'un à l'autre tous leursdits meubles & conquêts immeubles, pour en joüir par ledit survivant en proprieté.

Ayans enfans) *Idem* Chartres, art. 87. Dreux, art. 73. Contre Paris, art. 280. Grand Perche, art. 94. pourveu qu'il n'y ait enfans. Les enfans sont la fin du mariage, *spes apud Persium, Petronium, divini fructus apud Stob. serm. 65.* Les Coutumes qui ont approuvé la donation mutuelle, lors qu'il y a des enfans du mariage, ont preveu qu'il y avoit danger qu'ils joüissent trop-tôt de leurs biens, à cause des débauches de la jeunesse, les autres, que sans biens ils ne peuvent paroitre, & que l'occasion de faire leur fortune se passe, *haud facile emergunt*, & qu'il y a des peres & meres si tenans & avares qu'ils en abusent; *nec alia ratio legis antiquæ, cum filio tricenario pater dividat. Senecæ lib. 3. controv. 3.* Tant y a que chaque peuple a son sens, & qu'il y a du hasard en toutes resolutions, *etiam* en l'établissement des Loix: *non multum oportet consilio credere.*

Peuvent donner mutuellement) Non point par divers contrats, encor que l'un donnât à l'autre, mais separement, & non par mutuelle contemplation, dit la note de du Moulin sur l'article 325. d'Anjou, non autrement que par donation mutuelle. Voyez les articles 48. & 58. de l'Isle, avec la note du même Auteur. Il tient encor que l'un des conjoints soit mineur, à cause du douteux évenement, *arg. L. 1. D. de Pa[illegible]. [illegible]. de fidei commisso, C. de Transf. maxime* s'il perfevere jusques à la mort.

Quæritur si l'Edit des secondes noces a lieu en donation mutuelle, Argentré tient l'affirmative sur Bretagne, art. 221. contre Tullou sur Chartes *dict. art.* 37. Voyez Boër. Dec. 185. n. 10.

Paris, art. 279. Loüet lett. N. n. 1. 2. 3. 8. elle est sujette à insinuation par l'Ordonnance de Moulins, art. 58. & après icelle non revocable, sinon du consentement des deux conjoints. Voyez la note de du Moulin sur Bourbonnois, art. 229. *Alex. Cons.* 40. *&* 48. *lib.* 4. *Tiraq. in repet. L. si unquam C. de rev. don.* semblable quand à l'effet à la donation à cause de mort, & toutefois reputée donation entre vifs. Elle ne déroge au contrat de mariage, Loüet lett. M. n. 4. C'est un éguillon à l'un des mariés s'il est méchant d'avancer les jours de l'autre, *dùm mavult habere bona, quam expectare.*

Leurs meubles & conquêts immeubles) Non leurs propres, tant à raison qu'ils sont affectés à la famille, qu'en iceux le plus souvent y auroit inégalité : non les acquêts faits par l'un d'eux auparavant le mariage, contre ce qui s'observe à Chartres, si Frerot dit vrai sur ledit article 87. non les conquêts faits par l'un d'eux en autre mariage, suivant Paris, article 297.

Par le survivant] Et ne pourroit telle donation être faite sous autre condition reciproque de semblable évenement, de peur d'admettre en matiere prohibée extension d'un cas à l'autre. C'est au demandeur à prouver que son auteur a survêcu au cas des Loix *quod de pariter*, suivante & 22. *D. de reb. dub. nec enim semper servat ordinem fortuna, ut apud Tacitum in L. vetere socruque ejus Sextia, & Pollucia ejus filia*; & faute de cette preuve la donation demeureroit nulle, voyés Argentré sur Bretagne, art. 220. gl. 15. M. Bouguier, lett. C. n. 4.

A la charge de nourrir & entretenir) Corporellement & spirituellement ; *D. Augustinus Serm.* 2. *in capite jejunii : Et videte, fratres, si justum est ut caro nostra de terrâ facta interdum bis in die capiat cibum, & anima in qua imago Dei est, vix post 7 luxes dies capiat verbum.* C'est une des plus grandes parties de la nourriture, que de ne rien faire qui ne soit honnête devant ses enfans, pource que d'ordinaire ils imitent leurs peres. *Si damnosa senem juvat alea, ludit & hæres Bullatus, parvoque eadem movet arma fritillo.*

Voyez ce que nous avons écrit plus bas art. 136. Ajoûtez du general des coûtumes, à la charge d'entretenir les heritages, & soutenir les batimens en bon état, & payer les charges d'iceux pendant l'usufruit. Sur le payement des dettes, voyez Chopin, liv. 2. de la coûtume de Paris, tit. 3. n. 9. L'art. 228. de Bourbonnois, avec la note de du Moulin, & l'art. 286. de Paris.

Selon leur état] Les nobles en nobles, les roturiers en roturiers, *Juxta illud Juvenalis Satyr.* 14. *serpente ciconia pullos Nutrit & inventâ per devia rura lacertâ.*

Delivrance) Car don mutuel ne saisit, Paris, art. 184. Non pas même par le moyen des clauses de constitut ou precaire reciproques y apposées. C. M.

Et bailler caution) Quelle, voyez Châlons, art. 37. Grand Perche voisin, art. 94. dit, telle qu'il pourra bailler, & affirmant n'en pouvoir bailler, en joüira à sa caution juratoire. Et ne suffiroit la caution juratoire. C.M.

Et si ledit Survivant se remarie, ladite donation mutuelle demeure nulle) Donc la question si l'édit des secondes a lieu en donation mutuelle est vaine ici. Les seconds mariages font oublier les enfans des premiers ; voyez ce que nous avons écrit sur l'art. 137. plus bas *ver.* se remarie.

Et s'il n'y a nuls Enfans) Ce qui se doit considerer au tems du contrat, & non du decès ; ensorte que s'il y en avoit, & les conjoints, qui ne pouvoient donner que l'usufruit, eussent donné la proprieté, telle donation nulle en son commencement ne validerait par la mort desdits enfans, *L. si filius familias L. continuus*, §. *cum quis in fin. de verb. oblig. E. diverso*, s'il n'y en avoit aucuns, lors de la donation, & qu'il en survint depuis, elle seroit revoquée *per L. si unquam, G. de reu. donat.* & s'ils mouroient, elle ne revivroit pas. *L. qui rem*, §. *aream D. de Sol.* Il nous faut excuser, si sans beaucoup raisonner la question proposée nous allons droit à la decision, c'est notre façon d'écrire ; *naturaliter compendium sermonis & gratum & necessarium est*, dit Tertullian : d'a lle rs.

que notre livre aussi bien que notre esprit est en petit volume.

Quid si habebant filium moribundum, & faciunt donationem mutuam in casum quo ille præmoriatur sine liberis prout contingit, an valeat donatio? Respondeo quod sic, quia concurrit jus commune & mens consuetudinis. C. M. en sa note sur Orleans, art. 221.

Dudit mariage] Paris, art. 280. dit, Soit des deux conjoints ou de l'un d'eux. Autres coûtumes dudit mariage ou autre que ce soit, & sont plus raisonables, attendu que les enfans d'un mariage succedent avec les enfans d'un autre precedent ou subsequent aux conquêts faits pendant icelui, art. 279. de Paris : mais comme dit en quelque lieu saint Augustin, *non sunt judicanda leges* après qu'elles sont écrites, *sed secundùm eas judicandum.*

En proprieté) *Non repetit* s'il se remarie, *& sic non puto repetendum*, non plus que ce qui est dit de faire inventaire & bailler caution, *quia illa & etiam illud* s'il se remarie *sunt adposita favore liberorum communium tantùm. Intellige tamen salvâ filiorum prædefuncti ex priore matrimonio legitimâ, ut dixi in cons. Paris.* §. 155. C. M. en sa note sur Chartres, article 87.

ARTICLE CVIII.

AUssi par donation mutuelle homme & femme conjoints ensemble par mariage peuvent disposer & faire don l'un à l'autre des fruits de leurs heritages propres, par une année seulement.

Aussi) Addition à l'article precedent, & mal à propos, sauf correction des reformateurs, pource qu'il y a inégalité aux fruits comme au fonds des propres.

ARTICLE CIX.

COnquests immeubles & ce qui est acquis par les conjoints, ou l'un d'eux, durant leur mariage, & acquest est un terme general qui comprend les acquerements faits avant le mariage & depuis.

Conquêts) *Quod vir & mulier simul conquisierint, ait lex Saxonum, tit.* 8. *de Acquisitis.* Souvent dans les Coutumes ce mot est aussi general que celui des acquêts, comme aussi dans nos Histoires. Voyez Monstelet, vol. 1. ch. 165. Froissart, vol. 3. ch. 136. Cette définition est paticuliere a cette Coutume, citée pour cette raison par Ragueau en son indice, *ver.* conquêt. Voyez Pithou sur Troyes, art. 85.

Ou l'un d'eux) A cause de la communauté ; car il ne laisse d'être conquêt, encor que la femme ne soit nommée au contrat d'acquisition, dit Vermandois, art. 113. L'un est toujours presumé faire pour l'autre en societé & s'entre-disent souvent les conjoints, *Paupertatem communem privatis quæstibus conemur expellere. Petron.*

CHAPITRE XVII.

DES DONATIONS ET CONTRATS faits entre-vifs.

Des donations] *Huic Rubricæ applicæ dictum vetus*, il n'est plus bel acquêt que de don. *Cui convenit illud Senecæ*, *cap.* 20. *de vit. beata. Nihil magis possidere me credam quàm bene donata ad de L.* 27. §. 3. *de public.* La donation entre-vifs est le témoignage d'une vraie amitié, ou d'une extrême sottise. *Turpissimum genus damni inconsulta donatio.* Il y a moins de peril à prendre qu'à donner, non qu'il n'y en ait aussi à prendre, *vide Martial. Epigr. ad Quintianum*, *lib.* 5. *suspectaque dona*, *apud Virgil. lib.* 2. *Æneid.*

ARTICLE CX.

Un Chacun peut donner, vendre & aliener ses heritages ainsi que bon luy semble, par venditions, donations & autres contrats faits entre vifs, sans le consentement de ceux qui luy doivent succeder, & vaut telle donation, alienation ou disposition, & mêmement ladite donation quand elle est faitte entre-vifs & par personnes idoines à ce faire, & à personnes capables, pourveu que par ladite donation les enfans des donateurs ne soient point privez de leur legitime part & portion à eux deuë de droit de nature.

Un chacun peut donner) L'importance est de borner ce pouvoir de la raison : *ambitio enim & jactantia & effusio, & quidvis potius quam liberalitas existimanda est*, *cui ratio non constat. Plinius Panegyr. Trajani. Quod est inter varios errores temere viventium*, *apud Senecam de beneficiis.* Donner à propos dépend d'une science particuliere. *Piso de Othone lib.* 1. *Histor. Taciti. Falluntur quibus luxuria specie liberalitatis imponit ; perdere iste sciet*, *donare nesciet. De modo quo ad personas ne languescat industria*, *Oratio Tyberii lib.* 2. *Annal. ad preces Hortensii. De Ordine charitatis*, *disputatio D. Thomæ*, *Sec. secund. qu.* 23. *Arist. lib.* 4. *Eth. cap.* 1. *M. Tull. lib.* 1. *Offic. Persius Satyr.* 3. *ibi.*

charisque propinquis
Quantum elargiri deceat.

Argentr. ad Præfat. Tituli de Donat.

Ses heritages) en general, *etiam* propres.

Ut quondam Marsæus amator originis ille,
Qui patrium Mimæ donat fundumque Laremque.

Autres Coutumes disent de tous ses biens, Nivernois, art. 4. *eod.* Sens, art. 109. Troyes, art. 138. & là Pithou. De la donation de tous biens mêmes avenir, *Vide Bart & Alex. in L. cum duobus*, §. *idem respondi. Pro socio, rursus Bart. Cons. 176, Cujac. ad lib, 5. sent Pauli, tit. 11. §. ult. Observ. 37. lib. 21.* La note de du Moulin sur Bourbonnois, art. 220. Loüet, lett. D. n. 22. & 27. 46. Bouguier, lett. D. n. 9. Si la donation se peut revoquer, & pour quelles causes *L. ult. C. de rev. donat. Fab. ad* § *sciendum est, Inst. de act, dispiciat autem quisque merita, tardéque concedat quod datum non adimatur*, comme dit Tacite *lib. 13. Annal.*

Sans le consentement) *Idem* Chartres, article 88 Dreux, article 75. Contre Monstreuil sur Mer, article 62. & 64. Atthois, article 52. quant aux propres, au regard des meubles & acquêts, celui qui en auroit dispose, pourroit dire à son heritier s'il s'en formalisoit,

minui mihi, sed tibi totum est
Quidquid est, fuge quarere quod mihi quondam
Legerat stadius.

Entre-vifs) Plus de liberté ou moins d'inclination: *Vide Cujac. Paratit C. lib. 7. tit. 3.* Quand une donation est presumée entre-vifs ou à cause de mort voyez Loüet, lettre D, n. 11. *Jacob. Menoch. lib. 3. Præs. 35. & 36. Imb. Ench. ver.* donation entre-vifs; la mention du mort n'empêche pas qu'elle ne soit reputée entre-vifs, *peccat ergo Tullus ad cartunensem dict.* article 88. *ver.* Entre-vifs. Elle se regle par la Coutume du lieu où les choses sont scituées, *tàm in modo quàm in solemnibus*, si Cujas dit vrai, *Consult. 5. Vide Joan. Fabr. ad L 1. c. de sum. Trin. vers. quid ergo.* Pour la contribution des dettes, Bourbonnois, article 316. avec la note de du Moulin, & encore la note du même sur l'article 98. d'Amiens. Loüet lettre D. n. 54.

Et par personnes idoines] Paris, article 272. dit, âgés de vingt-cinq ans accomplis, sains d'entendement, & pour le regard des meubles, que celui qui se marie, ou qui a obtenu benefice d'âge entheriné en Justice, en peut disposer. Voyez Montfort, article 145. 146. Laon, article 51. Si le mineur en contrat de mariage peut donner son immeuble, la note de du Moulin sur le 161. article de la Coutume de Bloys, & Argentré sur le 220. article de celle de Bretagne, où il reprend ledit du Moulin mal à propos à mon avis, lui faisant croire qu'il a dit de son sens ce qu'il rapporte du texte de la Coutume. La decision de cette question se doit tirer de ces mots de la loi *pradia, C. de prad. min. congruenti moderatione*, qui signifient que ce negoce depend du particulier du fait; car il y a des hommes & des femmes qu'il faut tenir dans l'indifference, d'autres qui pour leurs bonnes qualitez meritent qu'on les achete: *adplica Vergilii versum,*

Teque sibi generum Thetis emat omnibus undis.

Si les prevenus de crime capital sont idoines de donner entre vifs, ou autrement disposer de leurs biens pendant l'accusation, *Vide Joan. Fabr. ad* §. *item siquis in fraudem, inst. de act. D. ad L. post contractum capitale crimen, D. de Donat.* L'arrêt cité par Tronçon sur Paris, article 272. Si le Fiancé & la Fiancée se peuvent donner après le contrat de mariage, Loüet, lett. D. n. 28. lett. C. n. 28. Si la femme qui n'a point d'enfans, peut donner à ceux de son second mari, voyez les deux arrêts, l'un en cette coûtume en l'annotation du même auteur, lett. D. n. 17. entre Jeanne Boudet demanderesse en lettres, & Remy Guetinot deffendeur; l'autre pour l'affirmative au profit des enfans de M. Anthoine Mornac, le 6. Août 1616. contre Jean Ninan, élû à Melun, & M. Christophe Bagereau, Prevôt de Montlerry, à cause de sa femme, dans le même Loüet, lett. D. n. 47. *Leprosus tanquam mortuus THINGARE non poterat legibus Longobard. tit. de Leprosis.* L'habilité ou inhabilité se regle par la loi du domicile, Argentré, art. 218. gl. 6. n. 47. *Denique universalis dispositio restringitur ad agens habile; hunc locum copiose exercet Tiraquellus de Retr.* §. 1. *ver.* ou autre, n. 26. *item in tractatu* le mort saisit le vif. *Part. 2.* declar. 1.

Idoines, vieux mot François tourné du latin *idoneus*; idoine confesseur. Jonville Chronique de S. Loüis, ch. 94.

A Personnes capables) *M. Tullius lib. 2. Offic. Nonnunquam tamen largiendum est, & sæpe idoneis hominibus indigentibus re familiari impartiendum.* La capacité à recevoir aussi bien que la volonté s'étend bien plus loin qu'à bailler , *etiamsi beatiùs sit dare quàm accipere; nam etiam infantes capere possunt* ; on peche neanmoins au trop prendre comme au trop peu donner dans les Ethiques d'Aristote. Les Religieux sont capables pour quelque sorte de biens , & selon les ordres. Les Putains en tout tems *in L. affectionis, D. de donat. exceptis forcariis , L. 2. D. de don. int. vir. & uxo. concubinis Presbiterorum.* Elles ne perdent rien faute de demander :

Cùm bene vitaris, tamen auferet , invenit artem
Fœmina , quâ cupidi carpat amantis opes.

Et n'aiment pas davantage ceux qui leur donnent , *neque affectui suo neque alieno obnoxiæ.* Cloé contre les mœurs de cette conditon *vestes , argentum , annulos usque & usque dabat suo Luperco.* Le mari & la femme ne sont capables pendant le mariage, encore même que les heritiers presomptifs consentissent à la donation , à cause du droit public, encor qu'ils promissent garantir , dit la note de du Moulin sur l'article 46. ch. 14. de la coutume d'Auvergne. Voyez Chopin *de moribus Paris. lib. 2. tit 3 n. 9.*

Pourveu) Ce mot n'est annulatif, mais reductif, *juxta L. 34. C. de donat.*

Les enfans] Non ingrats ; car le pere pouvoit rappeller la donation faite à ses enfans : si depuis icelle ils l'avoient offensé , *probata scilicet in judicio læsionis causa capitul. C. Magn. lib. 7. cap. 249. & seq. Secus* si le pere les avoit irrités indignement, contre ce que dit l'apôtre, *tunc enim gratia extinguitur , beneficium vincitur , inquit Seneca lib. 6. de beneficiis.* D'ailleurs il ne faut pas exagerer l'ingratitude des enfans , quand ils ne prennent aux biens des peres que la legitime , pource qu'ils peuvent dire en ce cas

Nil sibi relictum præter plorare , suisque.

La donation n'est revoquée par la survenance des enfans, *L. si unquam , C. de revoc. donat. ipso facto,* Nivernois art. 23. ch. 27. Ce qui s'entend s'il n'y en avoit point lors d'icelle , & si les survenus sont encor vivans lors du trépas du donateur suivant la note de du Moulin sur larticle 225. de Bourbonnois : Sinon que le donateur eût tacitement ou expressement revoqué , commune opinion contre Bartole , *in L. Titia , §. Imperator de Legat. 2.* Sur les questions voisines de celle-ci , voyez Godefroid *in dict. L. si unquam Covarru. lib. 1. Var. Resp. cap. 19. tit. 5.* Coquille sur Nivernois *dict. art. 13. Lucius lib. 8. tit. 5. Plac. ult.* Argentré sur Bretagne , article 220. gl. 1. *Molin. tract. de don. fact. vel conf, in contr. matrimoniis.* Loüet. lett. D. n. 52. S'il y avoit enfans lors de la donation , le donateur ne la pourroit revoquer sous pretexte d'autres nés depuis , ni les enfans mêmes la faire casser entiere , mais simplement reduire à leur legitime *per querelam inofficiosæ donationis , L. 2. in fin.* L. 5. C. *de inoff. donat. dict.* L. *Titia. §. Imperator. Vide Observ. 5. lib. 20. Insanis tantùm parentibus lex scripta est , nam sani ad hunc usque modum donabunt nunquam , liberorum memores, quos cuique natura carissimos esse voluit, inquit Tacitus in vita Agricolæ.* Les Coutumes d'Anjou , Maine, Poitou ont mieux fait, qui ont borné telles donations en faveur des enfans. *Viderent Reformatores nostri , qui iniquitatem seu crudelitatem falsa libertatis vel liberalitatis imagine moribus illudentem tolerare maluerunt quam tollere , vix in comitiis oculos attollere contra ausi.* Ce seroit bien reformer les Coutumes que les abroger toutes, ou les reduire à une seule, ce qu'on dit qu'un de nos Rois vouloit faire. La plus-part de leurs dispositions s'entretiennent comme crotes de Chevre.

Des mineurs qui ne peuvent donner ou tester au profit de leurs tuteurs , curateurs , pedagogues & autres administrateurs , pendant le tems de leur administration, aux pedagogues , durant qu'on est encore sous la ferule ; Voyez Paris , article 276. il est vrai qu'on ne leur donne plus guere , à grand peine les paye-t'on du salaire promis ,

Scire volunt omnes , mercedem solvere nemo.

La

La loi *Aquilius regulus* qu'un interprete de Chartres cite, article 88. n'est point à propos. Les Bâtars peuvent donner entre-vifs, par la Coutume du grand Perche, article 99.

Leur legitime) De laquelle voyez la Coutume de Paris, article 298. & l'Authentique *de triente & semisse*, que l'on suit plûtôt que ladite Coutume de Paris, en sa computation; Elle est au tiers quand il y a quatre enfans ou moins, & à la moitié quand il sont cinq ou plus. *auth. novissima. C. de inoff. test.* Coquille approuve davantage celle de la Coutume de Paris, sur Nivernois des donations, art. 7. Elle a lieu tant en ascendant qu'en descendant, dont il y a plusieurs arrêts, le dernier prononcé en robes rouges par Monsieur le premier President de Verdun, le 7. Septembre 1615. Voyez Robert, *rer. judic. lib.* 1. *cap.* 1. Loüet, lett. L. n. 1. en cite néanmoins un au contraire donné en la coutume de Chartres, contre la veuve Boisset. Elle se prend sur tous les biens dont le pere a disposé, soit entre-vifs, soit par testament, les dettes déduites par l'arrêt des Brinons du 27. May. 1558. Elle n'a lieu qu'après le decès, & ne peut être demandée durant la vie du pere & de la mere, nonobstant leur mauvais ménage, par autre arrêt du 23. Decembre 1583. Peur sçavoir si elle s'étend sur les prerogatives de la coutume, comme est le preciput & droit d'aînesse, conferez la note de du Moulin sur l'art. 116. d'Orleans, avec ce qu'écrit Chopin *lib.* 1. *de mor. Paris. tit.* 3. *n.* 2. Si le pere en délinquant la confisque. Voyez *Benedicti in cap. Raynut. ver. uxor. nom. Adel. n.* 848. Les fruits de la legitime sont dûs du jour du decès, & non du jour qu'ils sont demandés seulement, par arrêt du 22. Janvier 1590. Prononcé le 27. ensuivant, Loüet, lett. F. n. 7. Elle ne peut être affoiblie ni chargée d'aucune condition, usufruit, fideicommis, *Vide Gothofr. ad nov.* 18. M. Bouguier lett. S. n. 13. La fille qui a renoncé à la succession de son pere ou de sa mere par contrat de mariage en faveur de ses freres, ne peut demander supplement de legitime par raison politique, contre la disposition du droit civil, *in l. pactum quod dotali. C. de pact.* Toutefois on considere si elle a été dotée honêtement & selon la dignité de la maison dont elle est issuë, eu égard au tems du contrat, *Vide Cujacium Consult.* 1. *in fin. mol. tom.* 1. *Cons.* 15. *Menoch. lib.* 2. *de arbit. judic. Centur.* 2. *Casu* 149. La note de du Moulin sur Montargis, ch. 12. art. 1. Loüet lett. R. n. 17. Argentré, art. 226. de Bretagne. Imbert Enchir. *ver.* fille mineure. Bouguier lett. R. n. 2. Ces renonciations ont une condition tacite, si le pere demeure en même volonté, & sauf le rappel à la succession, Loüet lett. R. n. 9. *Quid* si le pere instituoi après icelles heritiers des étrangers, & qu'il desheritât les freres, *Vide Boer. Decis.* 104. *n.* 9. & 13. La coutume de Paris, art. 272. ne reserve point cette legitime aux enfans; *miranda immanitas in tanta ingeniorum amænitate, ne dicam humanitate.* Je suis sûr que si je ne dis bien, je dis beaucoup en peu de paroles, & qu'en interpretant cette coutume j'interprete aussi celle de Chartres voisine & conforme en la plus-part de ses articles, sur laquelle j'ai toutefois dessein d'écrire, après que j'aurai mis fin à ce petit ouvrage.

A eux dûë de droit de nature) *Debitum jure naturæ, Auth. hoc amplius, C. de fideic. L. cum ratio, de bon. damnat. Vide Boer. Decis.* 183. *debitum divinitus. can. Quàm periculosum,* 7. *qu.* 1. *ÆS ALIENUM vocat L. Papirianus §. si quis impubes. D. de inoff. testam. & filius dicitur legitimæ suæ creditor, apud Menochium lib.* 3. *Præs.* 29. *n.* 104. dite la soutenanche aux enfans dans les vieux livres. Le doüaire propre aux enfans leur tient lieu d'alimens & de legitime, & se partage entre-eux également, sans prerogative d'aînesse. Voyez l'addition à Loüet lett. D. n. 44. Point de legitime en la succession des bons peres; c'est un remede qui suppose un mal; & que la plus-part des animaux ne violent jamais;

Post partû cura in vitulos traducitur omnis.

ARTICLE CXI.

DONNER & retenir ne vaut, si le donateur ne baille la possession de la chose par luy donnée, & toutesfois il s'entend qu'un chacun peut donner & bailler la possession réelle, ou retenir l'usufruit de la chose qu'il donne, & vaut telle donation, o retention d'usufruit, en se desistant de la proprieté.

Donner & retenir) *Idem* Dreux, art. 76. Contre Tours, art. 240. Paris explique, art. 274. & suivant. Ce brocard est tiré des loix *non videntur de reg. jur. & sicut §. supervacuum, D. quib. caus. pign.* Pline dit que les anciens *Doron palmum dicebant, & dora munera, quia manu darentur*; La coutume avertit de ne pas donner si l'on ne se veut désaisir. Cela est aussi contre les fraudes, partant n'a lieu en contrat de mariage, ne où il appert de recompense duë, dit la note de du Moulin sur l'article 160. de l'ancienne de Paris & n'a lieu qu'en donation de chose particuliere; *certa rei*, Loüet lett. D. n. 10. *solemne traditionis videre est in l. salica, tit. 48. & Vuisigoth. lib. 5. Tit. 2. §. 6. traditionem condita scriptura, vel consignationem rerum.*

O Retention d'usufruit) Paris art. 275. Estampes, art. 145. Montfort, art. 15. ajoûtent, constitut ou precaire. L'usufruit est espece de servitude; or est-il qu'en droit *res sua nemini servit*, & par même raison nul ne peut tenir son heritage à ferme, *l. quidquid, C. com. præd. l. qui rem, C. Locati. Loci apud Boer. ad Cons. biturig. Tit de donat. §. 1.* La retention d'usufruit vaut tradition, en sorte qu'apposée à un legs, elle induit transmutation de l'acte, & le fait reputer donation entre-vifs. *Chopin. de priv. rustic. cap. 4. n. 3.* Le constitut porte renonciation expresse à la proprieté de la chose, & le precaire lui est opposé en ce lieu de Tertulian *advers. Hermogenem. sed precario forsitan usus est, & ideò precario non dominio.* Bref que les clauses de constitut & precaire par nos contrats, *transferunt dominium*, dans Loüet lett. S. n. 9.

CHAPITRE XVIII.

DES LEGS ET ORDONNANCES testamentaires, & de derniere volonté.

Ordonnance) *Nam testamentum quasi lex priva sive domestica est patrisfamilias: unde legis & testamenti comparationem apud Ciceronem Philip. 2. & in leg. XII. Paterfamilias uti legassit super familia tutelave sua rei, ista jus esto.*

Le mot vient d'ordinaire, c'est-à-dire mettre par ordre, *ut est in jure de testamentis ordinandis & quemadmodum tes-*

tamenta ordinentur, comme on dit l'ordonnance d'un bâtiment ou d'un tableau. Frerot sur Chartres, écrit que l'on dit ordonnances testamentaires, comme Ordonnances Royaux.

Et de derniere volonté] *Voluntas post mortem Quintil. Decl.* 308.

ARTICLE CXII.

TOUS executeurs testamentaires sont saisis par an & jour aprés le trespas du testateur, de tous & chacuns les biens meubles seulement demourez par le decez d'icelui testateur, en faisant inventaire deüement, & à la charge d'appeller par lesdits executeurs les heritiers du deffunt, pour voir payer les debtes & autres choses qui pourront être deües par ledit testateur, autres que les ordonnées pour ses obits, obseques & funerailles; lesquelles choses ordonnées par iceluy testateur pour sesdits obits, obseques & funerailles, lesdits executeurs pourront payer & mettre à execution sans appeller lesdits heritiers. Et neanmoins si lesdits heritiers d'iceluy decedé veulent bailler argent comptant ausdits executeurs pour accomplir ledit testament, entant que touche sesdits obits, obseques & funerailles, autres debtes cognuës, & baillent bonne & suffisante caution de payer les autres debtes & accomplir le residu dudit testament dedans ledit an; en ce cas lesdits heritiers auront si bon leur semble délivrance desdits biens meubles.

Tous executeurs testamentaires) *Ministri & dispensatores testamentorum*, L. 36. §. *pen. de legat.* 1. L. 17. *de legat.* 2. *ad hos pertinet quod ait Germanicus apud Tacitum; Non hoc præcipuum amicorum munus est prosequi defunctum ignavo fletu, sed mandata ejus exequi, & quæ voluerit, meminisse* & l'Epitre de Pline *ad Titianum* livre 1. Les femmes mariées peuvent faire cette charge; les Prêtres: *vide novellam leonis* 68. *Cujac. ad L.* 107. *de legat.* 1. *tract.* 2. *ad affrican.* Les Religieux avec licence du Superieur, *Covarr. ad cap. tua, de testam.* excepté les freres mineurs, *Clem. exivi*, §. *verum, de ver. signif.* les mineurs à 17. ans. *ex cap. qui generaliter*, §. *ult. de procur. in* 6. *regia lex.* 19. *tit.* 5. *part.* 3. *Covarr. ibi. n.* 4. On demande s'ils se peuvent faire payer de leurs vacations, ou si cet office est gratuit. Resp. Qu'il ne fait plaisir qui ne veut, & toutesfois qu'un vrai ami ne voudroit rien prendre, mais c'est à present un Cygne noir. Voyez Bacquet du droit de bâtardise, ch. 7.

Sont saisis par an & jour) *Idem* Chartres, art. 89. Dreux, art. 77. Paris, art. 297. Et n'est ce tems si precisément limité qu'il ne puisse être prorogé *ex caussa*, *argum.* L. *Et ideò hæsitatur D. de vero obleg.* L. *sed & si per Prætorem*, § *si feria. D. ex qu. cauf. major.* Et ne court contre celui qui est empêché en l'execution du testament, dit la Coutume de Valois. S'il est negligent, *Vide Bald. in* l. *obsistere*, *C. de ann. & trib. in* L. *Creditor*, *c. de distr. pign. Bart. in* L. *quamdiu eod.* L. *nulli liceat*, *c. de Episc. & cler.* On demande si cette charge est volontaire, ou si l'on peut-être contraint de l'accepter. Resp. Qu'elle est volontaire, sinon que l'executeur eût accepté le legs à cette condition. Voyez Argentré sur Bretagne, art. 2. *Secùs* s'il avoit commencé l'execution: car il seroit tenu la parachever, & rendre compte devant le Juge ordinaire, *scilicet civili*, Royal ou non, ce negoce n'étant Ecclesiastique, dit du Moulin en ses notes sur les articles 296. de Bourbonnois, & 9. de Montargis, ch. 12. Encore que le testateur fût Evêque, dit une autre note du même Auteur sur la Coutume d'Orleans, art. 234. Les heritiers ne peuvent former complainte contre l'executeur, Arrêt du 1. Septembre 1377. Pithou sur Troyes, art. 99. Si l'executeur la peut former contr'eux, & en quelle maniere ils se peuvent dire saisis les uns envers les autres. Voyez Imbert Enchir. *ver.* executeur de testament. *Suet. in Augusto*, *cap. ult.* & du devoir de l'executeur en general, Mornac *ad* L. 28. *c. de Episc. & cler. & ad* L. 20. *de Episc. aud.*

On demande si l'executeur peut vendre les biens de la succession en general *ad effectum executionis.* Resp. Qu'il le peut, s'il est executeur universel, c'est-à-dire nommé par le testateur qui meurt sans heritiers pour distribuer tous ses biens ou payer ses legs. *Secus* du particulier *ut hic. Abbas & Covarr. in cap. Joannes*, *de testam.*

Après le trépas) C'est-à-dire du jour du trépas, *vel a die monitionis. Abbas in cap. nos quidem*, *extr. de testam.*

De tous & chacuns les meubles) Nivernois, ch. 33. art. 2. & 4. dit, S'il n'y a assez de meubles, feront les executeurs testamentaires saisis des conquêts jusques à la concurrence des legs testamentaires. Orleans, art. 290. dit, des biens meubles & heritages. *Quid* si durant l'an & jour on retire l'heritage acheté par le deffunt? Resp. Que l'executeur est saisi des deniers. *Cyn. & Bald. in l. ita demum c. de coll. Nota ergo excipi reditus patrimoniales; ita enim Senatus, Mornacius.*

En faisant inventaire) En diligence, les heritiers, Procureur du Roi ou de Seigneurie appellés. Paris, art. 297. Montfort, art. 99. & autres disent, que sans inventaire ils ne se peuvent dire saisis. Quelques uns limitent, *si testatores dixerint quod omnia exequantur pro conscientia sua*, *glossa in cap. statutum* §. *assessorem*, *de rescr. in 6. Pirrh. ad Aurel. tit. de exec. testam.* §. 7. Bon au tems que les hommes avoient de la conscience, duquel parle Juvenal.

Improbitas illo fuit admirabilis ævo.

Non pas au nôtre, qui se contente de sçavoir les cas de conscience, & de jurer en conscience.

Pour voir payer) Si une maison est leguée, les executeurs n'en peuvent faire la tradition sans appeller les heritiers; lesquels appellés, s'il n'apparoit de deffense ou exception prompte & raisonnable, ils en peuvent faire la délivrance, dit la note de du Moulin sur Bloys, art. 177.

Autres que les ordonnées pour ses obits, obseques & funerailles) *Non quia qui propter funus impendit cum defuncto contrahere creditur*, *non cum hærede*, *ut loquitur l.* 1. *D. de Relig.* en quoi Tullou a erré sur Chartres, pource que si c'étoit la raison de la Coutume, elle s'étendroit aux frais funeraires, *etiam* non ordonnés, comme étant generale; mais pource que c'est une dette connuë par la volonté expresse du défunt, qui se paye au défunt; *Nam alia nomina creditoribus persolvuntur*, *exequiæ deffuncto*, *ait Quintilianus Decl.* 298. aussi n'est-ce faire acte d'heritier que les payer, dit du Moulin en sa note sur l'article 235. de Bourbonnois. Ou pource que la sepulture *longam dilationem non patitur*, *ait Servius ad illud Æneid.* 11.

Quanquam & sociis dare tēpus humandis Præcipitant curæ.

Ou plutôt pource que la fidelité de l'executeur a été éluë & choisie quant à ce point par le testateur, *qui sibi con-*

sulens hæredes evitavit, *l.* 10. *D. de alim. & cibar. legat.* qui se montrent ordinairement chiches en cet endroit. *Audi Persium Satyr.* 6.

sed cœnam funeris hæres
Negliget iratus, quod rem curtaveris, urnæ
Ossa inodora dabit, seu spirent cinnama surdum,
Seu ceraso peccent casiæ nescire paratus.

Cæterum placent Deo curatio funeris & alia pietatis officia, propter fidem resurrectionis astruendam; vide D. Augustinum lib. 1. *de civit. Dei cap.* 12. & 13. Entre les animaux il n'y a que les fourmis qui ayent soin de leur sepulture; *Plinius lib.* 11. *cap.* 30. L'executeur peut mépriser les volontez ridicules, comme étoit celle du Docteur de Padouë, qui voulut que son corps fût porté en terre avec des trompettes, que sa femme fût habillée de rouge, & se remariât le même jour: Et de l'Evêque de Paris, qui ordonna par son testament qu'on l'enterrât de nuit avec une lanterne. Voyez Boër. Decis. 25. n. 65. & 66.

Quid si le testateur n'en avoit ordonné? Resp. Que l'executeur seroit tenu d'appeller les heritiers ou proches parens pour les regler. Voyez Argentré, art. 79. de Bretagne, *de modo*, Montagne, livre 1. des Essays, ch. 3. *Quid* s'il les avoit ordonnez plus grands que les moyens ne pourroient porter? Resp. Que l'executeur les pourroit moderer, L. 14. §. 6. *D. de Relig. Demades erat Athenis qui necessaria funeribus venditabat. Seneca lib.* 6. *de Beneficiis.*

Et autres dettes connuës) *Evidens æs alienum, certum.* L. 1. §. 4. *Si cui pl. qu. per leg. Falc.* La raison de la coutume est, que le payement des dettes est un cas de conscience, qui ne doit donc être retardé; *nam tempore minus solvitur*, dit le Jurisconsulte, & regarde le salut de l'ame du défunt; *reatus quidam est remanere sub debito*, dans Cassiodore. S. Loüis dit un jour, que le sage homme, tandis qu'il vivoit, devoit faire tout ainsi qu'un bon executeur d'un testament, & avant toute œuvre restituer les torts & griefs faits à autrui par son trépassé, & du residu des biens du mort doit faire les aumônes aux pauvres de Dieu, ainsi que le droit écrit l'enseigne. Jonville en sa Chronique, chap. 94. Voyez amendemens Coutume de Bretagne, art. 2. Argentré, art. 79.

J'ai vû agiter cette question en Jugement; Un testateur avoit par son testament legué une somme de deniers aux pauvres d'une ville à payer quatre mois après sa mort; sçavoir si l'executeur doit attendre ce terme, ou s'il peut l'avancer; pour la premiere opinion voyez Bartole *in l. cum pater*, §. *à filia*, *D. de leg.* 2. *Ang. & Alex. in l. stipulatio ista* §. *si quis dolum*, *D. de verb. oblig.* pour la seconde, *Anchora Cons.* 202. *Abbas Cons.* 11. 1. *dubio vol.* 2. il n'y auroit point de difficulté si par conjectures on pouvoit colliger la volonté du défunt, Voyez Boër Decis. 42. Legs testamentaires sont dettes connuës: Tybere paya très-mal ceux qu'Auguste avoit faits; *Vide jocum scurræ apud Suet. in Tyberio. cap.* 56. L'executeur peut payer à soi même, *vide responsum Decii* 424.

Dedans ledit an) *Qui relicta sacrosanctis Ecclesiis & aliis venerabilibus locis dare distulerint, in duplum condemnantur*, §. *si autem bonorum raptorum*, *Inst. de Action.* soient les heritiers ou executeurs. *Joan. Faber ad* §. *sequens illa divisio*, *eod. n.* 10.

En ce cas) S'ils baillent caution d'accomplir le residu, étant plus raisonnable qu'ils ayent les meubles qu'un étranger qui n'a été commis à ce negoce par la défiance qu'il a euë qu'ils fussent plus negligens à faire sa volonté que de s'emparer de ses biens, pource qu'il se voit d'ordinaire qu'à peine un homme a rendu l'esprit,

ut hæres
Jam circum loculos & claves lætus ovansque
Currat.

ARTICLE CXIII.

TOus teſtamens, codiciles, ordonnances & diſpoſitions de derniere volonté faits & paſſez par teſtateur en la preſence du Notaire ou Tabellion & trois témoins, ou du Curé ou Vicaire du lieu, & trois témoins, & auſſi ſi tel teſtament, codicile & ordonnance de derniere volonté écrits & ſignez, le tout de la main du teſtateur, ſans teſmoins, ſeront bons & valables, & à iceux ajouſtera l'on pleine & entiere foy: & ſi ledit teſtament, codiciles, ordonnances, & diſpoſitions de derniere volonté n'eſtoient faits & paſſez, les ſolemnitez deſſuſdites obſervées & gardées, ils ne vaudront & ſeront de nul effet & valeur.

Tous teſtamens] *Locus communis teſtamentorum non hic à me tranſcribetur, nec mos meus eſt ut prædicem quæ omnes ſcire credam: adnotabo tantum quod Plinius ait in Epiſtolis teſtamentum ſpeculum eſſe morum*, ce qui ne me ſemble pas tant vrai: c'eſt plutôt un ſujet ou un champ pour exercer ſon caprice: *Exemplum de Auguſto apud Tacitum lib.* 1. *Annal. ſcripſerat pleroſque inviſos ſibi, ſed jactantia gloriaque ad poſteros: & de Fulcinio Trione*, qui mit en ſon teſtament pluſieurs choſes injurieuſes & piquantes contre Macro & les principaux affranchis de Thybere, livre 6. Ce que doit faire un habile homme, ou comme nos gens parlent, complaiſant, c'eſt de bien-tôt mourir après qu'il a fait ſon teſtament: *Deriſores vide apud Suet. in Caligula cap.* 35.

D'un Notaire ou Tabellion] Qui ne peuvent paſſer un teſtament hors leur reſſort, à peine de nullité: les Royaux mêmes dans les terres des hauts Juſticiers, ayans droit de tabellionnage, excepté ceux de Paris, Orleans, Montpellier, qui inſtrumentent par tout, par privilege des Roys Loüis XII. & Charles IX. La Coutume s'étend aux Notaires Eccleſiaſtiques. Voyez Monſieur Loüet lett. N. n. 5. où il cite l'Arrêt donné en la coutume de Chartres au mois de Novembre 1530. mais dit après que l'ordonance 1539. art. 1. & 2. diminuant la juriſdiction Eccleſiaſtique, pourroit cauſer du changement.

Et trois Témoins) *Idem* Chartres, art. 90. Dreux, art. 79. ſuivant la diſpoſition canonique *in cap. cum eſſes de teſtament.* Paris, art. 289. dit mâles, âgez de vingt ans accomplis & non legataires: conforme au droit Civil quant au ſexe, §. *teſtes Inſt. de teſtam.* Voyez *Joan. Faber* §. *ſed cum aliquis eod.* d'une femme que ſe déguiſa en homme pour être témoin en un teſtament. Jugé aux arrêts de la Pentecôte 1598. qu'un teſtament fait par un qui étoit decedé de la contagion, auquel il y avoit une femme pour témoin, étoit nul. Mornac en ſa note ſur ledit article 289. Les femmes pouvoient bien être témoins en jugement civil ou criminel, la raiſon de difference ſoit la neceſſité, *vel quia mulieres excluſæ à ſolemnibus, arg. L.* 21. §. *ſervus*; *D. de teſtam. vel quia in teſtamento adhibiti teſtes rogati: ſatis autem abſurdum mulieres rogari. Perpende tamen exceptionem quam adducunt pro teſtamento ad pias cauſas apud Benedictum in cap. Raynutius, ver.*

testamentum, *n.* 64. & 66. Et pour le militaire, *Faber ad* L. 1. C. *de jur. & fact. ign. & ad rubr. institut. de milit. testam.* où il apporte cette condition, si decedant *in hostico*; qui n'avoit lieu que *in pagano*, *Marcil. ad* §. *illis temporibus, eod. vide cujac. consult.* 49. C'est sans doute que la Coutume ne comprend pas les testamens militaires, qui sont valables sans écriture, & se prouvent par témoins; Voyez du Moulin sur Nivernois, tit. 33. art. 13. Loüet lett. T. n. 18. *Secus* des testamens de ceux qui portent les armes contre le service du Roy, *Fab. in rubric. instit. de testam. mil. n.* 3. Les noncupatifs n'ont plus de lieu en France; Brodeau sur loüet *eod.* à cause de l'Ordonnance de Moulins. Afin que leur preuve ne déperit, les Romains les faisoient graver sur marbre.

Decuriones Transpadani hoc
Testamentum ore ejusdem
Galli emissum, in lapide
Jussere insculpi.

Dans une vieille inscription. Quant à l'âge, il suffisoit chez les Romains que les témoins testamentaires fussent *puberes, dict.* §. *testes*; mais la Coutume de Paris, qui veut qu'ils soient âgés de vingt ans, me semble plus raisonnable, & devoir être suivie en ce point; car le nombre de sept témoins étant reduit à trois, il faut qu'ils soient exempts de toute suspicion d'avoir pû être subornez en un acte de telle consequence. Qu'ils ne soient legataires est encor contre le droit civil, §. *Legatariis*, & neanmoins recevable pour la même raison: Voyez Argentré sur Bretagne, art. 571. ne le fussent-ils que de peu de chose, *ne leviuscula summa, apud Symmachum*, *Epist.* 55. Paris ajoute, & qu'il soit signé par ledit Testateur & par les témoins, ou que mention soit faite de la cause pour laquelle ils n'ont pû signer, *dict. art.* 289. Les religieux peuvent être témoins és testamens sans congé de leur Superieur. *Signorol. Cons.* 157. *Aret. Cons.* 159. *Cardin. Cons.* 94. Nous transferons ici des belles lettres, que signer testamens étoit compté entre les devoirs d'un Citoyen: voyez Seneque, Epist. 8. Les faire signer par les plus grands, un trait de vanité: voyez Suet. *in Claudio*, *cap. antepon.* ou par les plus petits, *alia superbia.* Voyez le même auteur *in Tyberio*, *cap. ult.* comme aussi c'étoit un point d'honneur de signer le premier. *Me prior ille signabit?*

Ou du Curé ou Vicaire) Jugé par arrêt en la Coutume de Paris, qu'un testament reçû par un Prêtre de l'Hôtel-Dieu, non fondé de pouvoir ou Vicariat du Curé de la parroisse de la testatrice étoit nul, bien que fait en tems de peste, au rapport de M. Pinon, en la quatriéme des enquêtes, le vendredi 8. may 1598. Il ne vaudroit fait devant un Ministre entre personnes de la religion pretenduë reformée, par arrêt du 8. Fevrier 1604. Henri 3. Ordonnance de Bloys 1579. La raison de la coutume soit la creance que l'on a en telles personnes: voyez Loüet, lett. L. n. 5.

Ecrits & signez] Tous deux necessaires *ex vi copulativæ*; Voyez du Moulin Conf. 31. & sa note sur l'art. 227. de la coutume d'Orleans. Argentré sur celle de Bretagne, art. 370. *Boer. Decis.* 14. *n.* 14. & 15. Jugé par arrêt du 21. Mars 1581. *contra glosam in Authent. quod sine*, C. *de testamen.* qui ne desire que l'un ou l'autre, *contra* L. *cùm antiquitas eod.* qui dit, que le seing n'est requis au testament olographe. C'est pourtant lui qui donne force à l'acte: M. Bouguier, lett. A. n. 1. Les Romains pour le témoigner prenoient leurs beaux habits le jour qu'ils signoient leurs testamens: voyez Pline liv. 2. *Epist. ad Calvisium*, & comme ces testamens écrits de la main du testateur sont grandement favorables. *Epist. ad Annium. eod. libro.* Les Romains n'en faisoient gueres d'autres; raison de douter de la loi *qui manus*, *D. Qu. testam. fac. poss. vide Suet. in Augusto. cap. ult. in Tyberio*, *cap. ult. Arrian Serm. Epict. lib.* 1. *cap.* 13. Ce sont les meilleurs, les plus veritables, & les plus volontaires, *quia nihil potest manus scribere, etiamsi lingua in dictando cessat immobilis & quieta*, *quod non anima dictaverit, quanquam & ipsi lingua anima dictaverit. Tertullianus de Idololatria.*

Le jour & date doit être mis aux testamens, *etiam* olographes : *Mornacius ad L. 7. D. de Trans.* additionnez par un Notaire ne sont plus olographes : Bouguier, Lett. H. n. 6.

Sans Témoins) *De consuetudine Regni Franciæ valet testamentum manu alicujus scriptum & signatum absque testium signis & sigillis. Boerius ad Bituric. Vide Legg. Visigotz. lib. 2. Tit. 5. cap. 16.* Excepté le cas de la Novelle de Valentinian, quand le testateur a dit en son testament qu'il y appelleroit des témoins & ne l'a point fait : *Vide Cujacium Consult. §. & ad L. qui testamento. D. qu. testam. fac. possunt.*

Et si ledit testament) *Hoc decretum irritans est odio suggestionum*, dit la note de du Moulin sur Chartres semblable, art. 90.

Chacun est tenu faire son testament suivant les Loix & Coutumes de son pays, *vide Observ. 12. lib. 14.* quant aux solemnités ; car quant à la disposition des choses, on suit celle du lieu où elles sont scituées, *vide Observ. 12. lib. 4.* Bref, il n'est pas testament, quand la moindre des formes lui manque : *Non dixerim testamentum cui numerus signatorum deest, cui libripens & cætera juri necessaria. Quintil. Decl. 208.* Testament declaré nul fait à diverses fois : Bouguier, lett. H. n. 6. Les solemnités d'un testament ne se prouvent par témoins, mais par le même testament, Loüet lett. T. n. 12. On n'est recevable à l'impugner après avoir fait demande du legs y contenu. *Idem* lett. L. n. 6. C. *Magn. lib. 7. Capitul. cap. 247.* Le Notaire n'est tenu du défaut des solemnités d'un testament ; Jugé par arrêt de l'audience du Lundi premier jour de Juillet 1622. au Rôle de Chartres, infirmatif des sentences des Baillifs de Chartres & Bellême. S'il n'y a de son dol, Bouguier, lett. O. n. 2. D'un testament nul il n'est rien dû *etiam in foro conscientiæ ; loci & rationes apud Didac. Covarruvias ad cap. cum esses, de testamen. contra Abbatem eod. n. 9.* Legs fait par la femme à son mari declaré nul, pource que le mari étoit present lors qu'elle faisoit son testament, par arrêt donné en cette Coutume. Les testateurs font quelquefois des nullités à dessein en leurs testamens ; d'autres en font autant qu'il y a de jours en l'an : *Vide Epigramma Martialis in Carinum, lib. 5.*

ARTICLE CXIV.

HOmme & femme conjoints par mariage & autres habiles & ydoines à tester peuvent disposer par testament & ordonnance de derniere volonté de tous leurs biens meubles & acqueremens immeubles, & du quint de leurs propres, avec le revenu d'une année de tous iceux propres à leur plaisir & volonté, & les donner & laisser à qui leur plaira : pourveu que les legataires soient personnes capables, & que les enfans des testateurs ne seront privez & frustrez de la legitime à eux deuë de droit de nature.

Homme & Femme) Il falloit dire toute personne : Comme Paris, art. 292. mais la Coutume fait mention particuliere des conjoints par mariage, pour

pour ôter le doute si la femme pouvoit disposer de sa part de la communauté, pource que durant qu'elle vit son mari en est maître ; d'ailleurs le testament n'a effet qu'après sa mort, auquel tems sa moitié appartient à ses heritiers. Grand Perche, art. 131. dit, qu'en ce cas ladite femme peut tester sans l'autorité de son mari.

Habiles & Idoines) Qui se connoissent par ceux qui ne le sont *D. qu. test. fac. poss. Inst. qu. non est perm. fac. test. ut salubria per insalubria in medicina.* Les fols ni les enfans au dessous de la puberté ne peuvent tester; ceux-là pour manquer de raison, qui est l'homme en effet dans Seneque ; ceux-ci pour n'en avoir pas assez :

Nam veluti infirmo pueri teneróque vagantur
Corpore, sic animi sequitur sententia tenuis.

Quant aux furieux, ils le peuvent pendant les intervalles de leur fureur, *ut de Tuditano scripsit Valerius lib. 7.cap. 7.& 8. §. furiosi Inst. quibus non est perm. fac. test.* C'est pourquoi il ne faudroit pas attendre qu'on fût malade, voire que l'on eut l'ame sur le bord des levres à faire son testament, lors que l'entendement n'est plus sain.

Quandoquidem in eum penetrant contagia morbi.

Ex eoque revincit Arnobius animum non esse Deum, quòd in agris ager sit. Montagne impute la cause de cette sottise à la crainte de la mort ; & parce, dit-il, qu'il s'en fait mention aux testamens, ne vous attendez-pas qu'ils y mettent la main que le Medecin ne leur ait donné l'extrême sentence : & Dieu sçait (lors entre la douleur & la frayeur) de quel jugement ils le vous patissent. La Coutume de Normandie est donc raisonnable, qui dit en l'art. 422. que les dispositions & donations testamentaires ne sont valables, si le testament contenant la donation n'est fait trois mois auparavant le decès du testateur. Item le sourd & muet, qui n'entendent ni parlent nullement, *§. item surdus, Inst. quib. non est perm.* L'aveugle, *§. cacus, eod.* sinon en observant en tous ces trois infortunez ce qui est dit en la Loi 8.C. *qui est fac. poss.* Le sourd & muet ensemble au cas de la Loi 10. suivante *eod.* ce qui est demeuré au bout de la plume du moderne glosareur sur Chartres semblable, art. *91. ver.* & autres habiles. Item Les prodigues interdits, Les Condamnez aux galeres perpetuelles, Les Religieux profès qui ont fait les trois vœux, Les Chevaliers de Malte, desquels voyez Loüet lett. C. n. 18. Les Prêtres sont habiles, dit Auxerre, art. 105. Jaçoit que les biens leur soient venus de leurs benefices *Locum etiam habet hodie apud nos L. 6. §. sed & si quis. D. de injust rupt. & irr. qua de capite damnatis ; jus militare de quo eod. dubito an exoleverit, ut & disciplina militaris.* La femme est habile sans l'autorité de son mari, suivant la Coûtume du Grand Perche, art. 131. conforme à l'ancien droit Romain. *vide observ. 11. lib. 7. Secùs* des donations entre vifs. Voyez la note de du Moulin sur Sens, art. 110. Reste à sçavoir à quel âge on peut tester à cause que la Coutume n'en dit rien : & de la diversité qui est entre le droit civil. *in L. qua ætate, D. qui test. fac. poss.* & la Coûtume de Paris, art. 293. La vieille opinion a toûjours été même de Boutiller nommément sur Chartres tit. 103. semblable, qu'il falloit suivre le droit civil. Voyez le plaidoyer 7. de Marion. Pour résolution, je pense qu'il se faut tenir à l'usage tant que l'on ait vû des Arrêts particuliers ès Coûtumes qui n'en disposent point, & qu'un Juge inferieur du Parlement feroit trop l'entendu de le rompre de son sens & autorité propre ; joint que je trouve à redire à lad. Coûtume de Paris, en ce que c'est trop que d'attendre à vingt ou vingt-cinq ans, selon la qualité des biens pour en pouvoir disposer, les hommes sont vieux à present à ces âges ; & d'ailleurs quels acquêts peut-on avoir faits à vingt ans! S'il faut mesurer les autres par soimême, j'en ai quarante-cinq, & ne sçai que c'est encore d'acquerir, il est vrai que je suis de ces sots qui étudient & s'amusent à gloser des Coûtumes ; *amor ingenii neminem unquam divitem fecit.*

De tous leurs meubles & acqueremens, & du quint de leurs propres) Paris, art. 272. ajoûté, & non plus avant, encore que ce fût pour cause pitoyable.

On demande pourquoi il y a moins de liberté de disposer de son bien par testament que par donation entre-vifs. Resp. D'autant que les hommes sont plus enclins à donner en mourant que lors qu'ils vivent, & c'est en ce sens qu'il faut prendre Quintilian en ses Declamations, *ubi vocat mortem liberalem.* Pourquoi plus de pouvoir sur ses acquêts que sur ses propres? Pource qu'en premier lieu ce que nous avons acquis est plus nôtre que ce qui nous est laissé. *Ideò Nicol. de Lyra illud, ne impleantur extranei viribus tuis, Prov. Salomonis, cap. 5. interpretatur opibus quas adquisiisti viribus tuis.* Et pour ce que nous en sommes plus chiches, nous souvenans de ce qu'il nous a coûté, & que nous l'aimons comme un pere ses enfans, ou un Poëte ses vers. Voyez Aristote, livre 4. des Ethiques, ch. 1.

Quid s'il n'y a que des propres, le testateur pourra-t-il disposer de plus du quint d'iceux, au moins par usufruit? Resp. Qu'en ce cas le legs d'usufruit de tous les propres ne seroit pas reduit au quint de la proprieté d'iceux, mais du quint dudit usufruit seulement. Loüet, lett. V. n. 8. Quand le mari legue à sa femme tous ses meubles & acquêts, s'entend le remploi & autres conventions matrimoniales préalablement prises sur tous les biens de la communauté: voyez le même auteur, lettre M. n. 2. *Idem dicendum* du doüaire & apport mobiliaire, suivant la note de du Moulin sur Amiens, art. 263. & d'Anjou, art. 310. *Quid* si par contrat de mariage le mari à la femme, ou la femme au mari avoient donné le quint de leurs propres, pourroient-ils encore par testament donner l'un à l'autre le quint des quatre quints restans? Resp. Que non; mais lui doit tenir lieu ce qui lui a été premierement donné: du Moulin en sa note sur Amiens, art. 8.

Sur l'assignation du quint quand il consiste en plusieurs pieces de terre. Voyez l'article 85. de Valois avec la note de du Moulin; Et si les propres sont en diverses lignes comment elle se distribuë sur chacune d'icelles, Anjou, art. 324. Mayne 339. Si l'heritier qui n'a fait inventaire, prenant les meubles, peut empêcher la délivrance des legs, disant qu'ils excedent le quint des propres, Loüet lett. I. n. 7. Comme ce mot de propres ne s'entend de peu de chose, *de vili cespite*, Loüet lett. D. n. 45. La note de du Moulin sur l'article 44. d'Angoumois. Jugé le mardy 2. jour de Juillet au Rôle de Chartres, qu'une terre baillée par contrat de mariage par le pere à sa fille, à condition qu'elle sortiroit nature d'acquêts entre les conjoints, se partageroit comme propre en la succession de la fille, à laquelle la moitié de ladite terre étoit demeurée par le predecès du mary, & l'autre moitié par transaction faite avec ses heritiers. Les raisons de cet Arrêt sont, que le retour de la chose à la famille est favorable, & que tant le contrat de mariage que la transaction n'étoient qu'actes d'accommodement, *pro tempore.*

Il faut entendre ceci les dettes préalablement payées sur tous les biens de l'heredité, suivant Paris, art. 295. encore que les quatre quints des propres soient la legitime coutumiere des heritiers, article 298. autrement qu'en la Coutume de Poitou, art. 203. Les legataires universels sont au lieu des heritiers en païs coutumier, & en cette qualité obligez garantir les legs particuliers: par Arrêt de la grande Chambre, au rapport de Monsieur le Doyen Seguier sur le testament de Monsieur de Saveuse Conseiller de la Cour. Ceux qui seront nez sous le signe du Lion, ne contreviendront à la Coutume en cet article, car ils se feront heritiers d'eux-mêmes, & mangeront tout leur bien avant que de mourir. *Manilius lib. 4.*

Si cui per summas avidus produxerit undas
Ora leo & scandet malis hiscentibus orbem,
Ille patri natisque reus quas ceperit ipse,
Non legabit opes, censuque immergitur ipso.

A leur plaisir & volonté] *At non omne quod licet honestum est. Vitiosi quippe vox illa apud Persium.*

Cur mihi non liceat, jussit quodcunque voluntas,

Excepto si quid Masuri Rubrica vetavit.

Ideò volonté raisonnable dans la Coutume de Nivernois, ch. 8. art. 1. *Arrian lib. 1. Serm. Epist. cap. 10. Libertas rationalis, Tertul. lib. 2. Adversùs Marcionem.*

A qui il leur plaira) Cette faculté de disposer ainsi de ses biens par testament est une des marques plus signalées de la liberté des peuples sous les bons Princes ; car les tyrans, comme nous lisons dans l'histoire, faisoient casser les testamens de ceux qui ne leur laissoient rien. L'importance est de n'en pas abuser ; car comme dit Ciceron, livre premier des Offices, *Si contentio quadam & comparatio fiat quibus plurimum tribuendum sit officii, principes sint patria & parentes, quorum beneficiis maximis obligati sumus, totaque domus quæ spectat in nos solos, neque aliud ullum potest habere profugium, deinceps bene convenientes propinqui.* Car il s'en trouve aussi bien aujourd'hui comme au tems de Juvenal.

qui testamenta merentur
Noctibus.

Et au préjudice des enfans ou proches parens,

bona tota feruntur
Ad Phialen.

Quand les loix ou Coutumes n'y auroient pourvû, *docuit nos Christus, servator, quid cuique debeatur, vel persona vel capiti, eique tribuendum, inconfusis gradibus*, dit Arnobe. *Placeat homini, quidquid Deo placuit.*

Soient personnes capables) Des Religieux, Loüet lett. R. n. 8. *Luc lib. 1. tit. 6.* Des bâtards, Loüet lett. A. n. 4. *Argentr. ad art. 452. Britan. gl. 3. & 4. Jac. Menoch. lib. 1. Pras. quest. 35. n. 13.* Imbert, Enchir. *ver.* Si on peut donner. La regle est, qu'on leur peut laisser quelque chose pour leur nourriture seulement, & tant leur pere ou mere que leur ayeul ou ayeule sont obligés de les nourrir, selon Covarruvias *de alim. illegit. n. 26.* D'une donation faite par l'ayeule à quatre de ses petits enfans de ses meubles, acquêts & quint des propres: & de celle faite par un Prêtre à sa servante, de laquelle il avoit abusé en mariage, Loüet lett. D. n. 56. & 41. Le mari & la femme sont capables de recevoir legs l'un de l'autre, autrement qu'en la Coutume de Paris, art. 282. *nec pax omnis in tacere apud nos.* Ce joli trafic s'exerce en ménage il y a long-tems, même chez les Romains: *Marcellinus lib. 28. Parte alia uxor, ut proverbium loquitur vetus eandem incudem diu noctuque tundendo maritum testari compellit, hocque idem ut faciat uxor, urget maritus instanter: & periti juris altrinsecus adcisuntur, unus in cubiculo, alter ejus æmulus in triclinio repugnantia tractaturi: Vide omninò D. Hieronimum Select. Epist. 19.* On ne voit autre chose en ce païs que dons & testamens mutuels entre mari & femme, le testament mutuel, l'un d'eux mort, se peut revoquer par l'autre, Voyez Pithou sur Troyes art. 85. qui cite *Oldrad. Cons. 174.*

Jugé par Arrêt en cette Coutume du 7. Septembre 1637. au rapport de Monsieur le Doux, confirmatif de la sentence du Prevôt de Paris, que les legs étoient nuls faits par le testament de la femme à son mari present, & par son autorisation : les parties, Louise Lefebvre, veuve de Charles Asselin appellante, & Jean Chayer & Louise Chayer sa sœur, intimez.

Ne soient privez & frustrez de leur legitime] Dont ils sont saisis par le droit françois, & ne sont tenus de venir à icelle par action de supplément, mais peuvent directement demander partage, & sequestre *in casu mora*, suivant les notes de du moulin sur Berry des Testam. § 3. & art. 62. de la Coutume du Duché de Bourgogne: voyez Chopin *de mor. Paris. lib. 3. tit. 1. n. 3.* Le pere ne peut confisquer au préjudice de cette legitime, Loüet lett. D. n. 17. Le pere & mere la prennent sur les meubles & acquêts. *Idem* lett. L. n. 1. *Mornac. ad L. 5. D. de inoff. test.* Elle tient lieu d'alimens, d'autant qu'il ne faut dénier la vie à ceux de qui nous la tenons. Nous honorons nos parens par même raison que Cesar au livre 6. de ses Commentaires dit que les vieux Allemans, *Deorum numero eos solos ducebant, quorum opibus aperte juvabantur, Solem, Vulcanum, & Lunam.* Voyez Platon. Dial. 11. de ses loix :

Epict. Ench. cap. 37. Domitianus relictas sibi hareditates ab iis quibus liberi erant non recepit. Suet. in ejus vita cap. 9. S. Augustin désaprouvoit au même cas les dons faits à l'Eglise.

ARTICLE CXV.

AUcun ne pourra être ensemble heritier & legataire en une même succession.

Heritier & legataire) *Idem* Chartres, art. 92. Paris art. 300. ajoute, peut toutesfois entre-vifs être donataire & heritier en ligne collaterale. Grand Perche, art. 123. dit, tant en ligne directe que collaterale ; ce qui ne devroit pas être, puis que la raison de cet article se tire de la prohibition faite au pere & à la mere d'avantager l'un de leurs enfans plus que l'autre, qui ne s'étend pas aux collateraux : neanmoins cette regle se pratique en l'une & l'autre ligne. Voyez Loüet, lett. A. n. 2. Les notes de du Moulin sur les art. 321. de Bourbonnois, de l'Isle 7. & de Paris 121. Jugé qu'en ligne collaterale le pere peut être heritier & le fils legataire, Loüet lettre D. n. 17. Bouguier lettre D. n. 12. Jugé que nul ne peut être heritier par benéfice d'inventaire & legataire, Loüet lett. H. n. 13. Jugé qu'une fille ayant renoncé à la succession de ses pere ou mere par contrat de mariage, depuis r'appellée par testament à la même succession, que ce r'appel a lieu, & vaut en forme de legs. *Idem* lettre R. n. 9.

En une même succession] Cela est vrai sous même Coutume, & non pas quand il y a raison de difference, comme il a été jugé par arrêt de Paris, au mois de Janvier 1563. entre les heritiers de M. Pierre Bureau Avocat à Paris, décedé le dernier Octobre, delaissés un frere & une sœur ; & plusieurs neveux d'un frere & de deux sœurs, ausquels neveux il avoit legué ses meubles & acquêts, & parcequ'il n'y avoit aucuns acquêts à Montfort, les neveux ne prenoient rien en vertu dudit testament à Montfort : & partant, combien qu'ils prissent tous les meubles & acquêts étant à Paris, ils ne laisserent de succeder aux propres étant à Montfort, jusques à exclure leurs tantes aux fiefs. Du Moulin en sa note sur l'article 93. de Montfort. *ex L. si certarum, D. de testam. mil.* L *ex facto, §. rerum autem Italicarum, D. de Hæred. instit.* Voyez Pithou sur Troyes, art. 112. & la distinction de Henri Boic des statuts réels & personnelles *ad cap. cum venissent, ext. de eo qu. mitt. in poss.* Jugé que l'heritier quant aux biens paternels, ne pouvoit être legataire des maternels, & que la diversité des lignes n'empêche que ce ne soit une même succession, & d'une même personne, lors que les biens sont situés sous même Coutume, par arrêt du mardi matin 9. Fevrier 1610. Monsieur Forget President cité en l'addition de Monsieur Loüet lett. H. n. 17. contre le droit Romain, par lequel on pouvoit leguer à son heritier, L. *qui filiabus, §. si uni, de leg.* 1.

CHAPITRE XIX.

DE SUCCESSION.

De succession) L'ordre est manifeste; après les testamens les successions *ab intestat*. C'est le plus doux moyen d'acquerir ; Martial n'a pas oublié de compter entre les particularités du bonheur, *res non parta labore sed relicta. Festus. Heredem antiqui accepta hæreditate colebant, quæ à nomine appellabatur hæredum, & esse una ex Martis comitibus putabatur. Vide Joan. Meursium Exerc. Critic. part. 2. cap. 6.* Il est vrai que les successions directes sont aussi ameres que les collaterales sont douces. La belle chose de vivre en coquin, pour mourir opulent.
Ut locuples moriaris, egentis vivere fato.

ARTICLE CXVI.

REpresentation aura lieu en ladite Baronnie, enclaves, fins, metes & ressort François d'icelle en ligne directe *in infinitum*, & tant qu'elle se pourra estendre; & en ligne collaterale, jusques aux freres & enfans des freres, suivant la disposition du droit.

En ligne directe in infinitum) Paris art. 319. dit, en ligne directe representation a lieu infiniment, & en quelque degré que ce soit. *Non igitur* suivant la disposition de droit, par lequel elle ne s'étendoit *ultra nepotes neptesve, pronepotes proneptesve*, contre Frerot sur Chartres, art. 93. qui prend mal le §. *cùm filius Instit. de hæred. qu. ab int. defer.* en ce cas de representation les neveux viennent à la succession par souches, & non par testes, Paris, art. 320. & suivant. *Vide Cujacium Parat. C. de his qu. su. sui vel al. jur.* La note de du Moulin sur Nivernois, ch. 34. art. 11. Par les Coutumes de Chauny, de Boullenois, d'Artois, & autres, point de representation, *ne quidem in linea directa; & habent rationem ne filii audeant contrahere matrimonium & generare nepotes sine consensu parentum, qui possunt eos habilitare ad succedendum*, dit la note du même du Moulin sur Boullenois, art. 76. Par autres reçûë en la directe, non en la collaterale, si elle n'est accordée par celui de la succession duquel il s'agit. Voyez Blois, art. 138. & 139. Diverses Loix en même Royaume, sous même ciel ; Consideration de Theophraste sur la Grece, au commencement de ses Caracteres.

La question de la representation en ligne directe, fût jugée par armes du tems de l'Empereur Otho, & dit après le combat, que le petit-fils representeroit son pere ; Coquille sur Nivernois des successions, art. 11.

Secùs si le pere ou mere avoient renoncé à la succession par contrat de mariage. Et comme representation n'est jamais de personne vivante. Voyez la note de du Moulin sur l'art. 241. de Maine.

Nivernois, ch. 34. art. 12. dit, qu'en succession ascendente, representation n'a point de lieu, c'est à dire, que le pere exclud l'ayeul.

Suivant la disposition du droit) *Auth. cessante, auth. post fratres.* C. *de su. & legit. hared.* auquel cas les representans succedent par souches & non par testes, dit Paris, art. 320. mais si les neveux en semblable degré viennent de leur chef & non par representation, succedent par testes, & non par souches, art. suivant, *ex sententia Azonis contra Accursium*, Coquille sur Nivernois des successions, art. 13. donc entre les freres & enfans des freres seulement *jure novo*; *veteri* nulle representation en ligne collaterale, le plus proche l'emportoit, *L. consanguinitatis*, C. *de legit. hared.* Les Coutumes sont bizarres en ce lieu; par quelques-unes point de representation du tout en ligne collaterale, Senlis, art. 140. Clermont, art. 155. Boullenois, art. 48. par autres, *in infinitum*, ch. 12. art. 9. & par d'autres elle n'a point de lieu, si elle n'est accordée par ceux de la succession, desquels est question. Blois, art. 139.

Du rappel tant en ligne directe que collaterale, qui vaut jusques à concurrence de ce dont le testateur peut disposer par la Coutume, Loüet lett. R. n. 9. elle se fait d'ordinaire ès Coutumes qui n'admettent la representation, & vaut *jure legati*, suivant la note de du Moulin sur Lepurons sous Blois, art. 6.

ARTICLE CXVII.

LE mort saisit le vif son plus prochain heritier habile à luy succeder, & sans apprehension de fait.

Le mort saisit le vif) *Idem* Paris, art. 318, Chartres, art. 94. Dreux, art. 72. Grand Perche, art. 156. *Vide Bald. in L. fin. C. Com. manum. Cujac. ad L. in suis, D. de lib. & posthum. Argent. art.* 509. *Mornac. ad L. cùm miles, D. ex qu. caus. major. Tiraq. tract.* Le mort saisit le vif. *Etiam* en païs de droit écrit, dit l'apostille de du Moulin sur les arrêts de *galli*. Frerot dit que chez les Romains *ante aditionem hæreditatis nemo hæres dicebatur falliturque, quoniam fallebat regula in suis vel necessariis hæredibus*, L. *ex parte*, *D. de acq. vel omit. hared.* L. 3. C. *de jur. delib.* Le mort saisit le Seigneur des biens de son homme de main-morte, Troyes, art. 91. *jure peculii, non hæredis*; *Theoph. in* §. *pene Instit. de success. lib.* il saisit l'heritier de celui qui est mort de mort civile ou mystique, sçavoir du religieux profès, *Chop. de morib. Paris. lib.* 3. *tit.* 1. *n.* 3. On demande s'il saisit le substitué; du Moulin tient l'affirmative sur le 59. Conseil d'Alexandre, vol. 2. Tiraqueau la negative, *Tract.* le mort saisit le vif.

Secùs du vassal qui n'est saisi contre le Seigneur jusques à ce qu'il ait relevé le fief. Voyez la note de du Moulin sur l'article 122. de Boullenois, *Benedict. in cap. Raynutius, ver. mortuo testatore. n.* 70. & 71. Il ne se porte pourtant heritier qui ne veut, dit Paris, art. 316. c'est à dire, qu'il est permis de renoncer à la succession, si elle est onereuse, autrement qu'à celle du premier pere, *de qua Petr. Chrysologus Serm.* 111. *O dura hæreditas ac crudelis! O miseri quibus nec adipisci libuit, nec renunciare licuit nos hæredes!* Pourveu que l'on n'ait fait acte d'heritier. Des actes d'heritier. Voyez Berault sur Normandie, art. 235. Argentré sur Bretagne, art. 514. Ce n'est acte d'heritier que nourrir les chiens de chasse d'un défunt. On ne peut renoncer à la succession ès cas des arrêts citez par Loüet lett. R. n. 19. 20. 21.

Plus prochain] *Tacitus de Mor. Germ. haredes successoresque sui cuique liberi, si liberi non sunt proximus gradus in possessione, fratres, patrui, avunculi. Proximus hic accipitur ut in* L. 1. §. 5. D. *und. cogn. etiam is qui solus est, etiam* pour l'enfant contre l'interpretation de Frerot au passage de la Declamation de Quintilian, art. 94. de la Coutume de Chartres, *ver.* plus prochain. Le moins proche n'est reçû à se dire heritier, sans faire apparoir de la renonciation du plus proche, par arrêt du 25. Novembre 1565.

ARTICLE CXVIII.

INstitution d'heritier n'a point de lieu en ladite Baronnie.

Institution d'heritier] *Idem* Chartres, art. 95. Dreux, art. 85. Grand Perche, article 121. Paris explique, art. 299. C'est-à-dire, n'est requise necessaire pour la validité d'un testament, *non obstat testamento, ait Theod. Marcilius ad* §. 1. *inst. de ex hered. liber.* où il fait mention de ces Coutumes, vaut comme simple legs, dit la note de du Moulin sur ledit article 121. pratiquées aux contrats de mariage; Bouguier lett. D. n. 9. lett. S. n. 10.

Contre le droit Romain, §. *ante, Inst. de Legatis.*

Nos Coutumes approuvent les heritiers de sang, & semblent, dit Coquille sur Nivernois des testamens, art. 10. nous conseiller de laisser aller nos biens à ceux ausquels ils appartiennent de droit de nature; au contraire en nous dispensant des formes requises aux testamens, il semble qu'elles nous invitent d'en faire avec autant de liberalité que de liberté. Mais supposé que quelqu'un trouve mauvais que je reprens Coquille;

Quid refert dictis ignoscat Mutius, an non.

ARTICLE CXIX.

LEs heritages d'aucun deffunt, soient en fief ou en censive, viennent & eschéent aux plus prochains lignagers dudit deffunt, du côté & ligne dont iceux heritages meuvent & descendent.

Les heritages) Voyez ce que nous dirons plus bas art. 129.

ARTILCE CXX.

EN succession de ligne collaterale les filles ne prennent rien és choses tenuës en fief; & si le fils aisné n'ayant aucuns enfans procréez de sa chair en mariage decede, le plus agé des puisnez survivant, ou le representant, aura par Preciput le principal manoir appartenant audit fils aisné decedé, avec arpent & demy de terre & la Justice; & le reste de sa succession se partira égallement entre luy & les autres freres; & consequemment de puisnez en puisnez.

Les filles ne prennent rien) L'ancienne, comme Chartres, art. 96. avoit en pareil degré: mais les reformateurs óterent ces trois mots, comme il se void par le procès verbal; & crois que l'on peut dire d'eux en cet endroit, *Dum brevis esse laboro, obscurus fio*: Car il n'est pas vrai qu'en tous cas elles ne prennent rien en fief, pource qu'elles y prennent quand il n'y a point de mâles; Quoi donc? ont-ils voulu dire qu'elles y prennent ou n'y prennent rien même en degré dispareil, sçavoir ès especes des Arrêts de Pilavoine & du sieur Do, cités par du Moulin en sa note sur Chartres, art. 95. conforme à son autre note sur Montfort, art. 108. & de l'article 323. de la Coutume de Paris, où les mâles enfans des freres n'excluent leurs tantes, contraire ausdits Arrèts. Il faut avoüer qu'ils nous ont baillé à deviner; que s'ils nous avoient baillé à choisir, je prendrois le parti de cet article 323. plutôt que des Arrêts, *hac ratione*, que le droit de representation est un bénéfice pour succeder & non pour exclure, & qu'il ne faut recevoir deux graces singulieres en concurrence: *Vide Joan. Fabr. in Auth. Cessante. c. de legit. hared.* l'Arrêt des Petremols rapporté par Pithou sur Troyes, art. 15. Jugé en cette Coutume, par Arrêt du
infirmatif de la sentence de Messieurs des Requêtes du Palais, au profit de Loüis de Pontbreant sieur du Mesnil, & Mathurin de Pontbreant sieur des Bordes appellans, contre Urbain de Morets sieur de Lorry intimé, que partage seroit fait des fiefs entre les mâles issus de la sœur, & mâle issu du frere en la succession de l'Oncle; conformément à deux autres Arrêts rapportés par Pithou sur Troyes, art. 15. & contre celui d'Ansoult, cité en la glose de Chartres, *dict. art.*

Et neanmoins l'opinion des Docteurs est par tout que les descendans d'une femme sont exclus du droit & du degré, *à quo fæmina excluditur*; *Bald. Alvarot. & alii, cap. 1. §. hoc autem notandum, de his qui feud dar. possunt, cap. 1. §. unico de grad. success. appeliatione liberorum masc. non continentur nepotes nati ex filia, Francisc. Crem. sing. 20. Mat. Matesil. sing. 130. quid. pap. qu. 133. 153. & 612.* Loüet lett. S. n. 8. J'ai oüi dire à une des parties que l'arrêt ne passa que d'une voix, & que les vieux Conseillers tenoient l'autre parti.

Les raisons des avantages que les mâles ont sur les femelles en matiere de fiefs sont vulgaires; *quia faidam levare, neque pugnam facere possunt lib. 1. Feud. tit. 1.* La faveur du service du Roy, auquel les fiefs sont affectés, duquel les mâles sont plus capables que les femelles; c'est un mal qu'aujourd'hui ces Messieurs qui possedent les plus grands, ne s'y portent plus avec passion sans pension. En certain Synode dont fait mention Gregoire de Tours livre 8. ch. 20. Un Evêque soûtint publiquement, *mulierem hominem non posse vocari*; Artemidore en quelque lieu de ses interpretations prend le fourment pour les mâles, & l'orge pour les filles. Leur condition est bien meilleure en France qu'elle n'étoit jadis, qu'elles n'avoient nulle part aux heritages paternels, feodaux ou roturiers venans à la succession de leurs peres avec leurs freres; *Vide Formul. Maculphi apud Cujac. Observ. 14. lib. 8.*

Le plus âgé des puînez] *Non dicit* l'aîné. De degré en degré successivement. Platon livre 3. des loix, dit, que c'est la raison, que tant ès Cités que maisons privées les plus âgez commandent aux plus jeunes: & Aristote au premier de ses politiques, que toute maison est regie par le plus âgé comme

comme par un Roy, & au septiéme, que personne ne se fâche d'obeïr selon l'âge, ni pour ce s'en repute inferieur, ayant mêmement à parvenir à cet honneur quand il sera plus âgé.

Tu major, tibi me æquum est parêre, Menalca.

Vide privilegium ætatis, Quintil. Declam. 258. & notez ce beau passage de Tertullian *lib. de pudicitia*, qui raisonne le texte de la Coutume, *nihil secundùm longinquat à primo, nihil tam proximum primo quàm secundum.* Tours, art. 266. donne à cet aîné des puînés en la succession de l'aîné tel avantage qu'en succession directe.

Le Principal Manoir) Comme la marque plus apparente de la famille. Ethi. 2. Fait à la raison de la Coutume, que par celle de Bretagne, où les gens des Bourgeois & de basse condition divisent également & par tête leurs heritages, art. 564. Le fils aîné toutefois doit avoir la principale maison, faisant recompense aux autres. Voyez ce que nous avons écrit, art. 5. plus haut.

Avec arpent & demi de terre] Comme en l'article 5, plus haut *Modus agri non ita magnus.*

Et la justice) Voyez Troyes, art. 14. porter les pleines armes de la maison, le nom du Seigneur. Sens, art. 200. Auxerre, art. 254. garder les titres, *ex L. si quæ sint cautiones, D. Fam. ercisc. L. fin. D. de Fid. instrum. gl. in L. fin C. de edendo.* Normandie, art. 351. Mais je m'étonne dequoi la Coutume donne la Justice à cettui-ci & non à l'aîné, art. 5. plus haut; il est à croire que ce n'est que par omission, & qu'elle ne lui eût pas denié s'il eût été proposé; & partant qu'elle ne laisse de lui appartenir *juxta gl. & D. D. in L. tale pactum. D. de pactis*; toutefois je m'en rapporte à l'usage; Il faut aider au sens & à la lettre de ces coutumes, qui ont été bâties avec aussi peu de rapport quant aux choses, que de politesse de stile en un siecle barbare, *& paupere Româ.*

Elles demeureront ainsi tant qu'il plaira à Dieu, & que de toutes on en ait fait une: comme ils disent qu'Apeles fit sa vénus, prenant le nez d'une femme & l'œil de l'autre. D'ancienneté les Seigneurs exerçoient eux-mêmes la Justice, ce que l'on peut tirer du chapitre *dilecti, de arbitris in antiqu. decret.* Aujourd'hui ils la font exercer la plus-part à leur fantaisie par leurs Baillifs, qu'ils cassent bientôt s'ils ne leur adjugent des amandes, & qui prennent pour devise, *placebo domino.* Il n'est pas Madame qui ne s'en mêle, *erunt signa in sole & luna.*

ARTICLE CXXI.

ES heritages tenus en censif & és heritages tenus à rente n'y a point d'advantage entre freres & sœurs aisnez ou puisnez en ligne directe ou collaterale.

N'y a point d'avantage] Les fiefs se distribuoient aux Gensdarmes après les guerres achevées,

Tandem pro multis vix jugera pauca dabantur Vulneribus.

A charge expresse que lesdits fiefs demeureroient affectés au service de la guerre & de l'état, à quoi tendent tous les sermens de fidelité que font les vassaux, qui se rapportent au souverain: comme aussi les avantages des aînés, ce que nous avons déja touché plus haut, & ne se peut dire des heritages roturiers, *ubi diversa ratio, diversum jus.* Contre Grand Perche, art. 143. l'aîné peut prendre son preciput en telles terres des successions du pere ou de la mere qu'il voudra, soit feodale ou roturiere, étant ladite roturiere aux champs & non à la ville.

ARTICLE CXXII.

TOus heritages qui eschéent en succession de ligne collaterale, sont reputez le propre heritage de ceux à qui ils eschéent.

Tous heritages] La raison de douter étoit, que bien que les collateraux soient à preferer aux étrangers en France, comme a remarqué M. Marion en son septiéme plaidoyé, *jactatione sanguinis & naturæ*, dit Quintillian Declamation 308. *ratione sanguinis*, *L. dotem*, *D. de re milit.* Toutefois ce qui leur vient de succession les uns des autres, semble plûtôt un coup d'avanture qu'un droit assûré. *Collateralibus non debetur hæreditas, neque legitima non veniunt ad successionem nisi jure positivo. Molinæus*, *cons.* 45. & 46.

Normandie, art. 247. dit, les biens sont faits propres à la personne de celui qui premier les possede à droit successif. Un heritage n'est réputé propre si tel il n'est justifié, mais plûtôt acquêt : *L. si defunctus*, *C. arbit. tut. mol. Cons.* 53. Trois sortes de propres *apud nos. Idem gl. 6. §. 15. Cons. Paris.* Chez les Romains une sorte de biens seulement, *L. si plures*, *§. filio D. de vulg. & pup. substit.* combien qu'ils fissent plus de cas de ceux qui leur venoient de leurs ayeuls, *L. quicunque*, *C. de om. arg. deser.*

ARTICLE CXXIII.

QUand aucun va de vie à trépas ayant enfans de divers mariages, sesdits enfans, tant du premier que second mariage, lui succederont tant ès propres que conquêts, soit feodaux ou roturiers égillement, le droit & prérogative d'aînesse gardé, & sont tous mariages reputés seconds hors le premier.

Tant ès propres que conquêts] En reformant l'ancien, conforme ès articles 98. de Chartres, & 89. de Dreux. Voyez le procès verbal & les notes de du Moulin sur les articles 39. de Montargis, & 300. de Bourbonnois, *ubi* succeder par lits. La raison de la Coutume est l'égalité qu'il faut garder entre les enfans, & qu'elle veut obvier aux fraudes qui se commettent en la transmutation d'une espece de biens en l'autre.

Aussi les Chartrains voudroient-ils bien que la leur fût reformée en cet endroit, pour les troubles que sa disposition cause en leurs familles, comme les corps remplis de mauvaises humeurs souffrent aisement qu'on les purge. Aphorism. 2.

Secus des biens venus au pere ou ou à la mere par la liberalité de l'un ou de l'autre en contrat de mariage ou autrement, qui semblent appartenir aux enfans nés en ce mariage à l'exclusion des autres, *tanquam paternum vel maternum patrimonium*, *L. cùm aliis*, *C. de sec. nupt.*

Et sont tous mariages reputés seconds hors le premier) Ce texte est favorable à ceux qui ne font autre chose que se marier, *de quibus D. Hieronymus 3. part. Epist. tract. 7. Epist.* 26 *Boerius. Decis.* 186. *Mæcenas uxores millies duxit, cùm unam habuerit, apud Senecam Epist.* 114.

Terentiam nempe, quod fe... at quotidianis repudiis ejusdem lib. de provid. cap. 3. Remariage dans Froissart, & des six Chevaliers qui se remarierent, Jonville Chron. de S. Loüis, ch. 36. C'est chose remarquable dans les belles lettres que les enfans de divers mariages tiro... leur surnom de leurs meres; ce que je conjecture du 14. ch. de Pline livre 7. *ubi quorundam Catonis Censorii liberorum propago Liciniani, Saloniani*, de leurs peres par consequent, quand c'étoit la femme qui s'étoit remariée plusieurs fois.

ARTICLE CXXIV.

UN pere ou une mere ne peuvent par donation faite entre-vifs & par testament & ordonnance de derniere volonté ou autrement en maniere quelconque avantager l'un de leurs enfans venants à leur succession plus que l'autre.

En maniere quelconque) Non pas même en faisant renoncer une fille à la succession *aliquo dato* par contrat de mariage, Loüet lett. R. n. 17.

Avantager l'un de leurs enfans) *Idem* Chartres, art. 100. Estampes, 112. Dourdan, art. 108. Paris, 303. & presque generalement. C'est en ces Coutumes qu'on ne peut être heritier & legataire, nous l'avons déja remarqué sur l'article 115. *sup.* Voyez Rheims, art. 256. & art. 286. & 287. La raison de la Coutume est tirée de la loi *si mater*, C. *de inoff. testam. abrogata* L. *parentibus eodem. Idem* des enfans des enfans. Blois, art. 168.

Cela s'entend du leur; car si l'enfant par bon ménage ou prevoyance avoit fait son profit, *hoc non deberet trahi in invidiam.* C. M. *Vide L.* 3. §. 1. *D. ad L. Falc. Idem* si le pere avoit donné peu de chose, un habit, un cheval, Argentré, art. 228. gl. 2. *Idem* si la donation étoit faite pour cause raisonnable, & dont la preuve fût claire par autre moyen que par la confession du pere, en sorte neanmoins qu'il peut dire, *sola prævaluit causa calamitatis, vel non fratrem tibi prætuli, sed quod in te fratri prætulissem*, *Decl.* 5. *Quintil. ex iis quæ in fine Institutionum. Vide Tiraq. ad L. si unquam, ver. alienationis, n.* 22. *Idem* si par la mere des acquêts faits durant son premier mariage à un des enfans d'icelui, par arrêt du 15. Juillet 1610. Loüet lett. A. n. 1.

Boutiller tit. 103. dit, que dure chose seroit de donner à l'un plus, à l'autre moins. C'est semer la pomme de discorde entre eux, & de freres les rendre ennemis. C'est les irriter sans sujet, contre la défense de l'Apôtre; *& hinc est ut patri filius convicietur, Epict. Enchir. cap.* 38. *non potest præferri fratri nisi filius, quod etiam gravius multis esse videtur, inquit* L. *cum autem* C. *de bon. qu. lib.* l'amour des peres doit être égal envers tous leurs enfans, du Moulin dit, que la Coutume qui a introduit le droit d'aînesse est exorbitante & contraire au droit commun, partant odieuse & à restreindre, autant que la concorde & égalité qui doit être gardée entre freres est favorable, sur Paris §. 13. gl. 1. *ver.* le fils aîné, n. 10. *tract. de inoff. don. n.* 45. ce qui regarde la disposition de cet article. Il faut soumettre nos affections aux loix.

Venant à succession) *Quasi diceret*, s'ils viennent à la succession, *per modum conditionis*; tellement que ces donations *pendente ex eventu*, si après le decès des parens les enfans se tiendront à leur don, raison de douter de l'arrêt cité par M. Loüet lett. D. n. 61. & l'article 307. de Paris. *Vide Mornacium ad* L. *avus D. de pactis.*

Quid si filius donatarius præmoritur relictis duobus filiis, alter est hæres patris, & s'abstient de la succession de son ayeul : l'autre n'est heritier de son pere, mais le veut être de son ayeul ? Resp. qu'il doit rapporter, *alias esset fraus & collusio. fac. quæ dixi ad. Alex. cons. 24. lib. 1. C. M.*

Grand Perche, art. 125. dit, soit qu'ils viennent à la succession, ou qu'ils y veuillent renoncer. *rectiùs*, pource que cette Coutume ; & semblables, donne d'une main ce qu'elle ôte de l'autre, & enseigne elle-même le moyen d'eluder sa prohibition ; ce qui merite plûtôt une Satyre qu'un commentaire, comme tant d'autres inepties dont le Coutumier general est farci,

sed dicas forsitan unde Ingenium par materiæ est.

Il faloit tout à fait défendre d'avantager ou le permettre : pour la permission, voyez Coquille sur Nivernois ch. de donation, art. 7. Je la trouverois plus raisonnable que la défense, s'il étoit plus de sages peres que de fous.

ARTICLE CXXV.

LE pere & la mere, ayeul ou ayeule succedent aux biens meubles & conquests immeubles de leurs enfans, qui decedent sans hoirs de leur chair seulement, & non és propres, parce que propre ne remonte point.

Ayeul ou ayeule) Chartres, art. 101. n'a que le pere & la mere. Paris, art. 311. dit, en deffaut d'eux, l'ayeul & l'ayeule. *Avus & nepos sunt idem, sicut pater & filius, vide Guill. Bened. ad cap. Raynutius, ver. mortuo quoque testatore, n. 31. ità filiorum appellatio ad nepotes extenditur, L. justa L. liberorum, de ver. signif. Quando sunt plures ascendentes dispari gradu, vel paterni alii, materni alii. v. Nov. 118. cap. 2.*

Aux biens meubles & conquêts immeubles) Paris, art. 311. dit aussi acquêts faits ensemblement en mariage. Les deniers dotaux que le pere a dû r'employer ne sont estimez meubles en la succession de sa fille. Voyez Loüet lett. R. n. 4. lett. M. n. 22 lett. [illegible] n. 66. lett. P. n. 4. Pithou sur Troyes, art. 103. Cette succession est aux peres & meres *solatii loco. L. jure succursum, D. de jur. dot. tristis successio, §. 2. Inst. de Sc. Tertyll luctuosa hæreditas, L. ult. C. de Inst. & subst. Vide Plinii Panegyr. Leg. Salic. Tit. de Alodis.* Si l'amour descend, le respect doit monter, dont cette espece de succession fait partie, & de peur que les hommes ne soient vaincus de pieté par les cygognes.

Et non és propres) De peur qu'ils ne tombent en autre ligne : *Secus* si les parens étoient de la ligne & plus proches, dit du Moulin en ses notes sur les articles 107. d'Arthois, 100. de Montfort, 3. d'Auvergne, tit. des successions 129. de Paris, dont l'article 313. touchant la succession ès choses par eux données est à suppléer aux Coutumes qui n'en ont disposé, suivant la note de du Moulin sus l'art. 9. de Montargis. Voyez Loüet lett. P. n. 47. *Mornac. ad L. jure succursum, D. de jur. dot. & sic non jure hæreditario, sed reversionis, L. si unus §. pactus, D. de Pact*, Voyez Pithou sur Troyes, art. 141. comme aussi celle de l'article suivant de la jouïssance par usufruit des biens delaissez par leurs enfans, qui ont été acquis par les pere & mere, desquels voyez Chop. *de Mor. Paris. lib. 2. tit. 5. n. 14. Mornac. ad L. 6. D. de jur. dot. invexio supplementa consentanea disciplinæ creatoris, apud Tertullianum lib. 4 advers. Marcionem.*

De leurs enfans) Paris, art. 311. dit, nés en loyal mariage, *contra §. ult. Inst. de sc. Tertyll.* & en deffaut d'eux, l'ayeul ou l'ayeule, & autres ascendans.

Propre ne remonte point) Montfort,

art. 100. & Mante, art. 169. diſent, qui eſt à entendre du propre naturel & non du conventionnel. Voyez Paris, art. 315. & Orleans, art. 317.

ARTICLE CXXVI.

TOus Religieux & Religieuſes profés ſont forclos & inhabiles de ſucceder à quelque ſucceſſion qui leur peut avenir, ſoit directe ou collaterale, & le Couvent ou Monaſtere où leſdits Religieux ou Religieuſes ſont profés ou demeurans, ne pourront pretendre aucun droit pour ne au nom & lieu deſdits Religieux & Religieuſes ne autrement.

Profés) Donc l'habit ne fait pas le moine, *ſub hujus quamvis recogitatu improbi mores vel erubeſcant*. dit Tertullian, & l'authentique *ingreſſi c. de Sacr. Eccl.* tirée de la Nouvelle 5. de Juſtinian, §. *illud quoque* eſt abrogée. Voyez Monſieur Loüet lett. C. n. 18. lett. R. n. 42. La profeſſion ſe doit prouver par acte exprès, art. 55. de l'Edit de Moulins, voyez chopin *Monaſt. lib.* 1. *tit.* 3. *n.* 3. *&* 4. La note de du Moulin ſur Blois, art. 147. Jugé en cette coutume par arrêt du 20. Juin 1620.

L'âge de faire profeſſion a été réduite à ſeize ans accomplis après l'an de probation, & habit pris par l'Ordonnance de Bloys, art. 28. Si elle peut être avancée, voyez *Mornac. ad Auth. verum. de Epiſc. & cler.* Profeſſion du fils d'un Marchand de Toloſe caſſée pour avoir été faite le dernier jour de l'an de probation, par Arrêt du Parlement de Toloſe de l'an 1603. *Ad quid.* L'an de probation, *Menoch. lib. de arbitr. jud. cent.* 1. *caſu.* Point d'an de probation anciennement, *Ivo Carnotenſis Epiſt.* 25.

Novice & Religieux, choſes differentes, *gl. in cap. Statuimus, coll.* 2. *ver. poſſe, extr. de reg.* à propos de ces vers excellens ſelon le tems dans le Roman de la Roſe, touchant celui qui prend l'habit.

Et cuide prendre au Ciel la gruë
Quand il ſe met leans en muë,
Et s'y tient tant qu'il ſoit profais,
Et puis s'il ſent trop grief le fais,
Il s'en repent & puis s'en iſt.

Sont forclos) *Idem* Paris, art. 337. Chartres 102. Dreux 92. & quaſi general. Les raiſons en ſont très communes, *quia Monachiſmus morti comparatur*, *Novell. Juſtiniani.* 22. Religieux eſt réputé perſonne morte, dit Auvergne, ch. 12. art. 14. La profeſſion eſt un ſecond baptême dans S. Bernard *tract. de precept & diſpenſatione*: ce qui a donné lieu à la queſtion, ſi nobleſſe ſe perd par l'entrée en religion, *de qua Boerius ad Bitur. tit.* des Mar. & doüaires, §. 3. D'ailleurs, que ſucceder eſt choſe contraire au vœu de pauvreté, & à ce vers qui devroit être écrit ſur la porte de tous les couvents.

Aude hoſpes contemnere opes & te quoque dignum
Finge Deo.

Et que s'ils ſuccedoient & qu'on ne leur ſuccedât point, ils auroient en fin tous ou la plus grande partie des héritages, contre l'harmonie qui doit être gardée entre les Citoyens, *de qua Ariſtoteles lib.* 5. *Politic. cap.* 3. Ils font bien de garder ce qu'on leur a donné. Des Chevaliers de l'ordre de S. Jean de Jeruſalem, de S. Lazare, du tiers ordre de S. François. Voyez Pithou ſur Troyes, art. 105. Loüet lett. C. n. 8. lett. R. n. 42. Coquille ſur Nivernois ch. 34. art. 18. des Jeſuites

Chopin. *Monast. lib. 2. tit. 3. n. 9. Idem.* S'ils sortoient après leur profession, & qu'ils se fissent de la religion pretenduë réformée, par Arrêt du 26. Janvier 1600 contre les Chartreux d'Auroy en Bretagne, Monsieur Arnaut lors Avocat, qui depuis a été Controlleur general des Finances, plaidoit sa cause, & Monsieur Marion pour le Roy; j'étois jeune Avocat au Bareau.

Contre ces peres qui enferment bon gré mal-gré leurs filles pour enrichir leurs freres, voyez l'hymne de prudence contre Symmaque, liv. 2. *Novell. de Sanctimonial.*

Et le Couvent ou le Monastere) *Ut verum sit monasterium non esse loco filii, causam filiorum esse praeferendam Ecclesia, pauperibus; de quibus Molinaeus Cons. 15. Tom. 1. Covarrus lib. 1. Var. resol. cap. 9. n. 6.* L'Ordonnance de Bloys, art. 28. *ita Creator & secundum natura ordinem in proximos docuit benignitatem, emissurus eam postea in extraneos. Tertullianus lib. 4. adv. Marcionem.* La legitime dûë au pere & à la mere pour même raison préferée aux legs pies par les Arrêts, *Robert. rer. judic. lib. 1. cap. 1.* & défenses faites anciennement à tous Ecclesiastiques de recevoir des oblations que quelques personnes leur faisoient par zele dereglé & au préjudice de leurs heritiers, *Capitul. lib. 1. cap. 83. v. oblationes malorum, apud Ivonem Epist. 81.*

ARTICLE CXXVII.

En succession de ligne collaterale, comme de frere ou sœur, les freres & sœurs qui sont conjoints *ex utroque parente*, excluent ceux qui ne sont conjoints que d'un côté quant aux meubles & acquests; mais quant aux heritages propres le frere uterin, ou d'un seul côté, pourra succeder esdits propres, s'ils sont du côté duquel il attaint au deffunt; & en ce cas & autres successions collaterales se pratiquera la raison *paterna paternis, materna maternis.*

Qui sont conjoints ex utroque) Cet article est si clair qu'il n'a pas besoin d'interpretation, & a lieu aux enfans des freres par interpretation extensive, dit la note de du Moulin sur Dreux, art. 9. c'est-à-dire, ès termes de la representation, lors qu'ils viennent à la succession de leur oncle avec leur oncle frere du défunt, suivant la note du même sur Chartres, art. 92. & en ces Coutumes où representation a lieu suivant la disposition du droit, les neveux collateraux du défunt *ex fratre vel sorore germanis*, excluent les oncles & tantes du défunt, nonobstant qu'ils soient *in pari gradu, text. in auth. de hared. ab intest. §. illud palam est coll. 9. & in auth. post fratres, C. de legit. hared.* Voyez la note du même sur Vermandois, art. 75. *descendit potius successio quàm ascendit, inquit glosella Gothofredi ad dict. Auth. post fratres.* Conformement à la doctrine de Platon, Dial. 11. de ses loix: Donc le double liën ne se considere hors les freres & enfans des freres.

Jugé en la Coutume de Chartres au profit de D. Genevieve Langlois, nostre chere épouse, contre les Michelets de Nogent le Rotrou, que les cousins germains conjoints *ex utroque*, n'excluoient ceux qui ne l'étoient que d'un côté, en la succession de Lancelot Poulart sieur d'Oüé, où il s'agissoit de ſes acquêts. L'oncle conjoint des deux côtés n'exclut auſſi celui qui ne l'eſt que d'un côté, *Cujac. conſ.* 4. *Gothofr. ad cap.* 3. *Auth. de hared. ab inteſt.* La Coutume de Paris, art. 341. a rejetté le double lien même entre freres & ſœurs, art. 340. *Idem* Auxerre, art. 63. voyez Loüet lett. S. n. 17.

Qui ne ſont conjoints que d'un côté) Demi-freres & demi-ſœurs dans Boutiller. Saint Quentin, art. 50. Voyez *Obſerv.* 17. *lib.* 6. ils ſe remarquent aux animaux, *etiam* en diverſe eſpece; la Lyonne ſe fait couvrir tantôt du Lyon, tantôt du Leopard; mais il n'y a que les petits du Lyon qui portent le collier, Pline, liv. 8. ch. 16. Les mulets & les mules ne ſont freres d'aucun côté, ceux-là étant engendrez d'un âne & d'une jument, & ceux-ci d'un cheval & d'une âneſſe, au même livre ch. 44.

Quant aux meubles & acquêts) Dits biens indifferens, *Novell.* 118. & par du Moulin en ſa note ſur Berry ch. 19. art. 6. comme ne tenant ne côté ne ligne.

Ou d'un ſeul côté] *Quia in hareditiis non attenditur duplicitas vinculi, ſed tantùm ſtirps unde pradia deſcendunt*, dit la note de du Moulin ſur Blois, art. 155. & encore ſes deux notes ſur les 90. & 92. articles de Dreux & de Chartres, ſuivant l'ancienne Loi de C. Magne, dit le même auteur, *Conſ.* 7. n. 47. pour la conſervation des familles & de la nobleſſe qui s'avilit, voire ſe perd faute de biens, *quia tanti quantum habeas, ſis.*

Contre Berry tit. des ſucceſſions, article 6.

La raiſon paterna paternis) De laquelle voyez Chopin *lib.* 2. *de Mor. Pariſ. tit.* 5. *n.* 6. 7. 8. Argentré ſur Bretagne, art. 159. Loüet lett. P. n. 28. & 29. tellement reçûë en France, qu'on la ſupplée ès Coutumes qui l'ont obmiſe. *Secùs* au pays de droit écrit, *ubi unum patrimonium*, & la regle *proximus agnatus familiam habeto ex Leg.* XII.

Paris, art. 329. dit, Et ſont reputés parens du côté & ligne, ſuppoſé qu'ils ne ſoient deſcendus de celui qui a acquis l'heritage. Jugé par arrêt du 3. Mars 1596. au procès de S. Yon & de Danes, que les biens maternels qui avoient été baillés en partage à l'un des enfans au lieu des paternels ſeroient cenſés, & reputés paternels à cauſe de la ſubrogation, ſoit pour la regle *paterna paternis*, ou retrait lignager, Loüet lett. P. n. 36. & lett. S. n. 10. *Non reliquit huic regula locum Manius.*

rebus maternis atque paternis
Fortiter abſumptis.

ARTICLE CXXVIII.

SI par le pere ou mere, ou l'un d'eux en leur vivant, a été donné aucune choſe à aucun ou aucuns de leurs enfans, & après leur treſpas ils ſe veulent d'eux porter pour heritiers avec leurs autres enfans qui n'ont rien eu, & auſquels n'a été aucune choſe donnée; ils ſont tenus de rapporter & remetre eſdites ſucceſſions ce que ainſi leur a été donné, pour être parti avec les autres biens deſdites ſucceſſions entr'eux & leurs autres enfans leurs coheritiers, ou moins prenans eſdits biens deſdites ſucceſſions; autrement ne doivent être receus à eux porter heritiers de leurdit pere ou mere.

Si par le pere ou mere) Ayeul ou ayeule, suivant Paris, art. 306. Donc rapport n'a point de lieu en ligne collaterale, n'y directe ascendante, suivant la note de du Moulin sur l'article 313. de la Coutume de Bourbonnois.

Rapporter) Bien que les pere ou mere eussent inhibé le rapport, suivant Vitry, art. 95. *Secùs* si les freres & sœurs avoient consenti au don, & qu'on ne fût tenu le rapporter, *sed intellige de consensu mero spontaneo & libero*, suivant la note de du Moulin sur la même Coutume, art. 99. *Quid* si le pere de son vivant a fait partage entre ses enfans, seront-ils obligés de s'y tenir ? Resp. Qu'oüi s'ils étoient majeurs lors d'icelui, suivant l'arrêt rapporté par Monsieur Servin en l'un de ses plaidoyers. Voyez Cujas *ad nov.* 118. *in fin.* La note de du Moulin sur l'article 216. de Bourbonnois, *Observ.* 24. *lib.* 13. Loüet lett. P. n. 24. cet article est l'execution du 124. plus haut & tendent l'un & l'autre à faire garder égalité entre freres, *quæ pia curratio est apud Symmachum.*

Ce qui leur a été donné) Des choses sujettes à rapport ou non, il y a grande diversité entre les Coutumes, & c'est dommage que la Coutume de Paris n'en ait disposé pour le secours de ses voisines ; les interpretes d'ailleurs en parlent comme bon leur semble, & chacun abonde en son sens : voici le nôtre. Les Banquets de noces ne se doivent rapporter ; si fait bien les habits, bagues & joyaux de prix, *secùs de frivolis* ; le trousseau se doit rapporter, quoi qu'ait écrit Tronçon sur Paris art. 304. les deniers débourcez pour apprentissage aux arts méchaniques de même, en ce qu'ils passent les frais de la nourriture des enfans, s'ils fussent demeurez en la maison de leur pere, sinon qu'il y eût eu de quoi les payer du bien de leur mere. Voyez Argentré sur Bretagne, art. 126. Mornac *ad L. qua pater* 2. *D. de Fam. Ercis.* La raison est que celui qui a appris un art ou métier est assuré de sa vie : Aussi voir sa mere malade, dans l'Artemidore, signifie que l'on ne gagnera plus guere du métier dont on se mesle. Or est-il que le propre devoir de la mere est de nourrir ses enfans, & *ita* tels deniers *adhuc videntur extare*, *contra in quod ait Baldus consumpta non conferri*, *L. omni modo*, §. *imputari*, C. *de inoff. testam. per L. in ratione D. ad L. Falc. Aliud respondendum* des frais des études, parce que la chose est consommée, il ne reste le plus souvent qu'un vain contentement. Tel jeune Avocat après avoir été dix ans écoutant & sans rien gagner, quittera le barreau par desespoir, & dira avec Juvenal, *semper ego auditor tantum.* D'ailleurs que si un pere fait étudier quelqu'un de ses enfans, c'est pour le soulagement des autres en leurs affaires, *in spem gentis*, pour l'honneur de toute la famille : que s'il y a eu de l'excès en cette dépense, ce n'est pas la faute de l'enfant, qui peut dire avec Horace Satyr. 6. l. 1.

Causa fuit pater his.

Secùs Si l'enfant avoit de quoi y fournir du sien, comme nous avons dit plus haut des frais d'apprentissage, *tunc enim credendi animo pater hujusmodi sumptus fecisse videtur*, *ex dict. L. si pater.* Les Livres ne sont sujets à rapport, les chevaux, les armes, *de quibus Glossa ibidem*, les pensions pour l'Academie, les voyages d'Italie pour apprendre les exercices sous la susdite exception, si l'enfant n'étoit riche du bien de sa mere. De la rançon du fils, voyez Alex. conf. 133. vol. 2. De l'amande payée pour lui. *Bart. L. Si Stycus. D. de Pecul. Leg.* Les offices *etiam* non venaux sont sujets à rapport, parce qu'ils se vendent aujourd'hui publiquement, *ad infamiam sæculi prostantis* : comment & de quel tems en doit être faite l'estimation, voyez Tronçon sur Paris, *dict. art.* 304. La fille est tenuë rapporter les deniers qui lui ont été baillez en mariage, & non seulement l'action, Loüet lett. R. n. 54. Le petit fils le prêt fait à son pere, nonobstant qu'il ait renoncé à sa succession, *eod.* n. 13. ce qui faisoit le doute, est que la Coutume ne parle que de donner, mais l'art. 305. de Paris, comme les 124. plus haut, disent ou autrement en maniere quelcouconque, sous lesquelles paroles est compris cette espece de prêt, qui peut être nommé donation, quand elle est faite par le pere à l'enfant, *cùm abjiciatur omnis spes repetitionis*, dit S. Ambroise en quelque lieu. *Idem* de celui fait au mari par son beau-pere, quand la femme qui vient à la succession de son pere a parlé en l'obligation; ce qui a été donné à l'enfant de l'heritier est aussi sujet à rapport, Paris art. 306. Si ce n'étoit en recompense de ses merites, pour les plaisirs & services qu'il a faits à son ayeul dignes de remuneration; Jugé par l'arrêt du 7. Septembre 1566.

Quid si le donateur meurt le premier & delaisse deux enfans, dont l'un est heritier de lui pere, & s'abstient de l'heredité de son ayeul; l'autre n'est point son heritier, mais le veut être de son ayeul? Resp. Qu'il doit rapporter pour le tout integré, autrement ce seroit fraude & collusion. C. M. Rheims, art. 324. dit, rapport n'a lieu en ligne collaterale, s'il n'est dit.

Ou moins prendre] Montargis, ch. de don. faite en mar. art. 2. dit, seront tenus de rapporter ou descoter. Autres disent, en rapportant ou descomptant, suivant le droit commun, *quod dat electionem minus capiendi*, L. 1. §. *jubet autem*, *ver. sed etsi tantum*, D. *de Coll. bon. Jason L. 2. §. mutui dario col. ult. D. si cert. pet. Ludovicus Romanus in L. si donatione, c. de Collat. & ibi Phil. Decius in fin.*

ARTICLE CXXIX.

En ligne collaterale les propres heritages d'aucun deffunt retournent à ses parens & lignagers habiles à luy succeder les plus prochains du côté & ligne dont procedent & luy sont venus & escheus lesdits heritages, si d'iceluy deffunt ils se veulent porter pour heritiers, supposé qu'ils ne soient les plus prochains simplement dudit deffunt.

Du côté & ligne) Et sont aussi les ascendans compris entre les plus prochains du côté & ligne s'ils en sont, & preferez aux collateraux de ladite ligne, voire au fisque. C. M. Et au cas qu'il n'y ait parens du côté & ligne dont procedent *proximiores cujusque lineæ* excluent le fisque, dit la note du même sur Montreüil, art. 10. *Idem* si ceux du côté & ligne se vouloient abstenir, dit encore sa note sur l'article 105. de la Duché de Bourgogne. Autres Coutumes disent, les heritages suivent l'estoc, le branchage: quant aux acquêts ils n'ont côtez ni lignes. *Facit vet. Inscriptio apud Adolphum, de relictis hortis cohærentibus suburbano,*

Excepitque ne quis
Eos divenderet; sed per genus
Ipsorum possessio decurreret.

Nous avons touché ailleurs la raison de cette disposition, qui n'est autre que la conservation des familles, qui dépend des richesses & de l'honneur, *quia census pertinet ad honestatem, Symmachi sententia. Epist. 7. lib. 9. contrario sensu hero: dicitur pauperum census in Declamationibus Quintil.* Les anciennes richesses & qui viennent de succession sont plus estimées que les nouvelles; ce qui est naturel que ce qui est acquis: Or ce qui est ancien, semble être naturel; *notatur apud Horatium hac ratione, dives antiquo censu.*

Simplement) *Id est* plus prochains de sang.

ARTICLE CXXX.

LES heritiers d'aucun deffunt en pareil degré tant en meuble que immeuble sont tenus personnellement de payer & acquitter les debtes d'icelui deffunt, dont ils sont heritiers chacun pour telle part & portion qu'ils sont heritiers, d'iceluy deffunt.

En pareil degré] *Etiam dispareil in regula paterna paternis.* ou bien la Coutume dit en pareil degré, à cause de la representation, en laquelle tous les neveux ne payent qu'autant que leur oncle, representans leur pere, comme en l'article 332. de Paris.

Payer & acquiter les dettes) *Patrimonii in alium translati ea ratio est, ut primùm debito satisfiat. Quintilianus.*

Pour telle part & portion) *Pro modo emolumenti,* L. *pro hereditariis, C. de hared. act.* Voyez les articles 132. & 134. de Paris, mieux conçûs, & suivant lesquels il faut entendre celui-ci. Voyez Loüet, lett. D. n. 16. Argentré art. 325. gl. 3. n. 3. Jugé par Arrêt de l'Audience du 5. Août 1619. M. le premier Président tenant la seance ; que l'heritier des propres étoit tenu de contribuer au payement d'une dette avec l'heritier des meubles & acquêts, encore qu'il apparût qu'elle étoit conçûë pour marchandises, qu'elles fussent encor en essence, faisans partie des meubles ; & que les meubles & acquêts valussent bien quatorze mille livres, les propres seulement deux mille; infirmatif de la sentence du Bailly d'Orleans, & confirmatif de celle du Prevôt, ordonné qu'il seroit lû au siege d'Orleans, pour servir de loi à l'avenir en cas semblable. Voyez Loüet lett. D. n. 13. & 54. lett. P. n. 13. Baquet des dr. de Just. ch. 21. Alex. Conf. 31. vol. 1. Argentré, art. 219. gl. 8. *Decium, Petr. Fabrum Præsidem Tholosanum ad Reg. juris* 10. *L.* 2. *C. de Alluvio.* Considerez ce lieu de S. Paul. *ad Roman. cap.* 8. *Cohæredes autem Christi, si & compatimur ut conglorificemur.*

Les heritiers ne peuvent charger l'un d'entr'eux du payement de toutes les dettes au préjudice des creanciers, *cujus pacti exemplum in L.* 26. *C. de pact. & in Declam. Quint.* 336. à leur égard le pacte vaut.

ARTILCE CXXXI.

LES parens & lignagers des Evesques & autres gens d'Eglise seculiers leur succedent.

Les parens) *Idem* Paris, art. 336. Voyez Berry, art. 40. & 41. encor que l'Evêque eut été auparavant Religieux mendiant ; jugé au profit des heritiers de Fouriré Evêque de Châlons, contre les Jacobins de Chartres, par Arrêt du 15. Avril 1585. Robert. *rer. judic. lib.* 4. *cap.* 3. Loüet lett. E. n. 4. *Secus* s'il avoit acquis au nom de son Eglise: Jugé contre les heritiers d'un Evêque de Chartres : du Moulin en sa note sur Paris, art. 151. ou en son nom, & qu'il y eût employé les deniers procedans du rachapt d'une rente dûë à son Eglise, ou les deniers destinez pour être employez au profit de son Eglise, Coquille sur Nivernois des successions, ch. 19. De même les Evêques succedent à leurs parens s'ils n'ont été Religieux, *cap. pen. de ult. & honest. cler. Vide ad totum articulum Joan. Fab. Inst. de hæred. qu. ab int. defer. Bened. ad cap. Raynutius. ver. uxor. nom. Adel. Sydon. Epist. 9. lib. 9. ibi, tua proximis.* contre le droit Canon *in cap. inquirendum de pecul. cler.* de peur que les gens d'Eglise ne possedassent à la fin tous les heritages, *cap. minuendas opes, luxus materiam, hostes pietatis: vide Argentr. art.* 510. *Machiau. lib.* 3. *de gl. Discor. sop.* La 1. Decad. cap. 1. Les heritiers des Evêques & autres beneficiers sont obligez aux reparations; comment & de quel jour, Loüet lett. R. n. 50. lett. O. n. 6. Et les successeurs au benefice aux dettes creées par leurs predecesseurs pour les affaires du benefice; *vide Epistolam Arnulphi ad Abbatem sancti Ebrulfi. Magnum exemplum Lampadius, qui de rebus Ecclesiæ & spoliis pauperum agros vineasque & mancipia congregaverat apud Greg. Turonensem.* Pourtant S. Ambroise loüe l'aumône que le Beneficier fait des fruits de son benefice même à ses pauvres parens, au second livre de ses Offices, ch. 26. ce genre d'homme est d'ordinaire sujet à l'avarice, encore que l'Apôtre dit que c'est la servitude des idoles.

Les Comtes de Chartres étoient jadis en possession de s'emparer des biens de l'Evêque après sa mort, ou qu'il avoit été déposé, par force ou autrement; auquel mal fut remedié par le moyen d'une Bulle du Pape Pascal, portant excommunication contre ceux qui à l'avenir voudroient continuer cet abus, même pouvoir de leur fermer les portes des Eglises, tant de la ville de Chartres que faux-bourgs d'icelle, jusqu'à pleine satisfaction; *Epist. Ivonis* 40.

Seculiers) Car aux reguliers c'est le superieur qui succede & prend leur pecule. Coquille sur Nivernois, des success. art. 19.

ARTICLE CXXXII.

L'Oncle succede à son neveu avant le cousin germain.

L'Oncle succede) *Idem.* Paris, art. 338. Orleans 228. *Ratio in aperto*, que l'oncle est plus proche d'un degré, & qu'en ce cas n'y a lieu à representation, dit la note de du Moulin sur Châlons, art. 82. *Vide L. avunculo, c. Commun. de success. Num. cap.* 27. Par même raison le grand oncle doit être preferé au cousin remüé de germain, *L. 2. C. de success. Edicto.* Les oncles tiennent lieu de peres envers leurs neveux. *Tacitus de Tyberio, lib. 4. Annal. Addidit orationem Cæsar multa cum laude filii sui, quod patria benevolentia in patris liberos foret.* Exemple de semblable amitié *in L. Lucius Titius, D de hæred. instit.* L'oncle & le neveu succedent également, comme étans en même degré, dit Paris, art. 339. *Secus* par le droit. *Cujac. ad Nov.* 118.

ARTICLE CXXXIII.

TOUS instrumens & obligations authentiques faits sous les sceaux de cette Chastellenye, ou autres seaux authentiques, seront executoires contre l'obligé & contre ses heritiers, chacun pour sa portion contingente, après toutesfois que lesdites obligations auront été declarées executoires par jugement contre lesdits heritiers.

Pour sa portion contingente) Vitry art. 8 . dit, au marc la livre : *& sic pro rata bonorum, scilicet ut adinvicem sese exonerent; cæterum creditores possunt hæredes exigere pro virilibus*, c'est-à-dire par égale portion, & sauf leur recours. C. M. en sa note sur ledit article. Voyez Pithou sur Troyes, art. 111. *Quintilianus Declam. 336. a quam utrique jus, eadem onera æris alieni.*

Declarées executoires] Voyez Paris, art. 168. & 169. Boullenois, art. 151. dit, pour avoir nouveau titre *novo consensu opus esse videtur, proxima causa obligationis personalis. Argentreus.* Joint que les heritiers etans appellés à cette fin, & qui ont juste cause d'ignorance, pourront demander délai de déliberer ; & après icelui expiré, s'ils trouvent la succession onereuse, dire avec saint Augustin, *renunciemus huic damnosæ hæreditati, antequam exactor veniat.* Il prend là *exactor*, qui veut dire Sergent, pour Diable : n'en déplaise aux Huissiers du Châtelet ; Mais l'execution encommencée passe à l'heritier, qu'il suffit d'appeller pour reprendre ou delaisser le procès, dit la note de du Moulin sur l'article 349. de la Coutume d'Orleans.

L'Ordonnance contraire bâtie par Poyet 1539. a été abrogée. C. M. Voyez les articles 168. & suivant de Paris, & l'Ordonnance de Henry II. de l'an 1549. conformes à la Coutume *ab executione non est incipiendum, l. 1. §. fin. D. de exec. rei judic. v. l. Paulus respondit, D. de pig. & hypoth.*

CHAPITRE XX.

DE BAIL, GARDE, TUTELLE & Curatelle d'enfans mineurs.

De bail) Qui n'a plus de lieu en cette Baronnie, plus bas, art. 140. *Balius quasi gerulus & portator pupillorum, etiam in titulis antiquis,* dit la note de du Moulin sur le ch. 33. de Lodunois, art. 1. *Bajulus Arnoldus apud Aimonium lib. 5. cap. 2. Idem forte quod Regis nutritius apud Greg. Turonensem. lib. 5. cap. 46.* Voyez Pasquier liv. 2. des recher. de la France, ch. 12. Ariost. ch. 3.

Dove Ruggier vive in altrui balia.

Cæterum tutores, custodes, pædagogos, id genus omne nasci sub Cepheo, scribit Manilius lib. 5. in Aquarii regione.

Garde) *Vuerda jus Scotis & Angelis.* Voyez Philipes de Biaumanoir ch. des Baux & des Vvardes. Froissard, vol. 3. chap. 135. parlant du Comte de Foix, & de la fille au Comte de Boullogne ; le gentil Comte la prit en garde & en nourrisson.

Tutelle) Après les successions les tutelles. *Apulejus lib. 1. de Asino. At vero domi tuæ jam defletus & conclamatus es ; liberis tuis tutores Juridici Provincialis decreto dati.* Dieu nous a mis nous-mêmes en notre tutelle, dans Arrian livre 2. des propos d'Epictete, & nous a retenus quand & quand en la sienne, *Tutela domini apud Tertullianum de fuga.* Cela veut dire que nous rendrons compte de ses graces. *Hæ vulgo non vendibilia*, comme parle Scaliger en ses exercitations contre Cardan. Je mêle par fois quelque chose des belles lettres dans ces annotations ; l'ouvrage sans cela de soi-même est sec, *ratio rubricæ animus in infantibus stolidus, apud Arnob. lib. 2.*

ARTICLE CXXXIV.

PAR le trespas de pere ou de mere les enfans sont en leurs droits & hors de la puissance d'autrui, supposé qu'ils eussent ayeul ou ayeulle, & deffaut la puissance que le pere avoit sur eux.

Ou de mere) Superflu, car les enfans ne sont jamais en la puissance de la mere ; quoi qu'ils lui doivent respect en tout tems, *quod pondera matris sunt, patris semina, apud Sydon. lib. 4. Epist. 21.*

Sont en leurs droits) Personnes de soi plus haut, art. 71. & suiv. *Pupillus tamen negatur esse sui juris, l. 11. §. 1. D. de pollic.*

Et hors de la puissance d'autrui) *Imò non sunt suæ potestatis, L. 43. D. de Oblig.* Ils ne tombent en la puissance de l'ayeul par la mort du pere ; mais bien en celle de leurs tuteurs & curateurs, qui est d'autre sorte que la paternelle : *Sui juris personæ, nempe patresfamilias, aut sunt liberæ, sed sub custode tamen ; ut pupilli : aut liberæ & sine custode ut majores annorum XXV. Marcilius Inst. tit. de Tutelis.* Tacite explique ce que c'est de la liberté pupillaire en ce passage du 14. livre des Annales parlant de Poppea, *quæ sibi matrimonium & dissidium Octaviæ incolumi Agrippina haud sperans ; crebris criminationibus, aliquando per facetias Incusaret principem & pupillum vocaret, qui jussis alienis obnoxius, non modo imperii, sed etiam libertatis indigeret.*

ARTICLE CXXXV.

SI tels enfans sont mineurs & sous âge, ils doivent avoir tuteurs & curateurs pour gouverner eux & leurs biens, si le pere ou la mere, ayeul ou ayeulle n'en vouloient prendre ou recueillir la garde, gouvernement & administration ; ce qu'ils peuvent faire de leur autorité, sans en venir à Justice ; & peuvent renoncer les pere & mere, ayeul ou ayeulle à ladite garde, si bon leur semble.

Tuteurs & Curateurs) Leurs parens, s'ils en sont capables, & en leur défaut, des amis ou voisins ; s'il n'y en a sur le lieu on en peut prendre de la ville ou villages proches. *Menoch. de Arbitr. judic. lib. 2. Cent. 3. Casu. 222.* Le devoir des Juges est de rompre les brigues qui se font ordinairement aux élections, & en cas de discorde dire tout haut celui qui leur semble être le plus propre à cette charge,

puerisve quis aptior orbis.

voire l'obliger de faire le serment, *Bart. in L. si cùm dotem*, §. *eo tempore*, *D. sol. matrim.* De même que lors qu'il s'agit du mariage d'une fille, Argentré, art. 475. S. Augustin les appelle *alteros orphanorum patres*, *Serm.* 35. *ad Fratres in Eremo*, ce qu'il a tiré de Platon en l'onziéme Dialogue de ses Loix. On recherche aussi-tot une tutelle comme on la fuit, lors que les mineurs ont du bien pour s'en accommoder, & il ne la faut pas toûjours bailler à celui qui la demande : Voyez la Loi 1. §. *Solent*, *ibi*, *nummis datis tutelam occupasse*, *id est* par simonie dit la glose d'Accurse.

Si les mineurs ont leur domicile en diverses Provinces, quel Juge est competent, voyez *Faber*, *Inst. de Attil. tut. in princ. n.* 3. Un Prêtre ne peut être tuteur, Arrêt du 16. Decembre 1560. can. 6. des Apôtres, Balsamon sur Photius, tit. 8. des prieres, ch. 13. Les nominateurs ni les Juges ne sont responsables de la tutelle, bien que lors de l'élection le tuteur fût pauvre & insolvable, s'il étoit en estime de bon ménager. Loüet lett. T. n. 1.

Pour gouverner eux & leurs biens) Quant à la personne des pupiles, les tuteurs sont obligés d'en avoir encor plus de soin que de leurs biens ; car un homme sans biens vaut mieux que des biens sans hommes : mais c'est de bonne heure en leur tendre jeunesse ; car il n'est plus tems quand ils commencent à se sentir.

totâque impune suburrâ
Permisit sparsisse oculos jam candidus umbo.
vide Terentium in Andria, *Act.* 1. *Sc.* 1. *Adolescentes potentes sui*, *apud Senecam lib.* 6. *de beneficiis.* Les nôtres dès l'âge de quinze ans sans l'avis de leur tuteur vont au lieu que le mot *suburra* signifie, ou au cabaret & se gouvernent eux-mêmes.

Le pere ou la mere) Par degrez, c'est-à-dire que le pere & la mere sont preferez à l'ayeul & ayeulle, par arrêt de l'audiance du 4. mars 1560.

N'en veuillent prendre) Rheims, art. 334. dit, que les parens pour causes raisonnables, pourront empêcher que la garde soit baillée au pere, mere, ayeul, ou ayeulle, & requerir qu'il soit au lieu d'icelle pourveu de tuteur ou curateur aux mineurs. De même & à plus forte raison, que le pere l'ayant prise en peut être privé. art. 137. plus bas.

Turpiùs ejicitur quàm non admittitur hospes.

Non semper legis voluntas servatur, *ut nec hominis*, L. *Quintus Mucius*, *D. de An. Legat.* Cet article est exprès pour dire qu'où il y a gardien il ne faut point de tuteur : j'approuve toutefois que le gardien se fasse aussi élire tuteur, puisque ces qualités sont compatibles, suivant Paris, art. 271. Voyez Loüet lett. G. n. 6. Grand Perche, art. 169. dit que le gardien doit poursuivre toutes & chacunes les actions personnelles, réelles & mixtes, tout ainsi qu'e pourroit le tuteur & curateur, ce qu'il faudroit suppléer en cette Coutume, & en celle de Chartres & de Dreux, après que le pere ou la mere a accepté la tutelle de ses enfans il ne peut plus en accepter la garde, par arrêt du 24. Janvier 1587.

Sans en venir à Justice) De leur propre autorité, & en continuant celle qu'ils avoient durant le mariage, de laquelle parle Seneque *lib.* 3. *de beneficiis*, *cap.* 11. *Et quia utile est juventuti regi imposuimus illi quasi domesticos magistratus*, *sub quorum custodia contineretur.* Blois, art. 4. dit que la garde appartient au pere ou mere, *ipso facto* : Et Grand Perche art. 167. dit, que s'ils l'acceptent, ils sont tenus en faire declaration 40. jours après le decès, devant le Juge ordinaire du haut Justicier. Ce qu'il faut suppléer aux Coutumes qui l'ont obmis, contre Paris, art. 269.

ARTICLE CXXXVI.

SI le pere ou la mere prend la garde des enfans mineurs d'ans, orphelins de pere ou de mere, s'ils sont nobles, les meubles appartiennent au survivant de son chef, & les fruits des heritages sont audit pere ou mere, gardien seulement, & ce en nourrissant & entretenant lesdits mineurs, selon leur état, & soutenant leursdits heritages, & aussi en payant les charges & redevances d'iceux héritages durant le temps de ladite garde.

Ou la mere) A cause de l'amour maternel : *Vide cap. 2. extr. de convers. infidel. juncta glossa. Arist. lib. 1. Oeconom. cap. 2.* Les meres prennent garde de plus près sur leurs enfans que les peres ; ce qui a fait dire à Horace que le jour semble long à ceux qui travaillent à la journée,

& piger annus
Pupillis, quos dura premit custodia matrum.

Epist. 1. l. 1. & ne s'en lassent jamais, *ideò Seneca libell. de consol. ad Albinam. Pupillus relictus sub tutorum cura, sub matris custodia semper. Vide Constit. Neapol. de Ballia matrum. Legg. Vuisigoth. lib. 4. tit. 3. L. 3.* Clotilde en notre histoire prit la garde des enfans de Clodomire, *materno suscepit nutriendos affectu. Aimoinus lib. 2. cap. 4.*

Par l'ancien droit Romain les femmes ne pouvoient être tutrices, & en la plus grande ancienneté, *erant in perpetua tutela* : depuis les meres furent exceptées de la regle : *ità* que par l'authentique *matri & avia* elles sont preferées à tous autres parens, horsmis aux tuteurs testamentaires : Voyez Argentré sur Bretagne, art. 480. gl. 1. cette sorte de tutelle est anomale, *gloss. in dict. authent. legitimè secundum Dinum* : *Vide ibidem Joan. Fabrum. Secùs* si la mere étoit mineure, *Bald. & Jacobinus auth. hisdem pœnis, C. de sec. nupt. L. omnem, ad Tertyll. & Cons.* 105. où il dit, qu'en la Coutume qui habilite la femme de passer tous contrats, la tutelle n'y est pas comprise.

De son chef*) Jure art.* 65. plus haut, non comme gardien, & faut ainsi entendre l'article 105. de la Coutume de Chartres, qui dit, les meubles & les fruits sont au gardien, suivant le Grand Perche, art. 170. Il faut avoüer que des trois Coutumes, à sçavoir, de Chartrés, de Dreux, & celle-ci, qui sont semblables en plusieurs articles, celle-ci outre qu'elle est plus ample, donne jour aux deux autres.

Rheims, art. 331. dit, le gardien noble fait les meubles delaissez par le défunt, ensemble le revenu & fruit des rentes & heritages, tant feodaux que roturiers appartenans à ses enfans, siens. La garde noble est compatible avec la bourgeoise, pour les biens scituez en divers païs ; par Arrêt du 14. Avril 1579.

Et les fruits des heritages) En general, par l'ancien droit François des feodaux seulement, de peur que le Seigneur durant le bas âge de ses vasseaux, auquel ils n'étoient capables de le servir, ne s'en emparât. Voyez Chopin, *lib. 2. de mor. Paris. tit. 7. n. 2. sub finem.* L'erreur, ou plutôt iniquité, se commettent donc en deux sortes ici : Premierement, en ce que la cause cessant, on fait durer l'effet : Secondement, en ce que l'on étend ce gain de fruits aux heritages roturiers, voire aux rentes, suivant Paris art. 267. aux droits de Patronages. *Secus* des fruits des heritages échus pendant la garde, soit en ligne directe ou collaterale, suivant l'Arrêt donné au profit des heritiers de M. Roüillard Conseiller de la Cour, l'an 1576. & encor un autre du 20. May 1564. La Coutume ne repete ayeul ou ayeule en la garde noble, où il va du gain des fruits, comme en la garde bourgeoise : art. précedent : Et celles-là sont iniques, dit Argentré sur le 79. article de Bretagne, qui l'étendent jusques aux deux ou troisiéme degré. Les bourgeois de Paris sont égalez aux Nobles en cet endroit, *dict. art.* 267. avec autant de raison que Paris est comparé à Rome par ses écrivains. Ce droit ne peut être prohibé par testament. Jugé contre le sieur de Mesieres pour le sieur de Dampmartin & sa belle mere en l'an 1528. pource que c'est la Coutume qui le donne. Jugé que le gardien doit user de son droit comme un bon pere de famille, sur peine d'être privé de la garde, par arrêt du 18. Janvier 1567.

Quod homines mercede, Ossifragæ faciunt charitate, quæ ejectos à parentibus pullos cognatum genus excipiunt & educant cum suis, ait *Plinius lib.* 10. *cap.* 13.

Et ce en nourrissant & entretenant les mineurs selon leur état) *Quod est alere, tueri, in L. generali.* §. *duas filias D. de usu & usuf. & red.* Paître & vêtir dans Biaumanoir. *Vide L. verbo victus juncta glosella Gothofredi, de verb. sig.* Meaux dit, leur bailler état convenable en chevaux, habillemens & autres choses nécessaires ; & s'ils sont filles, les vêtir selon leur état & condition ; car il faut encor avoir plus de soin qu'une fille soit honnêtement vêtuë qu'un garçon, voyez l'Epître 32. du 2. livre de Pline. *Indices custodésque dignitatis habitus apud Tertullianum de Pallio.* Arthois, art. 110. dit, & mettre à l'école ; car c'est nourrir qu'instruire ; *non ex solo pane vivit homo*, l'homme étant composé de deux parties, *carnem saginari, & spiritum esurire non prodest*, dit le même Tertullian, *initio libri ad Martyres. Adde benè & pudicè ex Plauto in Captivis, gloss. ad cap. 2. extr. de Convers. infid. ne fiat illud, vitiator pupillæ tutor, aut spoliator pupilli prostantis.* Nos gardiens nobles nourrissent aujourd'hui leurs mineurs, comme Commines dit, Chronique de Loüis XI. ch. 18. nous ne l'oserions transcrire ici ; les verités offensent : & quand vous auriez remontré à quelqu'un d'eux, que ce n'est pas assez d'aimer les chevaux & les chiens, qu'Alexandre & Cesar aimoient aussi les livres.

Dynomaches ego sum, suffla, sum candidus, esto.

Et soutenans leursdits heritages) Voyez Paris, art. 267. & Clermont, art. 170. Tellement que pour fuir à procès il est bon de faire visiter à l'entrée de la garde. Soutenir s'entend proprement des maisons & édifices qui tombent faute de soutennement. *E politioribus litteris quibus me tinctum scripsit Mornacius in Commentariis super Codicem, hic adduco imagines mulierum stolatarum oneri ferundo collocatas, & statuas Persicas sustinentes, de quibus M. Vitruvius lib. 1. cap. 1.* La plainte du Prince d'Antioche est à propos de ce texte, dans Jonville Chronique de S. Loüis, en ces termes; SIRE, Il est vrai que Madame ma mere, qui ici est presente, me tient en son bail, & m'y tiendra encore jusques à quatre ans, pour raison de quoi elle tient toutes mes terres & en joüit, en sorte que je n'ai puissance de rien faire, Et combien qu'elle ait la puissance de mes Seigneuries, toutesfois elle ne devroit pas les laisser perdre & déchoir, ains plûtôt les devroit augmenter & accroître, ce qu'elle ne fait : Pourquoi, SIRE, je vous prie lui vouloir remontrer. Mere privée de la garde parce qu'elle endommage les heritages de ses enfans, par Arrêt du 18. Janvier 1567.

En payant les charges.] Les gerondifs portent necessité & forme précise *respectu verbi vel actus ad quem referuntur ; ex Bartoli theoria quam explicat Molinæus ad art.* 35. *ver.* en faisant la foy. *Cons. Paris.* Ces charges *sunt fundorum æs alienum, quo deducto fructus duntaxat intelliguntur, L. liberto §. Pater, D. de Annu. L. quaro, L. generali, §. ult. D. de usu & usuf. & red.* Argentré sur Bretagne, art. 79. not. 2. Voyez Paris, art. 46. Des dettes & arrerages des rentes, Paris, art. 267. & Grand Perche, article 170. qui dit, les

les acquitter de toutes dettes & charges annuelles, *juxta illud*, qui garde prend, quitte la rend; est aussi tenu de faire les frais des procès mûs pour raison des héritages dépendans de ladite garde, à tout le moins jusqu'à concurrence des fruits; en moderant Berry art. 26. ch. de l'est. & cond. des pers.

ARTICLE CXXXVII.

SI la mere qui a la garde, se remarie, la garde faut, parce qu'elle revient en la puissance de son mari; & quant au mari, ne la perdra point, s'il n'est trouvé qu'il fut de malversation, ou qu'il tournât à pauvreté; auquel cas il sera pourvû par Justice.

Si la mere) *Idem* Orleans, art. 180. Melun, 186. Grand Perche, art. 168. Contre Paris, art. 268. Chartres, art. 106. qui ont, le pere ou la mere, & me semblent ces dernieres Coûtumes plus raisonnables que la nôtre, qui dit pour sa raison, parce qu'elle revient en la puissance de son mari, comme si le mari ne revenoit pas en celle de sa femme aussi-bien au pays de Thymerais qu'ailleurs, où nous voyons ce beau sexe regner si doucement. On dit que les femmes sont plus infirmes, *& quadam novis maritis non solum res filiorum, sed etiam vitam adducunt*, *L. lex, C. de adm. tut. citiùs amore decipiuntur, inquit Glossa* L. 2. *D. ad Sen. Velleia. adde Cujac. Nov.* 22. *Observ.* 29. *lib.* 6. *Cassiod. lib.* 4. *Var. Epist.* 12. *D. Hier. Select. lib.* 2. *Epist.* 19. Boër. sur Berry, tit. 9. art. 1. *L.* 62. *D. de cond. & demonst. Legg. Vvisigoth. lib.* 4. *tit.* 3. L. 4. *& qua jactavit Eumolpus in muliebrem levitatem apud Petronium.* Voyez au contraire *de Livia* dans Tacite, livre 1. des Annales, qui avoit tant de pouvoir sur l'esprit d'Auguste, qu'elle lui fit releguer Agrippa, son petit-fils unique, en l'Isle Planasie, & de Claude au livre 12. possedé d'Agripine : ce que dit Argentré de son pere coiffé de sa seconde femme, sur l'article 473. de Bretagne : & considerez ce vers de Virgile, livre 2. de l'Eneïde.

Jamque vale, & nati serva communis amorem.

Où Servius écrit que *propter futuram novercam commendatur Ascanius.*

Quid, Si la mere qui se remarie, obtenoit lettres du Prince pour être conservée en sa garde. *Vide Jac. Menoch. lib.* 2. *de Arbitr. judic. Cent.* 2. *casu* 151. *in fine.*

De malversation) *Vide L.* 3. §. 5. *D. sup. tut.* Exemple de Bonne de Savoye, dans Ph. de Commines, chron. du Roy Charles, ch. 2.

Ou qu'il tournât à pauvreté) *Quia multum contra justitiam necessitas valet, & nihil ad vilitatem sui pronius miseris delicatis, Declam.* 260.

Les mœurs des nobles sont telles, que quelque pauvres qu'ils soient; ils veulent paroître & entretenir noblesse aux dépens de qui que ce soit.

cupiunt lauto cœnare paratu
Semper. & à magna non degenerare culina.

Non que je veuille dire que cet article ne concerne aussi bien la garde bourgeoise que la noble, mais il le faut examiner plus soigneusement sur celle-ci que sur l'autre, à raison du gain des fruits; tellement que je crois qu la seule pauvreté ne seroit suffisante de faire ôter la garde au gardien, soit bourgeois, soit noble, sans malversation, *si vitæ ejus sobrietas clara* L. *suspectum, D. de susp. tut.* §. *ult. Instit. eod. Lentulo super consulatum, & triumphalia de gerulis gloriæ fuerat bene tolerata paupertas. Tacitus lib.* 4. mais le proverbe dit, en pauvreté n'a loyauté.

S

Pourveu par justice) La Coutume ne dit pas perdra la garde, ce qu'il faut remarquer, d'autant peut-être que pour le regard du gardien noble, il ne pourroit être privé du gain des fruits, mais simplement de l'administration & exercice des actions par l'adjonction d'un curateur ou tuteur que l'on feroit créer aux mineurs, de quoi voyez Argentré sur Bretagne art. 79. not. 1. *ver* au moyen du bail, art. 473. Toutesfois Grand Perche, art. 174. dit que le gardien dissipateur de biens doit être privé de la garde, & où les parens du mineur ne feroient leur devoir de l'en faire priver, le Procureur du Roy ou de la Seigneurie en fera la poursuite, voyez Loüet lett. T. n. 1. Le Juge se doit porter discretement en toute connoissance, mais particulierement en celle-ci, *quia famæ causa est, L. 39. §. ult. D. de Procurat.* Est fort à propos de ce texte ce que dit Charlemagne liv. 6. des Capitulaires, qu'il entend que *viduæ & orphani, & minus potentes sub Dei defensione & suo Mundeburde pacem habeant, & eorum justitias acquirant* Cela étoit bon dans un siecle où la Justice regnoit, & les Sergens avant que faire un exploit, ne demandoient pas permission au Seigneur du village.

ARTICLE CXXXVIII.

ENTRE Roturiers, le pere ou la mere peuvent prendre la garde de leurs enfans, qui est reputée tutelle legitime; & seront sujets néantmoins à faire inventaire, & rendre bon compte & reliqua.

Peuvent prendre] S'ils veulent, par l'article 135. plus haut, & par le 167. du Grand Perche, *ejus est velle qui potest nolle, reg. juris* 3. & neanmoins de quelle grace le pere ou la mere refuseront-ils cette charge, pour la jetter sur les épaules d'un étranger,

dic aliquem, dic, Quintiliane, colorem.

Nous avions dit en nos premieres annotations qu'ils y pouvoient être contraints, quoi que contre le texte de la Coutume, dont nous nous retractons, & toutesfois nous n'avions point tant mal dit. *Vide L. amicissimos, D. de excus. tut.* l'Office du Juge peut beaucoup en cet endroit.

Tutelle légitime) Voyez sur l'article 136. plus haut. *ver.* ou mere, *istæ tutelæ consuetudinariæ instar, legitimarum sunt, Bald. Cons.* 145. *præmiss. verbis, lib.* 2. c'est pourquoi on les considere tout ainsi que les tutelles du droit, sinon en ce qu'il apparoît de leur diversité, dit du Moulin en sa note sur Bloys, article 4.

ARTICLE CXXXIX.

DURANT la garde d'enfans mineurs d'ans n'y a point de profit de rachat au Seigneur féodal pour raison d'icelle garde.

Durant la garde) *Idem* Chartres, art. 107. Paris, art. 46. qui ajoute, mais il est tenu les en acquitter, s'il en est dû du chef desdits mineurs. Il corrige la dureté de quelques Coutumes, qui faisoient rachepter la garde, contre la raison du droit des fiefs; car il n'y a point de mutation d'homme, les gardiens possedans au nom d'autrui. Voyez relief de bail dans Monstreüil, art 16. relevé de bail dans Ponthieu, art. 28. Estampes, art. 23. avec la note de du Moulin: La Coutume, comme celle de Chartres & Dreux, n'a point dispose du tems auquel finit la garde, ce qui toutesfois étoit nécessaire; il faut donc dire qu'elle finit à celui de la souffrance, comme Paris, art. 268. & 41. & Grand Perche, art. 172, & 41. & Dunois, art. 11.

ARTICLE CXL.

En cette Baronnie bail de mineurs n'aura plus de lieu, mais sera pourvû de tuteurs & curateurs; sinon que les pere ou mere eussent prins la garde d'iceux mineurs, ainsi que dessus est dit.

Sinon que les pere ou mere) Bail avoit lieu en collaterale. Voyez Ragueau en son indice, *ver.* Bail. Pithou sur Troyes, art. 10. de bail bailly, gardien de la Justice d'une Province, *ut custos legum apud Platonem.* Capitaine des nobles, & Juge ordinaire en Vermandois, tant pour le ban & arriere-ban, que Justice ordinaire. Le nom est devenu ridicule, depuis qu'on l'a communiqué aux Juges sous l'orme.

ARTICLE CXLI.

TOUS gardes & tuteurs, tant légitimes, datifs que autres, sont tenus faire inventaire & tenir compte, sauf toutesfois les pere & mere nobles, lesquels quant aux meubles & fruits qui sont à eux comme dit est dessus, seront excusez de compte; mais non de faire inventaire des héritages, titres & enseignemens desdits mineurs.

Tous gardes & tuteurs) Voyez la note de du Moulin sur Bloys, art. 4.

Faire inventaire & rendre compte) L'inventaire est le fondement du compte; tellement que celui qui n'en a point fait *dolo fecisse videtur*, dit le Jurisconsule *in L. qui repertorium in princ. D. de adin. tut.* S'il ne dit cause raisonnable, pour laquelle il n'en ait point fait comme si, les frais surpassoient la valeur des choses, dit la note de du Moulin sur l'article 182. de Bourbonnois. Quelles personnes doivent être appellez à le voir faire, voyez l'article 351. de Normandie, le 269. de Paris, & l'article 164. de l'Ordonnance de Bloys. De la forme, *L. si quis intra, C. de bon. proscript. Specul. lib. 2. de instrum. edit.* & comme il faut aviser en le faisant, *ne secreta patrimonii pandantur, L. 2. C. de alim. pup. præst.* de la peine de celui qui n'en a point fait, *Natta Cons.* 214. Il est bon de sçavoir que l'estimation qui se fait des choses contenuës en l'inventaire à force de vendition, & n'est pas simplement pour en désigner la valeur, mais pour charger le tuteur comme un acheteur du peril d'icelles, en sorte qu'il les peut vendre comme siennes, & plus qu'elles n'ont été estimées à son profit:

vide L. 1 *§. æstimatarum, & §. æstimatas, C. de rei uxo. ap. Tiraq. de Retract. §.* 1. *glos.* 14. *n.* 19. *&* 20. L'ordonnance d'Orleans de l'an 1560. article, 102. *Ad Præfectum, urbis remittebantur tutores sive curatores, quos probari poterat consultò circa edendum patrimonium quantitatem minuisse, L.* 1. *§. solent, D. de Offic. Præf. urb.*

Quant à rendre compte, *vide* L. 1. § *officio, cum glosella Gothofr. D. de tut. & rat. distrah.* Comment les tuteurs ne seroient-ils obligez de rendre compte, que les tyrans pour contrefaire les bons Roys le rendent bien à leurs sujets des deniers qu'ils ont levés sur eux & employez, voyez Aristote livre 5. des Politiques, ch. 11. où il nomme les Rois curateurs du bien public: Or l'administration de la republique aussi bien que de la tutelle se doit conv[illegible]tir, *non ad utilitatem eorum quibus commissa est, sed ad eorum qui commissi sunt. Idea tutoris pessimi Hirrus apud Juvenalem. Satyr.* 1[illegible].

Jugé qu'un frere nommé tuteur de son frere par le testament du pere avec sa belle-mere, le premier intimé rendoit compte solidairement avec elle, quoi qu'il montrât qu'il n'avoit que 22. ans lorsqu'il prêta le serment, par Arrêt du 19. Juillet 1621. le particulier du fait étoit qu'il étoit Procureur au siege de Rion, que son pere lui avoit donné l'état en consideration de la tutelle, & qu'il avoit manié les biens, & reçû le revenu.

Inventaire des heritages.) Encore qu'on ne les puisse emporter, & qu'ils couchent dehors, comme l'on dit, mais de peur que leur possession ne soit intervertie, voyez Argentré, art. 514. glos. 3. & art. 265. pag. 899.

Titres & enseignemens) La coutume des oiseaux de proye dans Pline, est de crever les yeux aux autres oiseaux qu'ils pourchassent, afin qu'étans privez de la vûë, ils demeurent destituez de tous moyens de se défendre: & des mauvais tuteurs de supprimer les titres & papiers des mineurs, afin qu'ils ne puissent connoître leurs biens, ni les rechercher de ce qui auroit été pris, détourné ou aliené par eux, *evidenti fraude, L* 1. *§. Solent in fin. D. de Offic. Præf. urb.*

CHAPITRE XXI.

AMENDES DE FIEFS & de Cens.

ARTILCE CXLII.

QUi recelle & ne paye ou deprye dedans huitaine au Seigneur, son receveur ou commis, ou Procureur ou Sergent, là où lesdits Seigneurs, receveur ou son commis ne seroient demourans & residans sur le lieu où l'on a accoutumé faire ledit payement ou depri, les ventes de l'heritage acquis, est amendable de foixante fols tournois envers le Seigneur, & s'il deprye dedans la huitaine de fon acquêt, & il ne paye lefdites ventes dedans la huitaine enfuivant ledit depry, il eft amendable de fept fols fix deniers tournois.

Deprie) Deprier c'eft accorder au Seigneur pour les lots & ventes, ou le prier d'attendre le payement, Dourdan, art. 46. Voyez Ragueau.

Dedans huitaine) De l'acquifition, le jour d'icelle compris fuivant du Moulin; non compris felon Chopin. En tout cas, fi le Seigneur reçoit fans protefter de l'amende, elle femble remife, *L. fin. D. de eo qu. cer. loc.*

De foixante fols tournois) Bourbonnois, art. 394. dit qu'il payera le double, & a quarante jours au lieu de huitaine, *juxta L. non intelligitur, L. edicto. D. de jur. fifci.* auffi eft le recellement en ce cas interpreté *quafi furtum nec manifeftum*, dont l'action va au double, *Inftit de action* §. *in duplum.*

De fept fols fix deniers] Peine diminuée, à caufe que le dol & le mépris ceffent, *qui petit veniam, debitum confitetur, Tertull. de Oratione.*

ARTICLE CXLIII.

QUI leve ou fait enlever les fruits ou chofes empefchées par le Seigneur feodal ou cenfier, après l'empêchement fignifié, il chet en amende de foixante fols tournois, pour main enfrainčte, fi tel Seigneur empêchant à Juftice jufques à foixante fols tournois: Et s'il a Juftice fonciere feulement, n'y a que fept fols fix deniers tournois, & eft tenu reïntegrer les fruits par luy levez.

Soixante fols] 60. *folidi fumma folemnis & jufta taxatio, ut & Banni Dominici, Car. Magn. lib. 4. Capitul. cap.* 1. 7. 22. 31. 32. *gloffar.* V. *Molin. ad Parif.* §. 29. *glof.* 1. *ver.* main-mife, *Pyrrh. ad aurel. tit.* des fiefs, ch. 72. Ce que dit Boër fur Berry, art. 16. *eod.* que cette amende a lieu par la Coutume generale de France; toutesfois qu'en quelques lieux on fait difference entre les nobles & les roturiers, en ce que ceux-ci ne font condamnez qu'à quarante fols, & ceux-là en foixante; eft-ce parce que les nobles font plus coutumiers de fe rendre rebelles à Juftice, ou qu'ils font plus obligés de la maintenir que les roturiers. S'il eft vrai que la nobleffe vient de vertu, & que la Juftice contient en foi toutes les vertus; il n'eft point d'action plus roturiere que de refifter à l'autorité de la Juftice; ils demeurent d'accord de la propofition, mais il nient la confequence,

& de virtute loquti
Clunem agitant.

Voyez Coquille queft. 25. & *Agrippa de l'an. fcien. cap.* 80. où il dit, que *nobilitas eft robufta improbitas.* Ce difcours eft plat en un tems auquel les Sergens n'oferoient faire le moindre exploit dans leur village fans leur permiffion: Quoi que l'amende foit taxée par la coutume, le Juge toutesfois la peut augmenter ou diminuer, *pro modo admiffi*, C. M. s'il y a lieu à l'augmenter c'eft ce qu'il faut, *quoniam & exceffus funt in formidine, cum cre-*

duntur judicibus displicere, dit Cassiodore *lib. 1. variarum.*

Pour main enfrainte) Saisine brisée, Anjou, art. 169. Trefves enfraindre dans Froissart, *passim.*

Reintegrer les fruits] Resaisir ailleurs.

A Justice Jusques à soixante sols tournois) *id est* basse Justice, Coquille sur Nivernois, ch. 1. art. 13. basse Justice en civil est donc ès causes dont le principal n'excede 60. sols, & en crime ou l'amende n'est aussi que de 60. sols ès cas exprimez par la Coutume seulement, pour regler la somme, on a égard au libelle du demandeur, L. *penult. in fine de Jurisdict. omn. judic.*

ARTICLE CXLIV.

QUI tien heritage à cens, qui est dû à certain jour, & en certain lieu, & il ne paye ou deprye au jour & lieu, il chet en amende de sept sols six deniers tournois vers ledit Seigneur censier; & s'il ne paye ledit cens après le depry, il est en amende comme dessus.

A certain jour] Divers selon les conventions, ou selon la Coutume du païs. Ici la S. Remy.

Et en certain lieu) *Congruo scilicet, idoneo non remotiori.* Au principal manoir d'ordinaire, voyez Anjou, art. 188. L. *quòd nisi.* §. 1. *D. de op. libert. Vide Satraparum regiam quò tributa conferebantur, apud Plinium lib. 6. cap. 26.*

En Amende de sept sols six deniers) Ce qui n'a lieu pour les rentes & autres dettes, d'autant que ce droit de cens *annexam habet implicitamque honoris & reverentiæ exhibitionem*, comme dit Balde *in L. ult. C. de Cond. insert.* Pour plusieurs & diverses pieces de terre contenuës en un seul bail une seule amende, Loüet lett. A. n. 7. *Mornac. ad L. 33. de Recept. qui arb. rec. Secus* si par baux separez, dit la note de du Moulin sur Estampes, art. 49. Comme aussi une seule amende pour plusieurs années : *Secus* si le Seigneur en avoit fait question par chacune année, dit Estampes, *dict. art.* 49. Chartres, art. 112. dit, pour chacune année. Anciennement écheoit perte d'heritages faute de payement de cens à son jour. *Chopin. de Mor. Paris. lib. 1. tit. 3. n. 1.* Aujourd'hui quand le tenant à cens feroit mil ans sans payer il ne tomberoit en commis, si le contrat n'étoit juré : *Menoch. lib. 3. Præs. 106. n. 11.*

Apres le depry] Huitaine après le depri, *ex Carnutensi*, art. 112. Ces Coutumes voisines s'entre-secourent, pource qu'elles sont presque toutes semblables ; ce qui me fait croire que j'écris sur celle de Chartres écrivant sur celle-ci, voire esperer que les bons esprits m'en sçauront gré. Quand je dirois qu'il m'échape quelquefois un bon mot je ne mentirois pas. *Latinis quid sit deprecari, Vide apud Joseph. Scaligerum in Epigramma Catulli 93.* qui prie, paye, *Pers. Satyr. 2. debitorum deprecatio apud Tertullianum de Oratione*, il faut payer ou deprier.

ARTICLE CXLV.

QUand aucune personne vend ou constituë rente sur son heritage, l'achepteur d'icelle rente doit les ventes au Seigneur censier ou foncier, dont est tenu & mouvant l'heritage sur lequel ledit vendeur a constitué ladite rente.

Doit les ventes) Cet article est generallement corrigé par arrêt fondé en raison generale, comme j'ai écrit sur Paris, §. 54. sauf ès cas que j'ai exceptés au dit lieu. C. M.

ARTICLE CXLVI.

PAr deffaut de payer les ventes, le Seigneur auquel elles sont deuës, peut faire saisir l'heritage & fruits d'iceluy vendu ou aliené, pour raison duquel lesdites ventes sont deuës, & au regime d'iceluy faire ordonner Commissaires, sans ce que toutesfois au moyen dudit saisissement il fasse les fruits siens. Et ledit Seigneur payé desdites ventes & amendes, sera tenu lever la main, en payant les frais de l'empêchement & Commissaires, ou pourra ledit Seigneur, si bon luy semble, poursuivir lesdites amendes & ventes par action.

Saisir) paris, art. 81. dit, les ventes & amendes se poursuivent par action seulement.

Par action) Quand la coutume dit, & pourra ledit Seigneur, si bon lui semble, poursuivre lesdites amendes & ventes par action, elle semble le conseiller de choisir la voye de l'action comme la plus douce : C'est pitié des rigueurs que les Seigneurs feodaux ou censuels exercent aujourd'hui sur ceux qui possedent heritages qui tiennent d'eux, on n'oit parler que de saisies, & frais de saisies que Monsieur le Bailly taxe raisonnablement ; toutesfois ce n'est pas d'aujourd'hui que l'on a dit, *homo homini lupus* : cette barbarie ou cruauté est vieille, & donna lieu, si je ne m'abuse, à la constitution de Charles-Magne *lib. 7. Capitul. Admonendi sunt domini prædiorum, ut circa suos piè & misericorditer agant, nec eos qualibet injusta occasione condemnent, nec vi opprimant, nec eorum substantiolas injustè tollant, nec ipsa debita à subditis reddenda impiè ac crudeliter exigant*, *debita*, en ce lieu, c'est-à-dire devoirs, comme gans, ventes, cens.

ARTICLE CXLVII.

IL est loisible à un Seigneur foncier ou censier de poursuyvir l'acquesteur & nouvel detempteur d'aucun heritage étant en sa censive ou Seigneurie fonciere, afin d'apporter & exhiber les lettres d'acquisition d'icelui heritage, si aucunes en y a, pour être payé des droits de gands, ventes, saisines & amendes, s'ils y echéent.

Il est loisible] *Idem* Paris, art. 73. *Mol. ibi.*

De poursuivir] Devant son Juge, & ne peut être décliné par les gens d'Eglise. Il est vrai qu'on renvoye aux Requêtes du Palais, mais c'est abus; car les choses foncieres & exploits domaniaux appartiennent particulierement à la Justice fonciere C. M.

ARTICLE CXLVIII.

LE Seigneur censier ou foncier peut proceder ou faire proceder par voye d'arrest ou brandon sur les fruits pendans en l'heritage à lui redevable d'aucun cens ou fonds de terre pour les arrerages qui lui sont deus.

Sur les fruits] *Idem* Paris, art. 74. *Mol. ibi* Non faire executer les meubles du détempteur, par Arrêt du 22. Juin 1602. entre la Biche & Lescalopier, conformément à l'Edit des Censives & Rentes foncieres de Charles IX. en l'an 1563. C'est un droit que le Seigneur direct s'est retenu sur la chose en la baillant & de Justice dominiale, dont est fait mention *in L. Titius, D. de serv. export.* & ne viene pas de simple convention où l'office du Juge est requis. C. M. celui qui déguerpit ne doit que les arrerages de son tems; le Seigneur se doit addresser au détempteur ou à l'heritage pour les precedens, Par Arrêt entre Emery Luillier appellant, & le sieur de la Houssaye intimé, du 6. Mars 1595. Voyez Coquille, question 231.

CHAPITRE XXII.

AMENDES DE CHAMPART.

De Champart) *Quasi* part de champ ou droit de champ partir. Voyez Ragueau *campi partus Pyrrho ad Aurel. elegãter magis quam verè. Vide L. Domini prædiorum, C. de agric. & cens.* Champart ou terrage en la Coutume de Montargis, l'art. 1. du ch. 11. de Nivernois. Mais considerez sur son origine, sans que je veuille de rien jurer, ce passage d'Hygenus affranchi d'Auguste, *lib. de lim. constit. Agri autem vectigales multas habent constitutiones, in quibusdam provinciis Fructus partem constitutam habent, alii quintas, alii septimas.* Le detemteur est tenu de faire valoir les terres sujettes à ce droit, de sorte que le labourage n'est pas en simple faculté, & que le Seigneur à faute de les labourer les pourroit reprendre: ce que je tire des coutumes de Poitou, art. 104. de Berry, des dr. pred. art. 20. & autres. On suit pour sa cottité consue-

consuetudinem regionis, & se doit payer après la dîme, qui est la part de Dieu. *V. cap. non est cap. tua. extr. de decimis.* Nous avons un exemple d'un grand droit de champart en l'aveu du Seigneur du Boullai Thierri au Baron de Château-neuf, & du Tremblai dans notre pancarte, où le laboureur est tenu mener les gerbes à la grange, & les y tasser, voyez Champart rendable en grange, Coutume d'Estampes, art. 58.

ARTICLE CXLIX.

QUI leve ou emporte les fruicts d'une terre tenuë à champart ou terrage au desçeû & sans le faire sçavoir au seigneur à qui le champart appartient, ou à son Procureur & Commis, il chet en amende de soixante sols tournois envers ledit Seigneur; & est tenu de rendre ledit droit de champart ou terrage.

Sans le faire sçavoir) Et ne suffiroit de dire que le Seigneur l'auroit sçû d'ailleurs; aussi ne se doit-il faire attendre étant dûëment averti, car le tems est cher en cette saison. Virgile.

Sæpe ego cùm flavis messorem induceret agris
Agricola, & fragili jam stringeret ordea culmo,
Omnia ventorum concurrere prælia vidi,
Quæ gravidam latè segetem ab radicibus imis
Sublimè expulsam eruerent, ita turbine nigro
Ferret hyems, culmumque levem stipulasque volantes.

Poitou, art. 64. dit que si le Seigneur ne vient dans les 24. heures qu'on lui aura fait sçavoir, le laboureur comptera en presence de témoins. Berry des dr. pred. art. 26. limite, pourveu qu'ils soient demourans en même parroisse ou Justice. *Idem* Orleans, art. 141. Bourbonnois, art. 352. apporte un expedient, que le proprietaire n'étant sur le lieu, le laboureur fasse denoncer au Prône de la parroisse le Dimanche precedent. J'ai vû des procès devant moi sur ce point; le Seigneur du champart disoit n'avoir été dûëment averti, le laboureur au contraire.

Au Seigneur) Ce mot semble signifier que le droit de Champart est Seigneurial: On fait distinction; ou il n'y a autre Seigneur qui pretende droit de Censive sur la terre sujette à Champart, ou il y en a quelqu'un; au premier cas il est Seigneurial; au second, non; voyez Monsieur Loüet lett. C. n. 19. Au premier cas on n'est point tenu s'opposer aux criées pour droit de champart & emporte lots & ventes; au second, on est tenu s'opposer aux criées, & les lots & ventes se payent au Seigneur censier, suivant l'article 61. de la Coutume d'Estampes.

En amande de soixante sols) Et ce pour chacune piece de terre, dit Estampes, art. 59.

CHAPITRE XXIII.

AMENDES DE PRISES de Bêtes.

ARTICLE CL.

En prises de bêtes, le preneur bien famé & renommé sera crû par son serment de la prise desdites bêtes faisans dommages, & vaut ladite amende pour la prise faite hors forêts & bois taillables, cinq sols tournois, & sauf à celuy auquel les bêtes prises appartiennent de recouvrer ladite amende & ses autres dommages & interets, au cas que ledit preneur seroit trouvé avoir mal fait ladite prise

Bien Famé & renommé] C'est-à-dire non infame, *integra fama arbiter & ignominiosus opponuntur*, L. 7 *D. de arbit & qu. arb. recept. sine crimine notus, ut Vulteius apud Horatium Epist.* 3. *lib.* 1. Infame remis par le Roy en sa bonne fame, dans le grand Coutumier de France, ch. des reproches. *De conservanda fama, vide Epistolam Ivonis Carnotensis* 242. *contemptu famæ contemni virtutes, dixit Tacitus*, autre chose est d'être juste au jugement des hommes, & autre devant Dieu, *in conspectu Dei*, dit Origene *Hom.* 2. *in Lucam.* Ce qui diminuë la foi du demandeur, c'est d'être coutumier d'intenter telles actions, & voisin hargneux. Voyez le ch. 19. de Lodunois.

Est creu) Tant de la prise que du lieu, Orleans art. 158.

De la prise desdites bêtes] *Utilitate id receptum*, pour ce qu'en allant chercher autres, les bêtes échaperoient, *L. ait prætor §. si debitorem, D. quæ infr. cred.* soit qu'il sçache ou non à qui elles appartiennent. *rejecto Jacobi dubio quod adducit Faber Inst. Si quadr. paup. V. animal. sub fin* mêmes les peut garder, enfermer, & neanmoins les doit deferer à Justice 24. heures après la prise, dit la Coutume d'Orleans, art. 158. & en les prenant ne leur doit méfaire, *penitus lædere non debet*, dit la loi Salique, tit. 10. §. 1. si ce n'étoient des oyes ou autres volatiles, desquels il peut tuër une ou deux, & les laisser sur le lieu, ou les jetter devant l'heritage. *& ita sibi jus dicere*, pource que tels petits animaux ne valent pas la peine d'en aller en Justice; voyez les notes de du Moulin sur les articles 154. d'Orleans & 5. de Lodunois, ch. 19. & encore l'article 162. de la nouvelle d'Orleans.

Grand Perche, art. 219. ajoûte, soit proprietaire ou fermier, soit enfant ou serviteur d'âge competant.

Estampes, art. 188. dit, que l'action pour lesdits dégâts, prises & dommages, se doit intenter dedans huitaine.

Dreux, art. 41. dit, est crû par son simple serment, en affirmant sa prise, & non du dommage, lequel dommage doit être visité dedans les 24. heures. Nous gardons ces 24. heures en ce Bailliage, d'autant que si l'on attendoit plus longtems à faire visiter, la face du lieu pourroit changer, ou d'autres bêtes pourroient encore faire dommage au même endroit, ce qui rendroit le Jugement plus difficile. Ce sont les visiteurs qui rapportent ce qui peut y avoir de dommage devant le Juge: & suivant leur rapport affirmé par serment, le Juge condamne le deffendeur, lequel paye par après *damnum æstimatum*, *vel æstimationem damni*, comme parle la loi Salique. Le deffendeur doit être appellé pour assister à la visitation, *ut veniat videre* dans les Loix des Allemans tit. 75. L. 2. Boutiller dit, que le Sire de la bête est tenu du dommage, si avoüer la veut. On demande quel tems il faut considerer en l'estimation du dommage, celui du dommage fait ou de la maturité, sur les Loix; *ex hac D. si Quadr. & propter spem*, *D. fam. ercisc.* Boër sur Berry, §. 1. tit. des Coutumes pred. resout qu'il faut avoir égard à celui du dommage fait; Argentré sur Bretagne, art. 385. à celui de la maturité, deduits les frais de la collection, & interêt de l'estimation, si elle est payée avant icelle, & me semble cette opinion la plus saine. La raison de la coutume est que chacun doit garde à ses bêtes: *Asinus aureus seipsum male custodivit*, *ut fatetur lib.* 4. *& malum quæsivit. Sed dum cunctanter, inquit, accedo decerpere, Juvenis quidam ut mihi videbatur hortulanus, cujus omnia prorsus olera vastaveram, tanto damno cognito cum grandi baculo furens decurrit, abreptumque me totum plagis obtundit, adusque ipsius vitæ periculum.* Berry, ch. 10. art. 19. dit que heritages étant sur grands chemins, & à l'issuë des villes & villages, doivent être clos & bouchez, autrement qu'on ne peut en iceux faire prise de bêtes, si ce n'est qu'elles y fussent gardées pour pasturer; *pastore custodiente* dit la loi Salique, à garde faite, ce qui est de plus grande consequence & y échet plus grande reparation que lors que le dommage se fait par bandon & échapée; aussi le preneur pour être crû de la prise à garde faite, doit être assisté de deux témoins, dit Auvergne, art. 81. ch. 28. du dommage fait de nuit, voyez Pline livre 18. sur tout l'article *Tit. Si quad. Dig. & Instit.* Boër sur Berry, tit. des Coutumes pred. *Pyrr. ad Aurel. h. tit. Elian. de Anim. lib.* 5. *cap.* 45. *Columel. lib.* 2. *Fabellam Ovidii de Apro Calidonio lib.* 8. *Metam. Stob. Serm.* 145. *Legg.* XII. *quæ ex Legibus Græcorum*, *Denique Legem Dei apud Moysem*, *Quæ antiquior forma Tertulliani Appollogetico.*

Faisant dommage) Les bêtes sont dites proprement faire dommage, non point tort ou injure, *damnum sine injuria*, *quia sensu carent*, *L.* 1. *§.* 3. *D. si quadr. L.* 32. *§. infans. D. de adqu. poss. notat Marcilius Inst. eod.* Ainsi les sots peuvent nuire, non pas offenser les honnêtes gens. La Coûtume ne considere pas seulement l'interêt particulier; mais veut aussi en general conserver les fruits de la terre, suivant l'oracle d'Apollon en Delphes. Plutarq. des prop. de table, livre 8. quest. 8. Il y a des bêtes qui ne font pas dommage aux bleds, au moins en tout tems. *Plinius lib.* 18. *cap.* 17. *Luxuria segetum castigatur dente pecoris*, (c'est-à-dire des moutons) *in herba duntaxat.* Les chevres sont pernicieuses aux vignes.

Non aliam ob causam Bacco caper omnibus annis
Cæditur.

Cet article n'a lieu qu'entre égaux; car un puissant voisin *per superbiam*; comme dit la Loy Salique, sans avoir peur qu'un pauvre homme prenne ses bêtes, les envoye librement paître & faire toutes sortes de dégâts en son héritage.

Ut dicas falcibus allum.

Hors forêts] La Coutume en ce lieu prend soin des bois & forêts, *juxta illud. Silvæ sunt Consule dignæ.*

Et veut dire, que pour Prises de bêtes hors forêts & bois taillables l'amende n'est plus de cinq sols, mais arbitraire. Autrement le tems passé. *Ovidius* 5. *Fastorum.*

Venerat in morem populi depascere saltus;
Idque diu licuit, penáque nulla fuit.

Voyez les ordonnances sur le fait des eaux & forêts. Le bois n'est reputé se pouvoir défendre de cinq ans : Voyez la note de du Moulin sur la Coutume locale de la Châtellenie de Menat, au bas pays d'Auvergne. Pline des chevres, *lib* 12. ch. 1. 7. *maleficum frondibus animal.* Et Virgile *lib.* 2. *Georg.*

Urentes culta capellas.
durique venenum
Dentis.

A cause qu'elles ont toujours la fiévre. Auxerre art. 206. dit, que les bêtes aumailles jusques après la troisiéme feuille gâtent la racine des bois. Tout ceci dépend de la diligence ou conscience des Verdiers ou gardes des forêts. Quels ils doivent être, voyez Chassanée sur Bourgogne, tit. des Just. & droits d'icelles, §. 6. n. 9. & suivant De leurs malversations, L. 1. C. *de fund & salt. res Domin.* S'ils en veulent abuser, comme ils font la plupart, il leur est bien aisé,

nam quis custodiet ipsos
Custodes ?

On a bon marché de leur conscience. Il faut d'autant plus avoir l'œil sur le dommage que les Bêtes font en la forêt de Château-neuf, qu'à present par l'avarice d'aucuns elle est toute reduite en taillis. Ils s'aviserent il y a cinquante ans, ou environ, de mettre les chênes bas, *antiquasque domos avium*; Il est vrai qu'en cette Baronnie, & sous cette coutume, il y a encore deux autres forêts, celle de Champront & de Senonches. Le bois sert à bâtir maisons & faire navires, & mener le canon; les premieres maisons furent faites *è luto & virgultis*, *Vitruv. lib.* 1. *cap.* 1.

Avoir mal fait ladite prise) Tellement qu'il n'est crû que sous condition; *nisi contrarium probetur, juxta notata per Bartolum in* L. 11. §. *Si à pupillo*, *D. de usuc. pro empt.* La prise se peut dire mal faite en plusieurs manieres, comme hors son dommage, *in fundo alieno*, ou sur le sien les bêtes n'y faisants dommage, ou en heritage qui doit être clos.

CHAPITRE XXIV.

AMENDES D'ARREST & main-mise.

ARTICLE CLI.

QUI leve ou transporte, ou fait lever & transporter aucune chose par dessus l'arrest & main-mise signiffiés d'un Seigneur qui a justice jusques à soixante sols tournois, il chet en amende de soixante sols tournois, & doit reïntegrer ladite main-mise. Et si ledit Seigneur a moindre justice, n'y a que sept sols six derniers tournois : Et doit rétablir & reïntegrer comme dessus.

Qui leve) *Vide C. Molin. §. 1. gl. 9. ver.* pendant ladite main-mise.

Justice jusques à soixante sols) Sur les divers degrés de Justice, voyez Bacquet des droits de Justice : Loyseau en son livre des Justices de Village. Il seroit à desirer qu'il n'y en eût que trois, *juxta Rubricam ne in Un. ead. caus. sert. lic. prov. Plaut. Cistell. act. 2. Sc. 1. Ita me Dii Deæque superi inferi, & medioxumi.*
La raison le veut, mais l'interêt particulier l'empêche. Un pauvre plaideur en montant ces degrez rompt bien souvent le col à sa fortune. Neron ordonna qu'il n'y en eût que deux, *& ut omnes appellationes à judicibus ad Senatum fierent Sueton.* en sa vie. Les Juges ne sont non plus Juges hors les termes de leurs aveux que hors leur territoire, *L. ult. D. de jurisd.* Le consentement des parties est un vain pretexte, car il peut bien proroger la jurisdiction d'un qui est Juge, non faire Juge celui qui ne l'est pas, choses fort éloignées, *L. de qua re. §. 1. D. de judic.* Il n'y a rien dont un Juge de soixante sols ne s'estiment competant.

Il chet en amende) Depuis qu'une chose est faite le gage de justice, elle est sacrée, n'y doit l'on toucher, *donec judex querelam inspiciat.* La main de justice est la main du Roi, que vous voyez figurée au bout de son sceptre, & qu'il faut respecter; *sic enim æquitatis libra servabitur, si auxilium largiamur imparibus, & metum nostri pro parvulis insolentibus opponamus, fortuna minor principem quærit, inquit Theod. Rex apud Cassiod. lib. 1. var.*

De soixante sols tournois] *Ut sup. art.* 143.

Reintegrer) *Spoliatus ante omnia restituendus.*

ARTICLE CLII.

On ne peut faire de nouveau coulombier, ne trye, ne volliere, où il affluë multitude de pigeons, en la justice d'autrui, sans le congé du Seigneur Chastelain.

Coulombier) La plupart des Coutumes disent, entre autres Bloys, art. 299. que nul ne peut avoir coulombier si d'ancienneté il ne l'a eu, ou s'il n'a si grande étenduë de terres que les coulombes se puissent pourvoir sur lui & sur ses hommes. Bretagne, art. 389. desire outre cela qu'il soit noble pour le faire bâtir de nouveau. Jugé qu'un Laboureur pourroit avoir pigeons en volet, & y mettre autant de boujins que ses terres contiguës suffiroient à la nourriture; & par autre Arrêt deffendu au sieur Quentin, Conseiller au Châtelet, d'avoir coulombier à pied n'ayant que 25. arpens de terre, mêmes d'avoir un volet au dessus de sa montée, par Arrêt du 26. Fevrier 1601. La raison de la Coutume est, que les pigeons font grand dommage aux bleds & autres fruits étans sur terre; *innocentem tamen earum victum duxit D. Augustinus Homil. 7. illum & stercore earum compenses utiliter, quod Plinius commendat. lib. 17. cap. 9. De iisdem avibus vide eundem lib. 10. cap. 34. Columellam lib. 8. cap. 8. Catonem de re rustica, cap. 96. Varronem lib. 3. cap. 6. l. 8. D. Fam ercisc. Columbaria apud vitruvium lib. 4. cap. 2. cum annotatione Phylandri Columbarium turris Ovidio*; La tour de Folant assiegée par les Anglois, appellée Coulombier par Froissart vol. 2. ch. 51.

Sans le congé) Contre les Seigneurs qui donnent ce congé trop legerement, & font manger les fruits de leurs sujets & voisins, voyez Argentré, art. 368.

Ou Seigneur Châtelain) Il n'est parlé du Seigneur Châtelain qu'en cet article, & au 74. plus haut.

ARTICLE CLIII.

QUAND deux ou plusieurs, sont obligez un seul & pour le tout, un chacun d'entr'eux peut être & sera executé de toute la somme deuë, sans faire division ne discussion, suposé qu'ils n'ayent renoncé au benefice de division.

Un chacun d'entr'eux) *Juxta L. 2. D. de duob. reis.* Sans distinguer si les autres coobligez sont solvables ou non, s'ils sont presens ou absens, *abrogato beneficio Novellæ, 99. cap. 1. vide Joan. Ronchegall. tract. de duob. eis Joan. Fab. Instit. eod. §. ex duobus. Cujac. Observ. 5. lib. 22.* Boutiller som. Rur. tit. 20. & 42. Par l'ancien droit, deux obligez au payement de même somme, bien que non solidairement, pouvoient être chacun d'eux executé pour toute la somme, *L. 3. §. 1.*

Jugé qu'un des coobligez solidairement, condamné au payement de toute la somme, peut avant qu'il paye, & sans aucune cession, contraindre les autres de payer chacun leur part; par Arrêt du mardi 14. Août 1584. Loüet lett. F. n. 28. Nous gardons le forgas en cette Baronnie, conforme aux loix des Lombards, *Tit. de pign. & deb. §.* 13. On ne peut prendre les chevaux de labour par execution suivant l'Ordonnance, *de quare Observ. 20. lib. 4.* Argentré *ad art.* 219. Plutarque, quest. Grecque, 17. Strabon liv. 15. dit, qu'és Indes ils combatent d'un côté, & labourent la terre de l'autre. Ni les bœufs qui font le même service, selon les païs: Voyez Aristote, livre premier des Politiques.

Tutus bos etenim rura perambulat.

L'habit d'un detteur, quand il n'en a qu'un, ne doit être pris par execution, *L. obligatione, D. de pign.* bien que cette loi ne parle que de l'hipoteque generale; ni le lit où il couche. *L. 52. in fin. D. de Leg. 3.* Les Sergens d'apresent sont si cruels, qui ne leur graisse les mains, qu'ils emporteroient le grabat du Paralitique. Execution faite de la personne & biens d'un homme de qualité le lendemain de ses nôces declarée nulle, par Arrêt de l'Audience du 9. Mars 1581. fondé sur la loi 2. *D. de in jus voc.* faite sur biens non enlevés est aussi reputée nulle au préjudice d'un autre creancier, par la Coutume de Montargis, ch. 19. art. 11. encor que le detteur s'en soit chargé comme dépositaire, ou un tiers qui les y ait laissez, *hoc enim facit suo ipsius periculo*, dit la note de du Moulin.

ARTICLE CLIV.

QUand aucun répond ou se constituë debteur, ou fait sa propre debte pour autruy, il peut être poursuivi de la somme. & chose pour laquelle il a répondu & s'est constitüé debteur, sans faire discussion sur le premier debteur.

Il peut être poursuivi) *Juxta L. 5. C. de fidei juss. & mand.* Idem des fidejusseurs judiciaires qui peuvent être executez de plein vol, non les certificateurs, Loüet lett. F. n. 23. Il ne s'agît donc pas ici du benefice de division; toutesfois voyez le même auteur lett. F. n. 28. du fidejusseur racheptant une rente avec cession d'actions, s'il peut contraindre le principal detteur à rachepter, même son fidejusseur à contribuer au rachat d'une rente à laquelle ils sont solidairement obligez avec le detteur. Voyez Argentré sur Bretagne, art. 150. 206. 207. 208. Coquille sur Nivernois, ch. 33. art. 10. Comme Neptune cautionne Mars dans Homere 8. de l'Odissée. Cautions baillées pour assurance d'argent prêté au Marchand de Milan, bagues de Princesses, dans Commines Chron. de Charles VIII. ch. 8. Comment s'entend caution bourgeoise, *Benedict. in cap. Raynut. ver. uxor. nom. Adel. n. 299. Remedia quædam, Observ. 34. lib. 19.* La condition de ces fiefs est dure, qui oblige le vassal quand besoin est de pleiger son Seigneur, Chopin sur Anjou liv. 2. des fiefs tit. 3. n. 4.

Sans faire discution) *Id est beneficium discutionis vel ordinis sublatum, etiamsi de hoc nihil dictum sit in instrumento, jure in subditos hujus consuetudinis*, dit la note de du Moulin sur l'article 49. du Duché de Bourgogne semblable. *salvo pudore*, nonobstant les raisons de Quintilian, Declamation 273. Nos gens, à propos de cet article, usent souvent du brocard, qui répond, paye. *dictum vetus, sponde noxa præsto est. Cui non absimile illud Ecclesiastici cap. 8. Non spondeas super virtutem tuam; quod si sponderis, quasi restituens cogita. Inter curas urbisque labores sponsum vocari apud Horatium Epist. 2. lib. 2. ab eodemque numeratum inter majora peccata, sponsum negare, Satyr. 3. lib. 1.* Ce que dit Salomon au commencement du ch. sixiéme des Proverbes doit être modifié par la regle generale de charité.

FIN.

PROCÈS VERBAL.

L'AN mil cinq cens cinquante deux, le cinquiéme jour de Septembre, En ensuivant les lettres patentes du Roy notre Sire, données à Foulembray le quatorziéme jour d'Août 1552. Nous Anthoine du Lion, Robert de Harlay, Conseillers du Roy notre Sire en sa Cour de Parlement, & Christophe de Heroüard aussi Conseiller du Roy, Lieutenant general & Juge Presidial au bailliage de Chartres & ressorts d'icelui, expediâmes nos lettres de commission sous nos seings & scels, pour faire appeller pardevant nous en l'auditoire du bailliage de Château-neuf en Thymerais les gens des trois états de la Baronnie dudit Château-neuf, Châtellenies, Terres, Seigneuries, fiefs appartenans & dépendans, & des enclaves d'icelle, pour voir par nous proceder suivant autres lettres patentes & commission du Roy, données à Fontainebleau le 17. jour de Novembre 1547. & accorder, lire & publier les coutumes de la ditte Baronnie, Terres, Seigneuries, Châtellenies & dépendances, enclaves, fins & mettes d'icelle, repris les procedures faites par M. Jean le Sueur, en son vivant Conseiller à Roüen, & M. François Arroust, reprins le Cayer signé de leurs seings, auquel lesdites coutumes ont été mises & redigées par écrit, & icelles lire, accorder & publier, selon & ainsi qu'il est plus à plein porté & contenu par lesdites lettres patentes & commission du Roy, & que par icelle commission dudit 14. jour d'Août dernier passé, nous étoit & est commis & mandé faire par icelle : & desquelles lettres patentes, commission du Roy, & aussi de notre dite commission les teneurs ensuivent.

HENRI par la grace de Dieu Roy de France. A nos amez & feaux M. Guillaume Abot, Conseiller en notre Cour de parlement à Paris, & François Arroust, Prevôt de Chartres, Salut & dilection. Comme ainsi soit que le feu Roy notre très-honoré Seigneur & Pere, que Dieu absolve, eût pieça par ses lettres patentes commis feu M. Jean le Sueur, en son vivant Conseiller en notre Cour de parlement à Roüen, & vous, Arroult, pour lors Lieutenant particulier en notre bailliage de Chartres, afin d'assembler les gens des trois états de la Baronnie de Château-neuf en Thimerais, fins, limittes & enclaves d'icelle, & autres terres & Châtellenies qui en dépendent. Pour en ensuivant les anciennes Ordonnances, recueillir, mettre & rediger par écrit les coutumes desdites Baronnies de Château-neuf, Châtellenies, Justices, Jurisdictions d'icelle, pour les accorder ainsi qu'il avoit été fait en notre bailliage de Chartres & autres bailliages & seneschaussées de ce Royaume : Suivant lesquelles lettres de commission lesdits gens des trois états d'icelle Baronnie & Châtellenie auroient été assemblés en ladite ville de Château-neuf, & en leur presence lesdites coutumes redigées & mises par écrit en un cayer, qui fut dés-lors signé par ledit feu le Sueur, vous, Arroust, & lesdits gens des états ; sans toutefois avoir été autrement accordées, ainsi qu'il étoit & est requis : Et neanmoins plusieurs des manans & habitans desdites Baronnies & Châtellenies, tant Nobles, gens d'Eglise que autres, ont voulu & veulent pretendre & maintenir que étant les dessusdites coutumes ainsi redigées par écrit audit cayer signé comme dessus, elles doivent être tenuës pour accordées ; & sur ce veulent fonder, soutenir & deffendre leurs droits : les autres maintiennent le contraire, disant qu'elles ne doivent avoir lieu ne sortir à effet, sinon du jour de l'accord, publication & emologation d'icelle : & aussi pour la difficulté de la preuve desdites coutumes, il faut aujourd'hui appeller pour témoins des praticiens du pays en turbe ; lesquels souvent en leurs rapports & depositions se treuvent en diversité & contrarieté, qui cause ordinairement plusieurs differens & procès entre les sujets & habitans dudit pays, & autres ayans heritages & biens situés en ladite Baronnie de Château-neuf, châtellenies & jurisdictions qui en dépendent : A quoi nous desirant singulierement pourvoir & remedier, comme il est plus que nécessaire & convenable. Pource est-il, que nous desirans nos sujets vivre en repos & tranquillité & faire cesser tels doutes, debats & differens procedant par faute de l'execution desdites premieres lettres de feu notredit Seigneur & Pere ; l'intention duquel nous voulons être suivie en cet endroit. Pour ces causes & autres bonnes & justes considerations à ce nous mouvans : Vous mandons, & en tant que besoin seroit, de nos certaine sçience, pleine puissance & autorité royale, commettons par ces presentes que appellé notre Procureur general en notre cour de parlement à Paris, ou son Substitut au bailliage de Chartres, vous vous transportiez audit lieu de Château-neuf en Thimerais, & illec reprins pardevers vous les procedures faites par ledit feu le Sueur & vous, Arroust, avec le cayer signé comme dessus, où lesdites coutumes ont été mises & redigées par écrit ; Faites assembler pardevant vous lesdits gens des trois états & autre autres qu'il appartiendra & verrez être requis pour accorder, lire & publier lesdites coutumes; & icelles accordées, leuës & publiées, faites expresses inhibitions & deffenses de par Nous, sur telles peines que verrez être à indire en cet endroit, à tous les sujets de ladite Baronnie, Châtellenies & jurisdictions qui en dependent, Praticiens, & à tous autres qu'il appartiendra, que doresnavant ils n'ayent à articuler ne mettre en avant autres coutumes que celles-là qui seront ainsi que dit est accordées & publiées: & lesquelles dès à present, comme pour lors, nous avons decretées & autorisées, decretons & autorisons, & voulons icelles être inviolablement gardées & observées comme loi & statut perpetuels & irrevocables: en mandant par ces presentes à nos amez & feaux les gens de notre cour de parlement à Paris, au Bailly de Chartres ou son Lieutenant, Bailly & Vicomte de Château-neuf, & à tous nos autres Justiciers & Officiers qu'il appartiendra, que icelles coutumes accordées comme dessus, ils fassent chacun en droit soi entretenir, garder & observer, lire, publier & enregistrer, sans souffrir aller ne venir directement ou indirectement au contraire. Voulons & nous plaît qu'aux extraits prins sur leurs registres, & düement collationnez, signez & certifiez de leurs Greffiers, foi soit ajoûtée, & que toutes & chacunes les causes, procès & differens dont la decision échera sur lesdites coutumes, soient selon icelles jugez, decidez & determinez sans aucune difficulté, & sans ce que l'on soit tenu de faire enquête ne autre preuve sur lesd. Coutumes, sinon par lesdits extraits deüement fait, signez & approuvez. Neanmoins là où en faisant ladite publication il surviendroit quelque difficulté sur aucuns articles desdites Coutumes, nous vous avons par cesdites presentes donné & donnons plein pouvoir, autorité, commission & mandement special de les accorder, avec le consentement desd. gens des trois Etats, ou de la plus grande & saine partie d'entr'eux, ou bien vous ferez rediger & mettre par écrit lesdites difficultez, & les raisons & avis des Officiers dudit lieu, ensemble desdits Etats; & le tout renvoyez par devers notredite Cour de Parlement, pour en juger & decider ainsi que de raison: Car tel est notre plaisir, nonobstant oppositions ou appellations quelconques, & sans prejudice d'icelles; pour lesquelles ne voulons l'execution du contenu en cesdites presentes être aucunement differé. Mandons & commandons à tous nos Justiciers, officiers & sujets, qu'à vous en ce faisant obéissent & entendent diligemment. Donné à Fontainebleau le 17. jour de Novembre, l'an de grace 1547. Et de notre regne le premier. Ainsi signé, Par le Roy, Maistre François de Convan, Maître des Requêtes ordinaire de l'Hostel present, clauses, & scellées sur simple queuë de cire jaune.

HENRI par la grace de Dieu Roi de France. A nostre amé & feal Conseiller en notre Cour de Parlement à Paris Maître Anthoine du Lyon Salut & dilection. Comme dés piça par le feu Roi notre tres-honoré Seigneur & Pere, que Dieu absolve, eût été ordonné les Coutumes de la Baronnie de Chateauneuf en Thimerais, assize près le Bailliage de Chartres, être reduittes & reformées, & dés lors eût octroyé commission & ses lettres patentes adressans à feu Maître Jean le Sueur, en son vivant Conseiller en notre Cour de Parlement à Roüen, & à Maître François Arroust, pour lors Lieutenant particulier audit Baillage de Chartres, & à present prevôt audit Chartres, lesquels y auroient procedé par quelque espace de tems; Et pource que le tout est demeuré imparfait, au moyen du trépas dudit le Sueur; le 17. jour de Novembre dernier passé par nos lettres patentes, & pour les causes y contenuës, aurions commis pour proceder & parachever la redaction desdites Coutumes notre amé & feal Conseiller en notredite cour de parlement M. Guillaume Abot avec ledit Arroust: Et pour autant que ledit affaire est de consequence, & qu'il se pourroit mouvoir plusieurs débats & oppositions esquels ledit Arroust se pourroit trouver recusé, tant au moyen qu'il pourroit avoir été pensionnaire d'aucuns Gentils-hommes de ladite Baronnie, qui est assise joignant ledit bailliage de Chartres, que pour les parens & amis qu'il pourroit avoir audit lieu : Il est necessaire pourvoir d'aucun notable personnage en son lieu. Pour ce est-il, que Nous les choses dessusdites considerées, ayant égard à l'importance de ladite matiere, voulant obvier que par recusations, suspicions ou autrement ledit affaire ne soit retardé. Pour ces causes & autres considerations à ce nous mouvans, vous avons subrogé commis & institüé. & par ces presentes commettons & subrogeons au lieu dudit Arroust, lequel avons dechargé d'icelle commission, pour par vous avec ledit Abot être procedé à l'execution de nosdites lettres dudit 17. Novembre dernier passé, selon & tout ainsi que par icelles il est contenu & mandé, & comme si par icelle commission y estiez dénommé ; & qu'elle fût à vous adressant : De ce faire vous avons donné & donnons plein pouvoir, autorité & commission par cesdites presentes. Donné a Fontainebleau le 14. jour de Janvier, l'an de grace 1547. Et de notre regne le premier. Ainsi signé, Par le Roy en son Conseil, Delaubespine, & scellé sur simple queuë de cire jaune.

HENRI par la grace de Dieu Roy de France. A nos amez & feaux Conseillers de notre Cour de Parlement à Paris, M. François Disque, Guillaume Abot, Anthoine du Lyon & Robert de Harlay, & Christophe de Herouard Lieutenant general de notre Bailliage de Chartres : Salut. Comme dès le 17. jour de Novembre & 14. jour de Janvier 1547. par deux nos lettres patentes adressées à vous Abot & du Lyon Conseillers en nostredite Cour : Nous vous avons commis & deputez pour proceder & parachever la redaction & reformation des Coutumes de notre Baronnie de Chasteauneuf en Thimerais, Chastellenyes, justices & jurisdictions qui en dependent : Pour ce fait, & icelles Coutumes accordées pardevant vous par les trois Etats du païs, ou la plus grande & saine partie, les faire publier & entregistrer en notre Cour de Parlement & par tout ailleurs où il appartiendroit : à quoy depuis ledit temps n'auriez pû vacquer, obstant les grands & continuels empêchemens que nous sommes informez avez eus en notredit Parlement, tant pour nos affaires, que pour le fait de notre Justice : Et parce que les Officiers de notredit Royaume audit Chasteauneuf, même nos Avocat & Procureur incitez pas nos sujets d'icelle notre Baronnie ; qui auroient par cy-devant mis ès mains d'un nommé Jean de Cathelogne, Receveur à ce par nous speciallement deputé, la somme de mil livres tournois, pour faire les frais de ladite reformation ; nous ont fait entendre que le retardement de la redaction, reformation & émologation desdites Coutumes, nous est & à tout le païs grandement prejudiciable, à raison des differens qui se meuvent par chacun jour sur l'usage d'icelle Coutume, & seroit de plus en plus à l'avenir, si par nous ne leur étoit pourvû de remede convenable ; humblement requerant iceluy. Pour ce est-il, que nous ces choses considerées & autres bonnes & justes causes à ce nous mouvans, voulans subvenir à nos sujets selon l'exigence du cas qui s'offre, vous mandons. Et pource que vous Abot & du Lyon êtes nommez par nosdites precedentes lettres, commettons que vous, lesdits Disque & de Harlay & ledit Heroüard, procedez incontinent & sans delay à la redaction & reformation desdites Coutumes : Appellez ceux qui pour ce seront à appeller, & même le Substitut de notre Procureur general audit Chasteauneuf, sans ce qu'il soit besoin faire appeller le Substitut de notredit Procureur general à Chartres, combien qu'il fût mandé par nosdites lettres du 17. jour de Novembre 1547. attendu que la Baronnie dudit Chasteauneuf est de present entre nos mains, & la jurisdiction d'icelle tenuë & exercée sous notre main, & par nos Officiers. Voulons & par ces mêmes presentes declarons, & notre plaisir est, qu'à l'absence d'aucun de vous cinq, les deux qui se trouveront sur les lieux, qu'ils puissent & leur loise proceder au fait d'icelle redaction & reformation d'icelles coutumes, déchargent pour ce regard celui ou ceux de vous qui se trouveroit être absens : Et quant audit de Cathelogne Receveur dessusdit, avons entendu, voulons & entendons qu'au fournissement desdits mil livres tournois il soit contraint & compellé, comme pour nos propres deniers & affaires, suivant nos lettres precedentes pour ce particulierement decernées pour l'assiette & levée desdits deniers ; & ce nonobstant que toutes nosdites lettres soient surannées : Car ainsi nous plaît-il être fait, nonobstant quelconques ordonnances, restinctions, mandemens, deffenses & lettres impetrées ou à impetrer à ce contraires. Donné à Foulembray le 14. jour d'Août, l'an de grace 1552. Et de notre regne le sixiéme. Ainsi signé, par le Roi en son Conseil, Burgensis, & scellées sur simple queuë de cire jaune.

FRANÇOIS Disque, Guillaume Abot, Antoine du Lyon & Robert de Harlay Conseiller du Roy notre Sire en sa Cour de Parlement à Paris, & Christophe de Heroüard, Lieutenant pour ledit Seigneur au Baillage de Chartres. Au premier huissier de lad. Cour, Sergent de Château-neuf en Thimerais, ou autre Sergent Royal sur ce requis, Salut. Comme le bon plaisir du Roy notre souverain Seigneur ait été nous commettre & députer par ses lettres patentes données à Foulembray le 14. jour d'Août dernier passé, suivant autres lettres patentes dès le 17. de Novembre & 14. Janvier 1547. pour appeller son Procureur general en ladite Cour ou son Substitut au Baillage de Château-neuf en Thimerais, nous transporter audit lieu de Château-neuf, & illec reprises par devers nous les procedures faites par feu M. Jean le Sueur, en son vivant Conseiller dudit Seigneur en sa Cour de Parlement à Roüen, & maître François Arroust lors Lieutenant particulier audit Baillage de Chartres, touchant la redaction des Coutumes de la Baronnie d'icelui Château-neuf, fins, limites, & enclaves d'icelle, & autres terres & Châtellenies qui en dépendent, avec certain cayer, auquel auroient été redigées & mises par écrit lesdites Coutumes, en la presence des gens des trois Estats de ladite Baronnie, pour ce assemblez en la ville dudit Château-neuf, signé desdits le Sueur & Arroust, sans toutesfois qu'icelles Coutumes ayent été autrement accordées, ainsi qu'il étoit & est requis par lesdits gens des trois Etats, faire assembler par devant nous lesdits gens des trois Etats, & autres qu'il appartiendroit & verrions être requis pour accorder, lire & publier lesdites Coutumes : Et seroit besoin pour executer le contenu en icelles lettres patentes, assembler en ladite ville de Château-neuf lesdits trois Etats d'icelle Baronnie, fins, limites & enclaves, & des autres terres & Châtellenies qui en dépendent. Pour ce est-il, que nous vous mandans & à chacun de vous, par vertu du pouvoir à nous donné & commis en cette partie, appellé ledit Procureur general du Roi ou son Substitut audit Baillage de Château-neuf, convoquer & faire assembler en ladite ville de Château-neuf lesdits trois Etats : & à cette fin adjourner à être & comparoir par devant nous en icelle ville de Château-neuf, au siege & auditoire dudit Château-neuf, au 20. jour d'Octobre prochainement venant, tous & chacuns les Prelats, Abbez, Chapitres, personnes Ecclesiastiques, Barons, Châtelains, Seigneurs Justiciers & gens nobles ; les Officiers dudit Seigneur esdits lieux, Avocats, Licentiez, Praticiens, & autres bons & notables Bourgeois & gens du tiers Etat des lieux, villes & villages sujets ausdites Coutumes, & qui se reglent & usent d'icelles, & autres qui pour ce seront à appeller, exempts & non exempts, pour cette fois seulement, sans deroger à leurs privileges & exemptions, ayans terres possessions & autres droits quelconques usans desdites Coutumes, pour voir par nous proceder à rediger, recüeillir & publier lesdites Coutumes, & y assister si bon leur semble, le tout selon & en ensuivant lesdites lettres patentes : En faisant par vous lesdits ajournemens & exploits, par toutes voyes & manieres dûës & raisonnables, à cri public & par attaches mises & affichées és lieux accoutumés, avec intimation qu'en leur absence sera procedé comme de raison. De ce faire vous donnons pouvoir; en nous certifiant suffisamment de ce que fait en aurez sur ce. Mandons & commandons à tous les Justiciers & Officiers du Roi notre-dit Seigneur, qu'à vous en ce faisant soit obéi. Donné à Paris, sous les seings & scels de nous Disque, Abot, du Lyon & de Harlay, le 2. jour de Septembre 1552. Et par nous Heroüard en la ville de Chartres, le lundy cinquiéme jour de Septembre 1552. Ainsi signé, Disque, Abot, du Lyon, de Harlay, & de Heroüard. Et scellées de leurs scels.

ANTOINE du Lyon & Robert de Harlay, Conseillers du Roy notre Sire en sa Cour de Parlement, & Commissaires de par ledit Seigneur en cette partie. Au premier Huissier de ladite Cour au autre sur ce requis, Salut. Comme par lettres patentes dudit Seigneur, ayans été commis avec certains autres Conseillers & Commissaires pour proceder au fait de la reformation & redaction des Coutumes de la Baronnie de Château-neuf en Thimerais: Et en vertu de nos Commissions, fait assigner les gens des trois Etats de ladite Baronnie au 20. de ce present mois en ladite ville de Château-neuf, pour proceder au fait de ladite reformation: Auquel, jour pour aucuns affaires à nous survenus pour le service du Roy ne pourrons nous trouver, & qu'aucuns desdits autres Commissaires commis avec nous par ledit Seigneur se sont excusez de ladite Commission; Pour ce est-il, que nous avons continué & continuons l'assignation écheant audit 20. de ce present mois au 31. & dernier jour dudit present mois en ladite ville de Château-neuf, heure de huit heures de matin, en l'auditoire dudit lieu. Si vous mandons signiffier la presente continuation ausdits gens des trois Etats, & la publier ès sieges ressortissans en ladite Baronnie; & la signiffier & faire à sçavoir à tous autres qu'il appartiendra. Mandons & commandons à tous les Justiciers, Officiers & sujets du Roy notre-dit Seigneur, qu'à vous en ce faisant soit obéi. Donné à Paris sous nos seings & scels, le 18. jour d'Octobre 1552. Ainsi signé, du Lyon, & de Harlay. Et scellées de leurs scels sur simple queuë de cire rouge.

En vertu de laquelle commission par nous décernée, le Procureur du Roi en ladite Baronnie & Baillage de Château-neuf, auroit fait appeller & adjourner par devant nous les gens des trois Etats de ladite Baronnie de Château-neuf, Châtellenies, terres & Seigneuries étans des enclaves, fins & mettes d'icelle, au 20. jour du mois d'Octobre, jour dénommé par nosdites lettres de commission; auquel jour nous du Lyon & de Harlay, pour aucuns affaires à nous survenus pour le service du Roy, n'aurions pû nous trouver audit lieu de Château-neuf, & aurions expedié notre commission sous nos seings & scels, donnée à Paris le 18. jour d'Octobre audit an, pour signiffier l'assignation écheant audit 20. jour dudit mois d'Octobre être continuée au 31. & dernier jour d'icelui mois d'Octobre, ce qui auroit été fait. Et le trentiéme jour dudit mois d'Octobre, Nous du Lyon, de Harlay & de Heroüard, Commissaires susdits, serions transportez & trouvez ensemble audit Château-neuf pour l'effet & execution de notredite Commission; & proceder selon icelle au fait, accord & reformation desdites coutumes, ainsi qu'il nous est mandé par lesdites lettres patentes & commission du Roi à nous adressans.

Et le lendemain 31. jour dudit mois d'octobre, nous serions transporté en l'auditoire dudit bailliage de Château-neuf, heure de huit heures du matin, assignation ci-dessus par nous continuée pour l'effet & accomplissement de notredite commission: Et là en la presence de M. Thibault Chailleu, Lieutenant general dudit Bailly de Château-neuf, M. Jean de Tacher Vicomte d'icelle Baronnie de Château-neuf, M. Estienne Petit son Lieutenant general, Christophe de Hallegrain avocat du Roy, Robert Dobet Procureur pour le Roy en ladite Baronnie, & plusieurs autres notables personnages, gens d'Eglise, Nobles, Avocats, Procureurs & gens du tiers & commun état en grand nombre étant

Illecques presens & assistans : Avons par Maître Guilleaume Adam Greffier ordinaire dudit baillage de Château-neuf, fait lire & publier lesdites lettres patentes & commission du Roy ci-dessus inserées, & aussi nosdites lettres de commission & continuation ci-dessus mentionnées. Après la lecture desquelles, & qu'avons fait entendre aux gens desdits trois états le contenu en icelles, & le vouloir & bon plaisir du Roi, selon qu'il est amplement declaré & porté par icelles lettres & commission. Par lesdits de Hallegrain avocat & Dobet Procureur pour le Roi en ladite Baronnie nous a été dit, qu'au moyen de nosdites lettres de commission ils auroient fait appeller, signifier & publier par tous les lieux & enclaves de ladite Baronnie, fait faire les ajournemens & assignations en tels cas necessaires, pour assister & comparoir pardevant nous par lesdits états pour le fait, accord, lecture & publication desdites coutumes d'icelle Baronnie, enclaves, fins & mettes d'icelle : & qu'ils avoient, en ensuivant le contenu desdites lettres patentes, retiré ou fait retirer des mains dudit Arroust, l'un des anciens Commissaires, le cayer d'icelle coutume dont mention est faite par lesdites lettres patentes & commission du Roi, signé desdits Arroust, le Sueur, & aussi de maître Michel le Bauldrez lors Avocat Fiscal, & M. Pierre Haye lors Procureur Fiscal en ladite Baronnie de Château neuf, & de plusieurs autres audit tems Praticiens en icelle Baronnie, & Officiers d'aucuns des Seigneurs de ladite Baronnie, qui a été publiquement pardevant nous tel reconnu. Et lesdits Avocat & Procureur du Roi ce requerans reçû. Pour ledit Cayer reprins, & sur icelui être par nous procedé à l'effet desdites commissions, suivant les lettres patentes du Roi, ainsi qu'il nous est mandé & commis faire par icelles.

Et pour l'Abbé de Saint Vincent ou bois, situé & assis en ladite Baronnie, s'est comparu & presenté Reverend Pere en Dieu M. Martin Bauchet Abbé d'icelle Abbaye en personne : Le convent d'icelle Abbaye, par Frere Piet Teton Procureur sindic : Le Prieur de Thimer, par M. Guillaume Maury : L'Abbé & convent de S. Lhoumer de Bloys, pour leurs fiefs assis en ladite Baronnie, par Nicolas Guillaumeau leur Procureur, fermier & receveur : Le Prieur de Bresolles, par M. Sanson Pigousse son Procureur : Le Prieur & Baron de S. Ange, par M. Nicole Adan Lieutenant general en ladite terre, & par M. Pierre Guilleaumeau Procureur en icelle : Le Prieur de Digny, par M. Pierre le simple son Vicaire & receveur audit Prieuré : Les Religieuses, Prieure & convent de Belhoumer, par ledit Pigousse leur Bailly & Procureur en cette partie : Le Prieur & Baron d'Armentieres, par M. Guilleaume Olivier son Procureur : Le Prieur de Grouslu, par Nicolas Guilleaumeau son pere & Procureur : M. Charles de Morêts Prieur de Jaudrez ; M. Germain Lamy Prieur de Foulieuse, & Curé de Château neuf : Le Curé du Thimer en sa personne : Le Prieur Curé de S. Jean de Rebeuvillier, par M. Pierre Teton Prieur d'icelui lieu : Le Tresorier & Chanoines de l'Eglise Collegiale de Maillebois, par M. Simon le Febvre leur Procureur : Le curé de Tremblay le Vicomte, par Messire Guillaume Cyvenne son Vicaire : Le curé de Verrigny, par M. Jean Bernard Vicaire dudit lieu : Le curé d'Ardelles, par Messire Robert Chesneau Vicaire dudit lieu : Le curé de S. Mesmes, par M. Lubin Rossignol : Le curé de S. Germain de Lizeau, par ledit Rossignol son Procureur : M. Jean Gouget curé des Chaises : Le curé de Garantieres, par M. Mathurin Barrier son Vicaire : Le curé de Blevy, par M. Pierre Guillaumeau son procureur : Le curé de Senonches, par Messire Jean du Pré Vicaire dudit lieu : Le curé de Dampierre sur Blevy, par Maître Loüis Alleaume son procureur : Le curé de S. Ange en sa personne : Le curé d'Aunay sous Couvé, par Maitre Jean de S. Bonnet son Vicaire : Le Prieur d'Illou, par Gervais Gentil son Procureur & receveur : M Germain Lamy curé de Loupuillier en droys : Le curé de la ville aux Nounains, par ledit Pigousse son Procureur : Le curé de Manou, par Maître Jean Rabache Bailly dudit Manou son Procureur : Le curé du Mesnil Thomas, par Messire Marin Jannevoys : Le curé de Tardés, par M. Robert Berthault son procureur : Le curé de Bresolles, par ledit Berthault son procureur : Le curé de Normendel, par ledit Pigousse son procureur : Le curé de Bœcy en Droys, par M. Noël le Nourrissier aussi son Procureur : Le curé de Montigny, par M. Jean Tuffay son Procureur : Le curé de Berou & la Mulotiere, par M. Guillaume Olivier : Le curé de Vitry ; par ledit Olivier : Le curé de Mainterves, par ledit Rossignol ; Le curé de Chataincourt, par M. Guillaume Cauchoix : Le curé Dalainville, par ledit le Nourrissier : Le Curé de Rovercourt, par ledit Maury : Le curé de Conce, par ledit Berthault : Le curé des Chastellées, par ledit Berthault : Le curé de la Manceliere, par ledit Berthault : Le curé de la Sancelle, par ledit Olivier : Le curé de Laons, par M. Guillaume Presleux son Vicaire : Le curé de Preudommanche, par Maître Jean Baril son Vicaire : Le curé de S. Lubin des Joncherets, par ledit Pigousse son Procureur : Le curé de Dampierre sur Aure, par Messire Jean Liegart son Vicaire : Le curé de Fessauville, par ledit Bertault son Procureur : Le curé de S. Remy sur Aure, par Messire Guillaume de la Mare son Vicaire : Le curé de la Gardeliere, par ledit Maury son Procureur : Le curé de Matonvillier, par ledit Bertault : Le curé de la Ferté Ernault, par ledit Maury son procureur : Le curé de la Behardiere, par M. Jean Sortes son Procureur : Le curé de Moussonvillier, par ledit Olivier : Le curé de la Chapelle Fortin, par M. Michel le Boulanger son procureur : Le curé de Reveillon, par ledit Maury : Le curé de Rueil, par ledit Olivier : Le Prieur de S. Barthelemy, par ledit Boulanger son procureur : Le curé de S. Victor sur Aure, par ledit Maury : Le curé des Resuintes, par ledit Duclos : Le curé de Rohaire, par ledit Maury : Le curé de Bœcy le sec, par ledit Olivier : Le curé de Motvillier, par ledit Berthault : Le curé de Beauche par ledit Maury : Le curé de S. Maurice, par ledit le Boulanger : Le curé de S. Martin du vieil Vernueil, par ledit Maury : Le curé de S. Lubin de Crevent, par ledit Olivier : Le curé de Champront, par ledit Olivier : Le curé de Couvay, par Maître Jean de Bonnet son Procureur : Le curé de la Frambroisiere, par ledit Olivier son Procureur : Le curé de la Bourgondiere, par ledit Maury son procureur. Et pour Messire François de Vendôme, Chevalier, Vidame de Chartres, Seigneur des Châtellenies de Beaussart & la Ferté Ernault, s'est comparu & presenté Messire Petre Marie, Ecuyer, Capitaine dudit lieu de la Ferté Ernault, & comme Procureur dudit Seigneur Vidame, fondé de sa procuration specialle en ce cas par lui mise au greffe : Messire Jean Do, Chevalier Seigneur de Maillebois & Blevy S. Mesmes, Chappes & Beaufouet, par M. Denis Petit, Lieutenant de son bailly de Maillebois & Blevy, & M. Simon le Febvre son procureur à cette fin : Et Dame Helaine d'Illiers sa femme & épouse, Dame de la Châtellenie de la Ferriere & Manou, par M. Jean Rabasche, Vicomte dudit lieu de la Ferriere, & bailli dudit Manou, & ledit le Febvre son Procureur : Messire Milles d'Illiers, Evêque de Luçon, & Seigneur de la Ballivyere & Acheres, par M. Guillaume Maury, bailli dudit Acheres, & son procureur en cette partie : Très-Reverend Pere en Dieu Messire Estienne de Ponchere Archevêque de Tours, & Seigneur du Tremblay le Vicomte, la Houssaye, Ville-neuf, Ardelles & Champigny, par M. Mathurin le Coq son Procureur esdites Seigneuries : Messire Galloys d'Ache, Chevalier Seigneur de Bresolles en partie, par Maître Guillaume Bahere son Procureur audit lieu : Messire Loüis de Courseulle Chevalier Seigneur de S. Remy sur Aure, par M. Jean Tuffay son Bailli audit lieu : Messire Jean de Chambary, Chevalier Seigneur de Deutboys, Levaville & Yverville, par maître Guillaume Olivier son Procureur : Messire Janot de Gaston, Chevalier Seigneur de Menainville, par M. Sanxon Pigousse son Procureur ; Messire Hugues de Laval, Seigneur de la Puissaye, par ledit Olivier son Procureur: Messire François de Baudart, Chevalier Seigneur de la Luccasiere & de Boucherville, en sa personne: noble homme Jacques de Beaumaistre, Seigneur Descorpain, par maître Jacques le Nourrissier son Bailly, & par Jean Closet son Procureur audit lieu: Messire Catherin de Raillard, Chevalier Seigneur des Saulnieres & saint Sauveur, en sa personne: noble homme Jean de Tacher, Seigneur de Romphays, en sa personne: Esprit de Tacher, Ecuyer seigneur de la Haliere, en sa personne: Jean Gruel, Ecuyer seigneur de la Frette & Tresneau, par ledit Pigousse son Procureur: Antoine Duboys, Ecuyer seigneur de Favieres, par ledit Maury son Procureur: Jacques Duboys, Ecuyer seigneur de la Motte, en sa personne: Esprit de Harville, Ecuyer seigneur de Fresné le Guillemer & la Boullaye les saint Sauveur, par ledit Olivier son Procureur: Jean de la Chaussée, Ecuyer seigneur de Theuvy, en sa personne: Le Seigneur & Baron de Couvay, par ledit Maury son Procureur; Jean de Dalonville, Ecuyer seigneur du Belluet & du Couldray, en sa personne: Le Seigneur de Bretonnieres, en sa personne: Dame Catherine de Raillard, dame de Villette, par ledit Olivier son Procureur: Dame Anne de Harcourt, dame de Garentieres, par ledit Olivier: Damoiselle Roberde d'Oynville, dame de Jauldrez, par ledit Olivier son Procureur: Les Seigneurs des Frisches, par Robert Lochereau leur Procureur & Receveur: Jean du Thieulin, Ecuyer seigneur du Plessis, par maître Jacques le Nourrissier son Procureur: Jacques Desguets, Ecuyer seigneur de la Poumeraye, en sa personne: Jacques Desguets, Ecuyer seigneur de la Potiniere, par ledit Olivier son Procureur: Jean de Menemares, Ecuyer seigneur de Victray, par ledit Berthault son Procureur: Damoiselle Christine Duhamel, veuve de feu Richard de Fourneaux Ecuyer, par ledit Pigousse son Procureur: François de Graffort, Ecuyer seigneur d'Aulnay, par ledit Maury son Procureur: Jacques de Gauville, Ecuyer seigneur du Nouvel Laumonnette, la Bellasiere & le bois des Aises, par ledit Maury son Procureur: Le Seigneur de Berthomyer, pour le fief de Crecy, en la parroisse d'Aulnay, par ledit Maury: Jean de saint Aubin, Ecuyer, pour le fief de Chambleau, par ledit Olivier: Jacques de Sabrevoys, Ecuyer seigneur d'Esclusselles, par ledit Maury: Charles de Chartres, Ecuyer seigneur de Paradis, par M. Lubin Rossignol son Procureur: M. Christofle de Marle, Seigneur du grand Orvillier, par ledit Olivier: Louis du Boucquet, Ecuyer seigneur de la Gadeliere, tant en son nom que comme ayant la garde de ses enfans, par ledit Maury: Robert de Ballu, Ecuyer seigneur du Bois & du Bouscheau, par M. Jean Alleaume son Bailly esdites seigneuries: Robert Detheres, seigneur de la Billonniere & de Grossier, par ledit Alleaume: Nicolas de Caillebot, Ecuyer seigneur de la Salle du Mesnil Thomas, par ledit Alleaume son Bailly: M. Christofle de Herouard, Ecuyer seigneur de Sausseux, en sa personne, Philippes de Papillon, Ecuyer seigneur de Fouville, par Maître Jean Alleaume son Bailly: Antoine de Sansavoir, Ecuyer seigneur de Champray, par M. Jacques de Pressainville son Procureur: Pierre de Courseulle, écuyer seigneur du Rouvray, en sa personne: Robert de la Rivierre, écuyer seigneur de Digny, par ledit Pigousse son procureur: Pierre & Denis les Decaulmont, pour partie du fief de Vrisseul, par ledit Pigousse: Messire Denis d'Angennes, chevalier seigneur dudit de Victray, la Motte, du Bois & du Marinois, par ledit Berthault son procureur, Robert de Canquelin, écuyer seigneur de la Palletiere, par ledit Olivier: Philipes de saint Paul, écuyer seigneur de Boecy le sec, près Nogent le Roy, en sa personne: Antoine de Monthureau, Ecuyer seigneur dudit lieu, par ledit Pigousse: Robert de Baronnay, Seigneur dudit lieu, par ledit Maury son procureur: Jean de Coural, écuyer seigneur Desloges, en sa personne: Louis de Gauville, écuyer seigneur de Tessily, en sa personne: Adrian de Gadou, écuyer seigneur du Sausay, par M. Thomas Bocquain son Procureur: Jean du Buchet, écuyer seigneur de Bigennettes, par M. Nicolas Teton son Procureur: M. Adrian du Drac, écuyer seigneur dudit Bigennettes en partie, par M. Yves Gobbé son Procureur: Jacques de Papillon, écuyer seigneur de la Mainferme en partie, en sa personne: M. Jean Maigret, Président en la Cour de Parlement, & seigneur du Tronchay Cordelle, par ledit Pigousse: Le Seigneur de Cherançay, par M. Michel le Boulanger: Gilles d'Orville, écuyer seigneur de la Trinité, par ledit le Boulanger son procureur: Noble homme Pierre Desguets, seigneur de Belleville & de la Saucelle, par ledit Olivier son Procureur: Dame Louise Dardenay, tant en son nom que comme ayant la garde de ses enfans: par icelui Olivier son Procureur: Jean de Tronsseauville, écuyer seigneur de Chesnebrun, par ledit Olivier son Procureur: Damoiselle Marguerite de Moucheron, veuve de feu Pierre de saint Clerc, en son vivant Ecuyer seigneur de Corbon, ayant la garde de ses enfans, par ledit Olivier son procureur: Le Seigneur du Parc, par ledit Pigousse: Le Seigneur des Resuintes, par ledit Pigousse: Jean & Charles les des Conches: seigneurs de Matainvillier, par ledit Berthault: M. Guy Bouguier, Seigneur de la Motte du Coulombier, par maître Lubin Guilles son Bailly: maître Jacques de Graffort, Ecuyer seigneur de Bahainvillier, par ledit Guilles son Bailly: Maître Jean de Mineray, écuyer seigneur de Magni, par ledit Tuffay son Procureur: Louis Dacon, Ecuyer seigneur de Voisinez, par M. Nicolas Duclos son Procureur: Le seigneur de Sept hommée, par ledit Berthault son Procureur: Le seigneur de la Choletiere, par icelui Berthault: René & Louis les de Courseulles, seigneurs de Menonvillier, par ledit Berthault: Jean du Fayet, Ecuyer seigneur de la Perruche, en sa personne: Messire Jean le Veneur, chevalier seigneur de Pigalle, par ledit Maury: La veuve feu Jacques de Maisieres, en son vivant écuyer seigneur du Moncel, par ledit Olivier: Gauvain de Souvrouer Ecuyer, par ledit Pigousse: Robert de Souvrouer Ecuyer, par ledit Pigousse: Le seigneur de Fessauvillier, par ledit Bahaire son Procureur: Le seigneur de la Vallée, par M. François Juglet son Procureur: Le seigneur de Boisgirard, par ledit Olivier son Procureur: Damoiselle Jeanne de Tetves, par ledit Olivier: Le seigneur de la Louvierre, par ledit Lefebvre son Procureur; Le seigneur de Hanches, par ledit Olivier: Le seigneur de Tardés, en sa personne: Le seigneur du Luat Claire, par M. Jean Sortés leur Procureur: Les Celestins d'Eclimont, seig eurs de Mauriaulieu, par ledit maître Mathurin le Coq: Le commendeur de la Ville Dieu, par maître Nicole Cordier son procureur: Florentin des Acres, écuyer seigneur de la Manceliere, en sa personne: Les manans & habitans dudit Château-neuf, par Nicolas de Theuvy & Jean Hallegrain l'aîné, Gaigers & proviseurs de ladite Parroisse: Les Paroissiens de Thimere, par Jean Gorget & Jean Savare Gaigers: Les parroissiens de Favieres, par ledit Maury leur Procureur: Les paroissiens de saint Sauveur & Levaville, par Jean Ballay Gaiger, & par ledit Boucquain leur Procureur: Les paroissiens de saint Jean de Rebeuvillier, par ledit le Nourrissier leur Procureur, & par Jacques Mauvoisin Gaiger: Les paroissiens de Saunieres, par Pierre Thibault l'un des Gaigers, & garni dudit Maury leur Procureur: Les Paroissiens du Tremblay le Viconte, par Jacques Pillon l'un des Gaigers: Les parroissiens de Bonvillier, par ledit Maury: Les parroissiens de Theuvy, par Bastian Valere l'un des Gaigers: Les parroissiens d'Ardelles, par ledit Pigousse: Les parroissiens de Jauldrez, par ledit Bocquain: Les parroissiens de Hautesrives, par Guillaume Berot l'un des Gaigers: Les parroissiens de saint Martin de Lizeau, par Jean Hamon l'un des Gaigers: Les parroissiens de Fouleuse, par maître Germain l'Amy, curé dudit lieu: Les Habitans de chesnes chesnus, le Boullay Bernier & Champigny, par Jean Garnier l'un desdits habitans: Les parroissiens de Billancelles, par ledit Maury leur procureur: Les parroissiens de saint Mesmes, par ledit Rossignol leur procureur: Les parroissiens de saint Germain de Lizeau, par ledit Rossignol leur Procureur: les parroissiens

d'Acheres,

d'Ackeres, par ledit Maury : Les parroissiens des Chaises, par ledit le Coq leur procureur : les parroissiens de Fontaines les Ribousts, par Jean Longuelune, l'un des Gaigers d'icelle parroisse : Les parroissiens de Garantieres, par ledit Olivier leur procureur : Les parroissiens de Louvillier en Drouas, par Loüis Mallette l'un des Gaigers : Les parroissiens de Villette le bois, en ce qui en est de cette Baronnie, par Adrian de Cœurs : Les parroissiens de Marville, Moustier-brullay & Blainville, par ledit Olivier leur procureur : Les parroissiens de Garnay, par Simon Lorion & André Morets : Les paroissiens de Mitainvillier & Gelainvillier, par ledit Tussay leur Procureur : Les parroissiens de Blevy, par Jean le Grand seigneur de la Noë : Les Parroissiens de Dampierre sur Blevy, par maitre Loüis Aleaume l'un des gaigers : Les parroissiens de saint Germain de la Gastine, par ledit Tussay leur procureur : Les parroissiens de saint Ange & Torsay pour enclaves, par M. Jacques de Pressauville, procureur pour les habitans de saint Ange seulement : Les parroissiens d'Aulné sous Couvé, par Jean de saint Michel : Les parroissiens de Senonches, par M. François Moreau gaiger de ladite parroisse : Les parroissiens de Digny, par Geuffroy Darripeau gaiger : Les parroissiens de Belhoumer, par ledit Pigousse leur procureur : Les parroissiens de la ville aux Nounains, par Robin Hubert l'un des gaigers : Les parroissiens de Manou, par ledit Rabache Bailly dudit Manou : Les parroissiens de la Ferriere, par ledit Rabache : Les parroissiens du Mesnil Thomas, par Louis Marneur l'un des gaigers : Les parroissiens de Tardés, par Jean Gastel Ecuyer : Les parroissiens de Brezolles, par ledit Berthault : Les parroissiens de Normendel, par ledit le Boulanger : Les parroissiens de la Trinité, par icelui le Boulanger : Les parroissiens de Bucy en Drouas, par M. Noël le Nourrissier : Les parroissiens d'Escorpain, par icelui Pigousse : Les parroissiens de Montigny, par icelui Tussay leur procureur : Les parroissiens de Berou & la Mulotiere, par ledit Olivier leur procureur : Les parroissiens de Voisinez, par Hardoüin Daniel leur procureur : Les parroissiens de Victray, par Jean Gautier leur procureur : Les parroissiens de Mainternes, par Jean Lorée leur procureur, & l'un desdits Gaigers : Les parroissiens de Chataincourt, par Guillaume Cauchois leur procureur : Les parroissiens d'Allainville, par ledit Maury leur procureur : Les parroissiens de Rovercourt, par icelui Maury : Les parroissiens de Conce, par ledit Berthault : Les parroissiens des Chatellées par icelui Berthault : Les parroissiens de la Manceliere, par ledit Berthault ; Les parroissiens de la Saucelle, par ledit Olivier : Les parroissiens de Laons, par Denis Forcuit l'un des Gaigers : Les parroissiens de Preudommanches, par Jean le Duc l'un des Gaigers : Les parroissiens de S. Lubin des Joncherets, par Mathry le Poulanger l'un des gaigers : Les parroissiens de Dampierre sur Aure, par Jean Pertuis l'un d'iceux, garni dudit Bocquain leur procureur : Les parroissiens de Fessonvillier, par ledit Bahaire : Les parroissiens de S. Remy, par Loüis Despoints l'un d'iceux : Les parroissiens de la Gadeliere, par ledit Maury leur procureur, & par Jean Marmion l'un d'iceux parroissiens : Les parroissiens de Matonvillier, par ledit Olivier : Les parroissiens de la Ferté Ernault, par ledit Maury : Les parroissiens de la Lambelore, par ledit Berthault : Les parroissiens de la Behardiere, par ledit Olivier : Les parroissiens de la Puisaye, par ledit Olivier : Les parroissiens de Moussonvillier, par ledit Olivier : Les parroissiens de la Chappelle Fortin, par ledit Maury : Les parroissiens de Revillon par icelui Maury : Les parroissiens de Rueil, par ledit Olivier : Les parroissiens de S. Victor sur Aure, par ledit Pigousse leur procureur : Les parroissiens des Resuintes, par ledit Duclos : Les parroissiens de Rohaire, par ledit Maury : Les parroissiens de Bœcy le sec, par ledit Olivier ; Les parroissiens de Morvillier, par Mery Boucquet l'un d'iceux : Les parroissiens de Beauche, par Jean Maubert l'un d'iceux : Les parroissiens de S. Maurice, par ledit le Boulanger leur procureur : Les parroissiens de Cherance, par icelui le Boulanger : Les parroissiens S. Martin du Vieil Vernueil, par ledit Maury leur procureur ; Les

Parroissiens d'Armentieres, par ledit Olivier ; Les parroissiens de S. Lubin de Crement, par maître Mathieu le Verrier l'un d'iceux : Les parroissiens de Champrond, par ledit Olivier leur procureur : Les parroissiens de Couvay, par ledit Maury : Les parroissiens de la Frambroisiere, par ledit Olivier. Aussi sont comparus par devant nous Commissaires dessus nommez, lesdits maîtres Thibault Chaillou, licentié és loix, lieutenant general audit baillage & baronnie de Château-neuf : Noble homme maître Jean de Tacher, Vicomte, & receveur dudit Château-neuf : maître Etienne Petit, Lieutenant general en ladite Vicomté & baronnie : Christophe de Hallegrain, Avocat pour le Roy : Robert Dobet, Procureur pour ledit Seigneur en icelle baronnie : Sebastien le Roy, Ecuyer seigneur des Tousches, Lieutenant general des eauës & forêts dudit Château-neuf : maître Sanxon Pigoulle, Lieutenant particulier en ladite vicomté : Guillaume Maury, capitaine dudit Château-neuf, & Avocat audit lieu : Jean Alleaume, Noël Gobbé, Jean Tuffay, Guillaume Olivier, François Moreau, Lieutenant des eauës & forêts de Senonches, & Lieutenant du baillage de Beaussart, Thomas Bocquain, Jacques Pigousse, Michel le Boulanger, Louis de Mayne, Jacques le Nourrissier : Noël le Nourrissier licentiés és Loix : Nicole Duclos & Nicole Adam, Bacheliers és loix ; tous Avocats & Praticiens audit Château-neuf. Maître Thomas Sauvage, greffier en la vicomté dudit Château-neuf · Nicolas Teton greffier des eauës & forêts de ladite baronnie ; Nicolas de Theuvy, Notaire Royal en icelle : Christophe Buthier, aussi Notaire Royal : Robert le Comte Tabellion audit Château neuf : Jean Sortes commis du greffier de ladite vicomté : Pierre Nicole commis du greffier des eauës & forêts : François Juglet, Lubin Rossignol, Leonard Olivier & Yves Gobbé, tous Procureurs & Praticiens audit Château-neuf. Maître Robert Berthault Lieutenant en ladite vicomté de Château neuf, pour le siege de Brezolles : M. Lubin Guille licentié és loix, bailly dudit Brezolles : Guillaume Bahaire aussi licentié és loix, procureur dudit baillage : Nicole Cordier licentié és loix, avocat audit Brezolles : Mathurin le Coq Bachelier ès loix, procureur de la Seigneurie du Tremblai le Vicomte : Jacques de Pressauville : Jacques Macelin : Christophe Percheron, & Denis Petit, praticiens audit Château-neuf. Et pareillement est comparu pardevant nous ledit M. Nicole Cordier, au nom & comme procureur d'Adrian de Boulainvillier, Ecuyer Seigneur de la Motte, Boullain de Louvillier lés le Perche & de Rotignon, lequel a dit, tant pour ledit seigneur que comme procureur des manans & habitans dudit Louvillier, que lesdites Seigneuries sont & tiennent à cause de la Vicomté de Dreux : & les rachapte ledit Seigneur du Comté dudit Dreux ; auquel Comté y a Coutumes arrêtées & émologuées, lesquelles ils observent : & a ledit Cordier audit nom protesté que l'évocation presentement faite pardevant nous des personnes dudit Seigneur & habitans pour voir émologuer, approuver & accorder icelles Coutumes ne leur puisse nuire ne prejudicier. Semblablement s'est comparu ledit M. Jean Tuffay, procureur des Religieux, Abbé & convent de S. Pere en vallée de Chartres, Seigneurs de Mitainvillier & le Lieul en cette Baronnie, que avons fait évoquer pardevant nous ; lequel audit nom, a dit que lesdits Religieux, Abbé & Convent de S. Pere ne sont, à cause desdites Seigneuries, tenus comparoir à ladite évocation ; parce que les appellations interjettées du Prévôt de Mitainvillier se relevent directement pardevant le Juge présidial de Chartres, & a fait pareille protestation que ledit Cordier. Pareillement avons fait appeller & évoquer pardevant nous les Manans, Habitans & Paroissiens de Verrigny, qui y sont comparus par Maître Nicole Duclos leur Procureur ; lequel audit nom, a dit que lesdits Paroissiens sont sujets & justiciables du Bailliage de Chartres, & tiennent & observent les coutumes dudit Chartres : & a fait pareille protestation que les précedens. Et outre avons fait appeller les Paroissiens de la Burgondiere, qui y sont comparus par ledit Pigoulle leur Procureur, & par Pierre Juineau l'un desdits Habitans; lequel a fait pareille remontrance & protestation que ledit Duclos. Et par lesdits Avocat & Procureur du Roy en ladite Baronnie a été dit & soutenu le contraire, & protesté qu'icelles protestations ci-dessus faites par lesdits Cordier, Tuffay, Duclos & Pigousse esdits noms ne leur puissent nuire ne prejudicier. Et suivant la Requête desquels Avocat & Procureur du Roy en icelle Baronnie, avons fait appeller & évoquer pardevant nous: Les Doyen & Chapitre de Chartres: Le Prieur de Senonches: Le Prieur du grand Beaulieu de Chartres: Le Curé de Favieres: Le Curé de Levaville & S. Sauveur: Le Curé de Saulnieres: Le Curé de Fresnay le Gillemer: Le Curé de Hautesrives: Le Curé de S. Martin de Lizeau: Le Curé de Billancelles: Le Curé de Boullay Thierry: Le Curé d'Ascheres: Le Curé de Fontaines les Ribousts; Le Curé de Mesieres, Luray & Orvillier: Le Curé de Villette le Bois: Le Curé de Marville, Moustier bruslay: Le Curé de Garnay: Le Curé de Mitainvillier: Le Curé de S. Arnoul des bois: Le Curé de S. Germain de la Gastine: Le Curé de Monceaux la Poterie: Le Curé de Marville la Touche: Le Curé de Chalet: Le Curé de Gastelles: Le Curé de Louvillier lez le Perche: Le Curé de la Trinité: Le Curé d'Escorpain: Le Curé de Voismez & Bruslez: Le Curé de la Puisaye: Le Curé de Cherance: Le Curé de S. Victor de Buthon: Le Curé de Fretigny: Le Curé de Moulandon: Le Curé de Monthureau: Le Curé de Boicy le sec: Messire Jean de Toureville, Chevalier Seigneur de Villebon, pour son Fief de Belandart: Olivier d'Asche, Escuyer Seigneur de Brezolles & de la Palme en partie; Quentin & Guy les de Pillavoines, Seigneurs du Boullay Thierry: Jacques de Mesieres Escuyer, pour son Fief du Clos-Morin: Jacques d'Aufreville, Escuyer Seigneur du Mesnil, Launay & Mesieres: Pierre des Guets, Escuyer Seigneur du petit Orvillier: Les Seigneurs de Memont: Dame Françoise de Villette, Dame des Moulins & du Vione: Les Seigneurs de la Verdiere: Denis de Morteaulx, Escuyer Seigneur de Vigny & de la Charmaye: Les Seigneurs du petit Couldray: Les Seigneurs de Montulay & des Hays: Hugues de la Chaussée, Escuyer Seigneur de Plateau: René des Ligneriz, Escuyer Seigneur de Champrondiere: Artus de Bellezeises, Seigneur du Plessis Haton: La veuve Leonard de Blondel: Roulland d'Estafort: La veuve Bastien des Guets: Le Seigneur de Rochefort: Les Seigneurs du Buchet: Jean de Rainbert Seigneur de Puiseulx: Le Seigneur de la Fontaine des Ribousts: Les Paroissiens de Fresné le Gillemer: Les Paroissiens du Boullay Thierry: Les Paroissiens de Mesieres: Les Habitans de la Paroisse S. Arnoul des bois: Les Habitans du Monceaux la Poterie: Les Habitans de Marville la Touche: Les Habitans de Beluet & la Hucherie: Les Paroissiens de S. Victor: Les Habitans de la Paroisse de Fretigny: Les Paroissiens de Moulandon: Les Paroissiens de Monthireau: Les Habitans de Boecy le sec près Houdant. Tous appellez & ajournez pour voir par nous proceder à l'accord, lecture, publication & émologation des Coutumes d'icelle Baronnie, Châtellenies, Terres, Seigneuries, Fiefs, appartenances & dépendances, enclaves, fins & mettes d'icelle, par Loüis le Mestayer Sergent en ladite Baronnie, au moyen de nosdites Lettres de commission: ainsi qu'il nous est apparu par le rapport & procès verbal d'icelui Mestayer Sergent; lesquels n'y sont comparus ne Procureur pour eux; pourquoi avons ausdits Avocat & Procureur du Roy, ce requerans, donné & donnons défaut à l'encontre des susdits appellez, portant tel profit que de raison. Au moyen & par vertu duquel, nous avons dit & ordonné que passerions outre à la lecture, publication & émologation d'icelles Coutumes de ladite Baronnie, Châtellenies, Fiefs, Terres, Seigneuries, appartenances & dépendances, & ressort François d'icelle, selon & ainsi que contenu & mandé nous est faite par lesdites Lettres Patentes & Commission du Roy. Et le Mercredi deuxiéme jour dudit mois de Novembre, est comparu en sa personne Frere Charles de Refuge, Chevalier de l'Ordre de S. Jean de Jerusalem, & Commandeur de Ville-Dieu en Durgesin, Pierre le Roy, Procureur de Dame Françoise de Villette, Dame de Viel pont des Moulins & du Vionne; M. Estienne Petit, au nom & comme Procureur de Dame Magdeleine le Payen, veuve de feu Messire François de Marsilac, en son vivant premier President de Roüen, Dame de la Guillerie & du petit Chêne: M. Pierre Haye Substitut dudit Procureur du Roy en la Châtellenie de Brezolles, M. Pierre Badouleau, aussi Substitut dudit Procureur du Roy en la Châtellenie de Champront: M. Robert Thibault Lieutenant particulier en la Vicomté dudit Champront: Jean Langlois Greffier en ladite Vicomté: M. Jacques le Sappetel Lieutenant en la Vicomté de Senonches: Matin Lizay Greffier en icelle Vicomté: Charles la Pie, Clerc dudit Avocat du Roy: Jean de Bougeu, & Martin le Bauldrez, Clerc dudit Adam Greffier dudit Bailliage; Et le Prieur Curé de Theuvy, par Jean de la Chaussée Ecuyer son pere & Procureur.

Après lesquelles comparances, avons à tous lesdits assistans, gens d'Eglise, Nobles, Praticiens, & autres gens du tiers & commun état, fait faire & prêter le serment de bien & veritablement dire, aviser & opiner sur le fait, accord & réformation desdites Coutumes, pour le bien, profit & utilité du commun & bien public du pays, aviser & remontrer ce qui leur semblera être bon, utile, profitable & necessaire; aussi des choses qu'ils connoîtront n'être au profit, utilité & bien commun du pays, le dire: Aussi ce qui doit être en mieux & plus profitable pour ledit commun: Et en tout faire leur bon & loyal devoir, ce qu'ils ont juré & promis faire.

Et avons commencé à faire lire par ledit Adam, Greffier dessusdit lesdites Coutumes écrites audit cayer, qui se commencent ainsi qu'il ensuit.

Coutumes generalles, & Usages de la Baronnie, Châtellenie, Terre & Seigneurie de Château-neuf en Thimerais, ressort François, & dépendances des lieux, Terres & Seigneuries étans és fins, mettes & enclaves d'icelle Baronnie & Châtellenie, arrêtées, accordées & publiées. Et après s'ensuit Et premierement, *Des Fiefs & de leur nature, & des droits & prérogatives d'aînesse.* Et le premier article commençant. Tous Vassaux sont tenus faire. Le second commençant. Le frere aîné peut retenir & porter la foi. A été par les dessusdits comparans passé, accordé & arrêté, pour Coutume ancienne du pays.

En lisant le troisiéme article, contenant ce qui s'ensuit: Après le trépas du fils aîné, ses freres & sœurs, ou heritiers, sont tenus payer rachat pour la part & portion de ce qui leur est échû en Fief de la succession de leurdit frere aîné décedé sans hoirs de sa chair, pour ce que ce leur est échû en ligne colaterale: Mais de leurs parts & portions desquelles il portoit pour eux la foi & garandie, n'est dû aucun rachat s'ils sont mâles: Et s'ils sont femelles, & elles se remarient après le trépas de leurdit frere aîné, elles payeront rachat, & pour chacun mariage: Et ou elles seront mariées la vie durant de leurdit frere aîné, & trouvées mariées lors de son décès. Aucuns ont été d'opinion qu'elles doivent rachat, les autres ont été d'opinion qu'elles n'en doivent & n'en payeront point, si elles ne se remarient pour une autrefois. Mis en déliberation le contenu en cet article: Par l'avis desdits Estats & assistans, a été arrêté, conclud & accordé par tous concordablement, que ledit article sera accordé, & demeurera pour Coutume dorénavant & pour toujoursmais en ladite Baronnie de Château neuf, ainsi qu'il s'ensuit.

Après le trépas dudit fils aîné, les freres & sœurs, ou heritiers, sont tenus payer rachat pour la part & portion de ce qui leur est échû en Fief de la succession de leurdit frere aîné décedé sans hoirs de sa chair, parce que ce leur est échû en ligne colaterale; mais de leurs parts & portions, desquelles il portoit pour eux la foi & garandie, n'est dû aucun rachat s'ils sont mâles; & s'ils sont femelles, & elles se marient du vivant de leurdit frere aîné, qui porte la foi pour les freres & sœurs, ne sera dû aucun rachat par lesdites filles, soit qu'elles se marient du vivant de leurdit frere aîné une fois ou plusieurs : Mais si après la mort de leurdit frere aîné lesdites filles, ou aucunes d'elles, se marient, soit en premieres ou secondes nôces, il sera dû rachat au Seigneur feodal, pour le regard dudit mariage fait & celebré après le décès dudit frere aîné, pour la part & portion afferant ausdites filles.

En lisant le quatriéme article, par l'avis de toute l'assistance, a été accordé, arrêté & demeuré pour Coutume ancienne.

Au cinquiéme article, sur la Rebrice commençant, *Comme les Fiefs se divisent, & des prérogatives des aînez.* A été accordé & arrêté qu'au lieu de ces mots, trois mines de terre pour le vol du chapon de l'aîné, avec le manoir principal : Sera mis arpent & demi de terre. Et au lieu de ce mot, Province, sera mis en la Baronnie, Terre & Seigneurie de Château-neuf, enclaves, fins & mettes d'icelle, & qu'il sera ajoûté audit article : Si constant le mariage du pere & de la mere, étoit acquis un Château ou Maison Seigneurial tenu en Fief, & il n'y eût & demeurât de la succession des pere & mere que ce manoir par eux acquis, le fils aîné pourra, integrallement pour son principal manoir, prendre tout ledit manoir pour son droit d'aînesse : Et par ainsi ledit article a été arrêté, accordé & passé pour Coutume, selon & és termes qui s'ensuivent.

Le frere aîné, entre plusieurs enfans, pour sa part & portion doit avoir pour son droit d'aînesse le principal manoir, & arpent & demi de terre à l'environ dudit manoir, s'ils y sont ou le vol d'un chapon, estimé à arpent & demi de terre, avec la moitié de tous les fiefs, & l'autre moitié appartient à tous les autres enfans : Et s'il advient qu'ils ne soient que deux, & qu'il y ait un fils, tel fils aura & doit avoir les deux tierces parties, avec le principal manoir, & le puîné, soit fils ou fille, le tiers seulement : Et n'y a qu'un droit d'aînesse quant audit principal manoir en la succession du pere ou de la mere, & de toutes les deux, si elles sont assises en cette Baronnie, Châtellenies, terres, seigneuries & enclaves d'icelle : Et aura l'aîné le choix de prendre lequel qu'il voudra des manoirs, soit du pere ou de la mere : Et où il auroit choisi un manoir d'une desdites successions, & il en advient un autre de l'autre succession, il le pourra prendre, & laisser celui manoir qu'il avoit jà prins & accepté en la succession du pere ou de la mere, ayeul ou ayeulle : Et s'il y a un seul manoir feodal procedant de l'acquisition du pere & de la mere ou autrement en quelque maniere que ce soit, ledit fils aîné le prendra integrallement pour son principal manoir après le trépas de ses pere & mere, sans ce que ses autres freres & sœurs y puissent rien prendre ne demander de ce qui en sera échû de la succession de la mere, avec l'arpent & demi de terre comme dessus.

Lisant ledit sixiéme article, commençant, entre filles qui sont en pareil degré, après plusieurs disputes & opinions des assistans, il a été par la pluralité desdits assistans, arrêté & conclud que la coutume articulée audit sixiéme article, demeurera & sera tenuë & gardée pour coutume par maniere de provision, sauf audit Seigneur Vidame de Chartres, Seigneur & Dame Do, comparans comme dessus, de eux pourvoir en la cour par remontrances ainsi qu'ils verront être à faire par raison pour la prérogative d'aînesse qu'ils dient devoir être accordée pour le regard de la fille aînée entre filles qui sont en pareil degré, à laquelle fille aînée ils demandoient être arrêté pour coutume lui devoir appartenir le principal manoir, & la moitié des fiefs dépendans dudit principal manoir, ou du fief dont dépend ledit manoir comme à l'aîné.

Le septiéme article, commençant, Es heritages tenus en censif. Par l'avis de tous les assistans est demeuré & sera pour coutume en ladite Baronnie, Châtellenies, terres & seigneuries, enclaves, fins & mettes d'icelle.

Et pour reverence de la fête de Toussaints & fête des Trépassez, avons l'assignation continuée à Mercredi prochain, en cedit lieu, heure de midi attendant une heure.

Et le Mercredi deuxiéme jour dudit mois de Novembre, à l'heure d'une heure après midi, assignation par nous Commissaires dessusdits continuée audit lieu & auditoire de Château-neuf : Avons procedé en outre à la lecture, accord, publication & execution de notredite commission, reprenant au lieu où étions à l'assignation précedente demeurez ; Qui étoit au chapitre *Des Offres que le Vassal qui doit profit est tenu faire à son Seigneur feodal.* Huitiéme article dudit cayer. A été passé & accordé pour coutume, & aussi les neuf & dixiéme articles dudit chapitre, & les onze, douze, treize & quatorziéme articles.

Et en lisant le quinziéme article, commençant, Le Seigneur feodal a le choix desdites trois offres. Par l'avis & opinion de l'assistance : a été accordé, ordonné & conclud, qu'il sera ajoûté audit article, Que le jour des offres & jour de la réïteration d'icelles ne seront comprins en la quarantaine : Et outre, Que si le Vassal ou autre Laboureur de bonne foi qui ait fait aucuns labours, le Seigneur feodal le payera & remboursera de ses labours & loyaux coutemens, au taux & arbitrage de gens de bien à ce connoissans : Et que le Juge ordinaire du Seigneur saisissant, au cas que les gens élûs & choisis pour faire la taxe desdits labours n'en conviennent & n'en puissent convenir de l'estimation & taxation d'iceux, en connoîtra & en fera la taxe : Et par ainsi l'article demeurera pour coutume selon qu'il s'ensuit.

Le Seigneur feodal a le choix desdites trois offres à lui faites, à prendre celle qu'il lui plaira, dedans quarante jours après icelles faites : durant lesquels quarante jours ledit Seigneur ne doit exploiter sondit fief : Et s'il l'exploite, il est reputé payé dudit rachat ; & est tenu le vassal à la fin desdits quarante jours & iceux passez, réïterer lesdites offres à son Seigneur feodal, s'il n'a exploité ledit fief, ou que composition en ait été faite, non comprins esdits quarante jours le jour desdites offres & de la réïteration d'icelles : Mais si ledit Seigneur feodal accepte l'année, & il y a fermier ou métayer, ou bien le vassal ou autre Laboureur de bonne foi qui ait fait aucuns labours & semences, le Seigneur feodal les payera & remboursera de leurs labours & loyaux coutemens, au taux & arbitrage de gens à ce connoissans, s'il ne se veut contenter de la moitié, ou du droit que le vassal eut prins de son fermier ou métayer : Pour taxer lesquels labours & loyaux coutemens, ledit Seigneur feodal & le vassal conviendront de gens à ce connoissans dedans la huitaine après ladite acceptation : Et après lesdits huit jours passez, ou que lesdits gens élûs & choisis ne conviennent ou ne puissent convenir de ladite taxation, le Juge du Seigneur du Fief saisissant qui aura Justice & Jurisdiction à cause de sondit Fief, fera ladite estimation & taxation : Et si le Seigneur du Fief n'a Justice & Jurisdiction ordinaire, le Juge du Seigneur du Fief dominant, soit médiatement ou immédiatement qui aura Jurisdiction, fera ladite taxation & estimation : Ausquels Juges subordinement & comme dessus les parties auront leur recours pour ce faire.

Et sur le seiziéme article dudit Chapitre, commençant : Le vassal est tenu faire en personne la foi & hommage. A été par toute l'assistance d'un commun accord, ordonné qu'il sera ajoûté audit article, que le vassal sera tenu laisser à ses dépens à son Seigneur feodal, à ses Officiers, Procureurs ou fermiers la copie de ses offres & réïterations. Par ainsi contiendra ledit article ce qui s'ensuit.

Le vassal est tenu faire en personne la foi & hommage & lesdites trois offres au manoir de la Seigneurie dont dépend tel fief qu'il tient : Et si le Seigneur n'est demeurant sur le fief, le vassal est tenu lui signifier ses offres en sa Justice, s'il a droit de Châtellenie & haute Justice & jurisdiction, & plaids qui tiennent ordinairement : Et si ailleurs & autrement est fait, le Seigneur feodal n'est tenu recevoir le vassal si bon ne lui semble : & ne sont los offres du vassal autrement faites suffisantes ; Et sera tenu ledit vassal laisser à ses dépens à sondit Seigneur feodal ou ses officiers, procureurs ou mestayers demeurans sur le lieu, la copie de ses offres & rëiterations.

Les dix-sept, dix-huit, & dix-neuviéme articles dudit cayer sont demeurez pour Coutumes accordées.

En lisant le vingtiéme article, au chapitre, *De cheval de service*, commençant, Le cheval de service se peut lever par le Seigneur feodal. A été conclud & accordé, que le cheval de service sera demandé par le Seigneur feodal par action, & non par voye de saisie au vassal qui devra rachat & profit de fief, & non pas au vassal qui doit seulement la foi & hommage sans autre profit : Et par ainsi contiendra ledit article ce qui s'ensuit.

Le cheval de service se peut lever par le Seigneur feodal quand le fief est entier : Et est reputé icelui fief entier, au regard dudit cheval de service, quand il vaut de rachat soixante sols tournois ; Et s'il vaut moins, il peut être levé par portion & prorata de ce qu'il vaut, Et vaut ledit cheval entier soixante sols tournois & se peut lever une fois seulement en la vie du vassal, & sur le vassal qui doit rachat & profit de fief : Et sera demandé par le Seigneur feodal à tel vassal par simple action, & non par voye de saisie.

Le vingt-uniéme article, commençant au chapitre, *Quand le Fief eet en profit de rachat*, est accordé & demeurera pour Coutume ancienne.

Aussi sont les vingt-deux, vingt-trois, vingt-quatre, vingt-cinq, vingt-six & vingt-septiéme articles dudit chapitre demeurez & arrêtez pour Coutumes anciennes.

Sur le chapitre commençant, *Quand le Seigneur feodal peut saisir.* Les ving-huit & vingt-neuviéme articles son demeurez & arrêtez pour Coutumes anciennes.

En lisant le trentiéme article, A été accordé que ces mots, trente jours aprés le trépas, seront ôtez, & qu'au lieu d'iceux sera mis, quarante jours : Esquels quarante jours ne seront comprins les jours du trespas & de la quarantaine : Et par ainsi contiendra ledit article ce qui s'ensuit.

Le Seigneur feodal ne pourra saisir, empêcher ne exploiter par deffaut d'homme, soit qu'il soit dû rachat on non, après la mort de son vassal le fief tenu de lui, sinon quarante jours après icelui trépas : esquels quarante jours ne seront comprins les jours dudit trépas & de la quarantaine : Durant lesquels quarante jours le vassal ne pourra user de sondit fief, sinon comme un bon pere de famille.

Les articles trente-un, tente-deux & trente-troisiéme contenus sous ce même chapitre, sont tenus pour Coutumes anciennes.

En lisant le trente-quatriéme article, A été par toute l'assistance accordé qu'il sera ajouté audit article, Après les trois mois que le vassal aura presenté son aveu au Seigneur feodal, ou ses offres, que ledit Seigneur feodal sera tenu blamer, ou recevoir & passer ledit aveu : Autrement après lesdits trois mois passez, à compter du jour de la presentation dudit aveu, tel aveu sera tenu pour reçû, & passé sans contredit par le Seigneur : Par ainsi contiendra ledit article ce qui s'ensuit.

Le vassal est tenu bailler son aveu dedans quarante jours après la reception de foi & hommage, ou dedans quarante jours après qu'il a été interpellé de ce faire par son Seigneur : Et ledit aveu baillé & presenté par le vassal, le Seigneur, ou ses officiers, seront tenus blamer ledit aveu dedans trois mois après. Autrement & lesdits trois mois passez, au cas que tel aveu n'ait été blamé par ledit Seigneur feodal, ou ses officiers, il sera tenu pour reçû, & passé sans contredit & blame.

Les trente-cinq, trente-six, & trente-septiéme articles sont passez pour Coutumes anciennes.

Sur le trente-huitiéme article, a été accordé & conclu qu'il sera mis sur la fin d'icelui article ces mots, En rachat & profit de fief : Et contiendra ledit article ce qui s'ensuit.

Le vassal ne peut par quelque maniere que ce soit obliger ne hypotequer aucun heritage qui soit tenu à foi & à hommage d'aucun Seigneur sans le vouloir & consentement dudit Seigneur de fief, au moins que telle obligation ou hypoteque que pourroit avoir faite d'icelui heritage le vassal, puisse ne doive nuire ne préjudicier aucunement audit Seigneur feodal quand aux droits de fief, ne és autres profits & redevances feodaux, ou qui pourroient être dûs à icelui seigneur de fief, même ou ledit fief cherroit en profit & rachat.

Le trente-neuviéme article accordé & passé pour Coutume ancienne.

Sur le Chapitre *Des souffrances*, Les quarante, quarante-un, quarante-deux & quarante-troisiéme articles dudit Chapitre sont accordez & passez pour Coutumes anciennes.

Et sur le quarante-quatriéme article, a été accordé & conclu, qu'il sera ajoûté audit article ces mots, Que le vassal qui desavoüe son seigneur aura main levée de son fief & fruits d'icelui, sans préjudice des droits de forfaiture & confiscation prétendus par ledit seigneur feodal : Et contiendra ledit article ce qui s'ensuit.

Quand le vassal desavouë son seigneur feodal à seigneur, il commet felonnie, & forfait son fief envers lui : Et après tel desaveu, le vassal doit avoir main-levée de son fief & fruits d'icelui : sans préjudice de la felonnie & forfaiture, & confiscation prétendus par ledit seigneur feodal.

Sur le Chapitre, *De cens & du Seigneur censier*, Les quarante-cinq, quarante-six & quarante-septiéme articles contenus audit Chapitre sont passez pour Coutumes anciennes.

Lisant le quarante-huitiéme article contenu audit Chapitre, a été par plusieurs de la compagnie dit, que la rente infeodée ne doit en toutes choses être reputée cens, même pour l'amende par faute de payer ou déprier le cens au jour qu'il est dû ; Et que par faute de payer la rente infeodée, fonciere & perpetuelle, & aussi la rente fonciere Seigneurialle & premiere, qui s'entend être créée par le bail de celui qui tient en Fief l'heritage baillé, n'est dû aucune amende au Seigneur de ladite rente : Et par autres de la compagnie en grand nombre, a été soûtenu au contraire pour l'amende : Sur quoi après avoir oüi les gens d'Eglise, Nobles, Avocats, Procureurs & Praticiens du Siege, & gens du commun & tiers état ; & pour la diversité des avis & opinions, & pour ce regard, en tant que touche ladite amende : Nous avons ordonné, que par maniere de provision, l'article tel qu'il est écrit audit cayer demeurera pour Coutume : sans préjudice toutesfois dudit droit d'amende qui est demeuré en different, & pour lequel different avons le negoce renvoyé à la Cour, pour sur ce en être ordonné.

Le quarante-neuviéme article sur ledit Chapitre est accordé & passé pour coutume ancienne.

Lisant le cinquantiéme article, commençant, Pour non avoir payé ventes, a été accordé que ledit article demeurera pour le regard des ventes dûës pour l'heritage tenu à cens : Et qnand ventes sont dûës pour le regard de l'heritage tenu à rente, telle qu'il est contenu audit quarante-huitiéme article ; aucuns de l'assemblée ont été d'avis que pour raison de telles ventes n'est dû aucune amende, & les autres ont été d'avis contraire : Pour raison duquel different, & attendu la diversité des opinions : Nous avons renvoyé & renvoyons ledit different à la Cour de Parlement : Et ordonné que ledit article demeurera ainsi qu'il est pour le regard de l'amende dûë des ventes dûës d'heritage tenu à cens : Et contiendra ledit article ce qui s'ensuit.

Pour non avoir payé ventes d'heritage tenu à cens, & pour avoir icelles recelées, est dû amende de soixante sols tournois, & pour non avoir payé dedans la huitaine après le dépri, il est dû amende, qui vaut sept sols six deniers tournois.

Les cinquante-un, cinquante-deux & cinquante-troisiéme articles sont passez & accordez pour Coutume ancienne.

Les cinquante-quatre, cinquante-cinq, cinquante-six, cinquante-sept, cinquante-

cinquante-huit, cinquante-neuf, soixante, soixante-un, soixante-deux, soixante-trois & soixante-quatriéme articles sur le Chapitre, *De Doüaire*, sont passez & accordez pour Coutume ancienne.

Les soixante-cinq, soixante-six, soixante-sept & soixante-huitiéme articles du Chapitre, *De communauté & division de biens communs*, sont accordez pour Coutume ancienne.

Et quant au soixante-neuviéme article contenu audit Chapitre, a été accordé qu'il sera ajoûté que la communauté de biens durera jusques à ce que le survivant ait fait faire inventaire ou autre acte contraire: Et par ainsi contiendra ledit article ce qui s'ensuit.

Pour acquerir droit de communauté entre deux ou plusieurs, trois choses sont requises: La premiere est, qu'il y ait lignage entr'eux, & qu'ils soient personnes de soi & usans de leurs droits: La seconde, qu'ils ayent demeuré ensemble par an & jour à dépens communs: La tierce, qu'il y ait apport & communication de biens par chacune des parties: Et ces trois choses concurantes, ils sont communs en biens, meubles & acqueremens faits par eux, ou l'un d'eux, s'il n'y a accord ou protestation au contraire durant ladite communauté: & durera icelle communauté de biens, tant entre mariez qu'autres, si aucun décede, jusques à ce que le survivant ait fait faire inventaire ou autre acte contraire.

Et fut l'assignation continuée au lendemain ensuivant, heure de huit heure de matin.

Auquel jour & heure, Nous Commissaires dessus nommez, sommes transportez audit Auditoire dudit Château-neuf, assignation par nous continuée: & avons par ledit Adam, Greffier dudit Bailliage, fait lire le contenu audit cayer, commençant au Chapitre, *De mariage, & de la puissance que le mari a sur la femme & sur ses biens.* Le premier article, qui est en nombre le soixante-dixiéme article dudit cayer, commençant, la femme est en la puissance de son mari, a été accordé & passé pour Coutume ancienne.

En lisant le soixante-onziéme article, contenant ce qui s'ensuit.

Par mariage le mari est reputé majeur & personne de soi en jugement & dehors: tellement qu'il peut poursuir ses actions & passer tous contrats: A été avisé, accordé & arrêté par l'avis de l'assistance, qu'il sera ajoûté en icelui article: Que si le mari est sous l'âge de vingt-cinq ans, en contractant des choses immeubles il est lezé, il pourra être relevé des contrats qui seront par lui faits depuis son mariage, jusques à ce qu'il ait atteint ledit âge de vingt-cinq ans: Et par ainsi contiendra ledit article ce qui s'ensuit.

Par mariage le mari est reputé majeur & personne de soi en jugement & dehors: Tellement qu'il peut poursuir ses actions & passer tous contrats: Toutesfois si ledit mari en faisant ses contrats est sous l'age de vingt-cinq ans, & il est lezé par iceux contrats, il pourra être restitué pour le regard de ses choses & biens immeubles.

Sur le soixante-douziéme article, commençant par ces mots: Pareillement la femme est reputée majeur & personne de soi en jugement & dehors; & peut poursuir ses actions & passer contrats, le tout o l'autorité de son mari: A été accordé que ledit article sera corrigé; & sera ajouté en icelui, & si le mari est au dessous dudit âge de vingt-cinq ans, & y a lezion, soit au mari ou à la femme par le moyen de tels contrats, ils pourront être relevez & restituez, comme il est contenu en l'article précedent: Et contiendra par ces moyens ledit article ce qui s'ensuit.

Pareillement la femme est reputée majeur & personne de soi en jugement & dehors, & peut poursuir ses actions & passer contrats, le tout o l'autorité de son mari: Toutesfois si le mari lui prêtant autorité est au-dessous de vingt-cinq ans, & la femme aussi mineure de vingt-cinq ans est lezée par le moyen desdits contrats, elle pourra être relevée d'iceux, comme il est contenu en l'article précedent.

Le soixante-treiziéme article accordé pour Coutume ancienne.

Le soixante-quatorziéme article, aprés plusieurs avis & opinions des Etats de ladite assistance, ledit article a été passé & accordé selon le contenu dudit cayer : Et est reservé au Seigneur du Tremblay, qui dit être en possession de retirer par puissance de fief les heritages feodaux vendus par ses vassaux, d'user de ses droits & prétendues possessions, sans prejudice à ses vassaux & sujets de leurs deffenses au contraire.

Le soixante-quinziéme article est passé & accordé pour Coutume ancienne.

Lisant le soixante-seiziéme article, qui est sous le Chapitre, *De retrait lignager*, commençant : Qui vend son heritage propre à lui venu de succession de ses parens & lignagers à un étrange de la ligne dont meut ledit heritage, il peut être retrait par l'un du lignage dudit vendeur, du côté & ligne dont ledit heritage lui est échû, dedans l'an & jour de la possession actuelle prise sans fraude & jouissance publique, en remboursant l'acheteur des deniers de la vente dedans le tems de coutume, qui est de vingt-quatre heures aprés l'adjudication faite, & des châtels & loyaux coutemens, lesquels taxez par le Juge, gisent en execution : Et s'il y a aucun qui soit plus prochain lignager dudit côté dont meut ledit heritage vendu que celui qui aura fait bailler ledit ajournement qui vueille avoir ledit heritage par retrait ; il sera preferé à celui qui aura fait bailler ledit ajournement, pourveu qu'il vienne dedans quinzaine aprés la premiere assignation de la matiere, qu'on sera tenu prendre en plein jugement, en remboursant par ledit plus prochain lignager l'autre lignager des frais, mises & loyaux coutemens faits par celui qui aura fait bailler ledit ajournement : Et s'il y en a deux ou plusieurs en semblable degré qui veuillent avoir par retrait ledit heritage vendu, l'aîné sera preferé au puisné, & le masle à la femelle ; Et s'il n'y a que filles, l'aînée sera preferée aux puisnées : Et sera tenu le plus prochain lignager faire serment qu'il ne demande point icelui retrait en fraude, mais le demande pour lui, pour le remettre en sa ligne. Et s'il est trouvé qu'il y ait fraude de son côté, sera condamné en amende arbitraire du Juge, & de laisser ledit heritage à lui adjugé à celui qui aura fait bailler ledit premier ajournement pour le sort principal & loyaux coutemens faits pour raison de ladite premiere vente.

Par toute l'assistance a été avisé, accordé & conclud, qu'il sera mis au lieu de vingt-quatre heures qu'est tenu faire ledit retrayant remboursement, dedans huitaine ; & que le retrayant dedans ledit tems de huitaine fera le remboursement du sort & prix principal de la vendition desdits heritages dedans le tems de coutume, qui est de huitaine aprés ladite adjudication faite, ou reconnoissance faite par l'acquereur, & des frais & loyaux coutemens. Et seront ôtez dudit article ces mots, lesquels taxez par le Juge gisent en execution. Et au lieu d'iceux sera ajoûté & mis audit article, Pendant lequel tems de huitaine l'acquereur fera taxer & liquider lesdits frais & loyaux coutemens, que le retrayant sera tenu rembourser, avec ledit sort principal, sur peine d'être déchû dudit retrait : Et ou l'acheteur n'aura & ne pourra faire liquider lesdits frais & loyaux coutemens dedans ledit tems de huitaine, le retrayant néanmoins ne laissera à faire ledit remboursement dudit sort principal dedans le tems dessusdit : Et sera tenu néanmoins faire le remboursement d'iceux frais & loyaux coutemens dedans huitaine aprés la taxe & liquidation d'iceux faite, lui appellé : Alias & en deffaut de rembourser lesdits frais & loyaux coutemens dedans ledit tems de huitaine aprés la liquidation d'iceux, sera déchû de son retrait ; & ne courra l'an du retrait lignager sinon du jour de la possession faite & prise sans fraude en la presence de personne publique & témoins, & en vertu du titre de l'acquisition : Et par ainsi contiendra ledit article ce qui s'ensuit.

Qui vend son heritage propre à lui venu de succession de ses parens & lignagers à un étrange de la ligne dont meut ledit heritage, il peut être retrait par un du lignage dudit vendeur, du côté & ligne dont l'heritage lui est échû, dedans l'an & jour de la possession réelle & actuelle faite & prise sans fraude par l'acquereur, au moyen de son titre d'acquisition, publiquement, en presence de personne publique & témoins, en remboursant l'acheteur des deniers de la vente dedans le tems de coutume, qui est de huitaine après l'adjudication ou reconnoissance faite par l'acquereur, & aussi des frais & loyaux coutemens que l'acquereur fera taxer & liquider dedans ledit tems de huitaine de ladite adjudication ou reconnoissance, le retrayant appellé pour ce voir faire: Et au cas que ledit acquereur n'aura fait ou pû faire taxer lesdits frais & loyaux coutemens dedans ladite huitaine, le retrayant fera néanmoins le remboursement de ladite acquisition; & huitaine après ladite taxe & liquidation desdits frais faite, lui appellé pour ce voir faire, remboursera iceux frais & loyaux coutemens; Alias & en défaut de ce faire sera déchû dudit retrait, & lui seront par l'acquereur les deniers du sort principal, qui auront été pour ce fait remboursez audit retrayant rendus & restituez: Et s'il y a aucun qui soit plus prochain lignager dudit côté dont meut ledit heritage vendu que celui qui aura fait bailler ledit ajournement qui veuille avoir ledit heritage par retrait, il sera préferé à celui qui aura fait bailler ledit ajournement, pourveu qu'il vienne dedans quinzaine après la premiere assignation de ladite matiere, qu'on sera tenu prendre en plein jugement, en remboursant par ledit plus prochain lignager l'autre lignager des frais, mises & loyaux coutemens faits par celui qui aura fait bailler ledit ajournement. Et s'il y en a deux ou plusieurs en semblable degré qui veuillent avoir par retrait ledit heritage vendu, l'aîné sera préferé au puîné, & le mâle à la femelle: Et s'il n'y a que filles l'aînée sera préferée aux puînées; & sera tenu ledit prochain lignager faire serment qu'il ne demande point icelui retrait en fraude: mais le demande pour lui, pour le remettre en sa ligne: Et s'il est trouvé qu'il y ait fraude de son côté, sera condamné en amende arbitraire du Juge, & à delaisser lesdits heritages à lui adjugez à celui qui aura fait bailler ledit premier ajournement pour le sort principal & loyaux coutemens faits pour raison de ladite premiere vente.

Les soixante dix-sept, soixante dix-huit, soixante dix-neuf, quatre vingt, quatre vingt un, quatre vingt deux, quatre vingt trois, quatre vingt quatre, quatre vingt cinq, quatre vingt six, quatre vingt sept, quatre vingt huit, quatre vingt neuf, quatre vingt dix, quatre vingt onze, quatre vingt douze & quatre vingt treiziéme articles qui sont sous ledit Chapitre, sont passez & accordez pour Coutumes anciennes.

Sur le Chapitre *De servitude & prescription.* Les quatre vingt quatorze, quatre vingt quinze & quatre vingt seiziéme articles couchez audit Chapitre sont passez & accordez pour Coutumes anciennes.

En lisant le quatre vingt dix-septiéme article écrit audit Chapitre, contenant ces mots: Marchands, Gens de métier, Hôteliers, Taverniers, & autres vendans leurs denrées & marchandises en détail; Chirurgiens, Barbiers, Orphévres, Apoticaires, Maçons, Charpentiers, Laboureurs, Serviteurs, & autres mercenaires en ladite Baronnie de Château-neuf, fins & enclaves, ne pourront faire action, question ou demande de leursdites denrées ou marchandises, salaires & services après deux ans passez lesdites denrées & marchandises venduës, debitées & delivrées à détail, ouvrages, labours, services & salaires faits, fors & excepté de celles qui auront été reconnuës par obligation ou cedulle, sans déroger sur ce à l'Ordonnance du Roy Loüis douziéme.

Par l'avis de l'assistance a été accordé & arrêté que ces mots, après deux ans passez, contenus par l'article seront ôtez & rayez, & qu'il sera dit que les gens de métier & état declarez par ledit article ne pourront faire question & demande de leurs denrées & services après le tems porté par l'Ordonnance, qui est de six mois : Et partant contiendra ledit article ce qui s'ensuit.

Marchands, Gens de métier, Hôtelliers, Taverniers, & autres vendans leurs denrées & marchandises en détail, Chirurgiens, Barbiers, Orphévres, Apoticaires, Maçons, Charpentiers, Laboureurs, Manouvriers, Serviteurs, & autres mercenaires en ladite Baronnie de Château-neuf, fins & enclaves d'icelle, ne pourront faire action, question ou demande de leursdites denrées & marchandises, salaires & services après le tems de six mois ; fors & excepté de celles qui auroient été & seroient reconnuës par obligation ou cedulle.

Le quatre vingt dix-huitiéme article sous le chapitre *De decret, criées & subhastations* demeurera accordé pour Coutume ancienne.

Au quatre vingt dix-neuviéme article seront rayez ces mots, de biens meubles trouvez en la possession de l'obligé ou condamné : Et demeurera ledit article ainsi qu'il s'ensuit.

Il est loisible aux créanciers ausquels sont dûs aucuns deniers, ou qui ont droit de rente sur aucun heritage dont arrerages sont dûs & échûs, & esquels le detempteur est envers eux obligé ou condamné, de faire mettre ledit heritage par défaut de payement d'iceux deniers ou arrerages en criées & subhastations, les solemnités en tel cas requises gardées.

Quant au centiéme article, contenant ce qui s'ensuit : Les criées & subhastations d'heritages se doivent faire par ordonnance & commission de Juge de la Justice du Seigneur Châtellain ou Haut-Justicier, sous laquelle tels heritages sont sujets ; le proprietaire ou détempteur ajourné à sa personne ou domicile, presens témoins, pour voir discerner ladite commission. C'est à sçavoir, en la Ville de Château-neuf, & lieux où il y a marché, par quatre jours de marché ensuivans l'un l'autre : Et en plat païs où il n'y a marché, au prochain marché de la Châtellenie où ledit heritage est assis ; & encore par quatre journées de Dimanche, à l'issuë de la Messe parochialle, en laquelle tels heritages sont assis. Et icelles quatre criées faites & parfaites, & dûëment rapportées & passées, la quarantaine passée, à compter du jour que fut faite la premiere criée, ou que toutes les oppositions soient discutées en jugement, l'adjudication de tels heritages se fait & peut faire au plus offrant & dernier encherisseur par le Juge & non autre ; sera corrigé ainsi qu'il s'ensuit.

Les criées & subhastations d'heritages se doivent faire par le Sergent, en vertu de la Commission du Juge de la Justice du Seigneur Châtelain ou Haut-Justicier, sous laquelle tels heritages sont sujets, ou en vertu des obligations en forme autentique, ou sentence, après commandement fait au detteur de payer, & refus par lui fait en la maniere qui s'ensuit : C'est à sçavoir, par quatre jours de marché suivans l'un l'autre en la Ville de Château-neuf, & lieux où il y a marché ; Et en plat païs où il n'y a marché, au prochain marché de la Châtellenie ou ledit heritage est assis : Et encore par quatre journées de Dimanche à l'issuë de la Messe parochialle en laquelle Paroisse tels heritages sont : Et icelles quatre criées faites & parfaites, & dûëment rapportées & passées, & la quarantaine passée, à compter du jour que fut faite la premiere criée, icelles criées seront rapportées en jugement en la Justice de laquelle dépendront lesdits heritages criez, à jour ordinaire de plaids, & iceux tenans, seront lûës en jugement à haute voix, en presence du Juge qui tiendra le Siege, des Avocats, Praticiens & assistans, qui seront nommez ; par l'avis desquels le Juge déclarera si lesdites criées sont bien & dûëment faites & continuées, suivant la commune usance de ladite Baronnie, par acte qui sera signé du Greffier ou son Commis, & attaché ausdites criées.

Le cent uniéme article sous ledit Chapitre passé & accordé pour Coutume ancienne.

Lisant le cent deuxiéme article, contenant ce qui s'ensuit.

Les criées ainsi faites & parfaites ; la copie d'icelles ainsi attachée, comme dit est, & le tout dûëment rapporté & verifié, la quarantaine passée, à compter du jour que fut faite la premiere criée, & que toutes les oppositions sont discutées en jugement, l'adjudication de tels heritages se fait & peut faire au plus offrant & dernier encherisseur par le Juge, Seigneur Châtellain, ou Haut-Justicier, sera corrigé en la maniere qui s'ensuit.

Les criées ainsi faites & parfaites, le Sergent qui aura fait lesdites criées, ou autre, ajournera le proprietaire, parlant à sa personne, ou à domicile, à jour certain, pardevant le Juge, pour voir interposer le decret de sesdits heritages, & bailler moyens de nullité si aucuns en veulent bailler, ensemble les opposans, si aucuns en y a, pour dire leurs causes d'opposition : Lequel Juge avant que d'adjuger par decret lesdits heritages, fera préalablement droit sur la nullité desdites criées & causes d'opposition afin de distraire, & sur les oppositions formées pour rentes & droits réels fonciers, si aucun en y a : Ce fait, le Juge procedera à l'adjudication par decret au plus offrant & dernier encherisseur, à la charge des droits & devoirs Seigneuriaux, frais & dépens des criées à qui il appartiendra : Et avant ladite adjudication, les causes d'opposition des opposans, lettres & titres seront communiquées tant au proprietaire, s'il compiert, poursuivant que autres opposans.

Le cent troisiéme article accordé pour Coutume.

Lisant les cent quatre & cent cinquiéme articles contenus audit Chapitre seront rayez, & au lieu d'iceux sera mis ce qui s'ensuit.

Tous opposans seront reçûs à opposition avant le decret scellé ; mais s'ils s'opposoient après les causes d'opposition des opposans communiquées tant au proprietaire, poursuivant que opposans, seront tenus de refonder les dépens des réponses qu'il conviendra faire à leurs causes d'opposition, comme dépens préalables & préjudiciaux.

Le cent sixiéme article sera corrigé en ces mots. Les opposans des oppositions discutées : Et au lieu d'iceux ledit article demeurera comme il s'ensuit.

Quand aucun heritage est adjugé par decret, les solemnités en tel cas requises gardées, ledit decret baillé & delivré en forme autentique au dernier encherisseur, & possession prinse au moyen d'icelui decret des heritages à lui adjugez par icelui, ledit acquereur est fait par ce moyen proprietaire & possesseur de tel heritage à lui adjugé par ledit decret ; en telle maniere que tous ceux qui auparavant ledit decret eussent pû prétendre ou demander aucun droit d'hypoteque, proprieté ou possession sur tel heritage, en sont forclos, privez & déboutez.

Les cent sept, cent huit & cent neuviéme articles du Chapitre, *Des donations mutuelles*, sont passez & accordez pour Coutumes anciennes.

Les cent dix & cent onziéme articles du Chapitre, *De donations & contrats faits entre vifs*, accordez & passez pour Coutumes.

Les cent douze, cent treize, cent quatorze & cent quinziéme articles sous le Chapitre *Des legs & ordonnances testamentaires, & ordonnances de derniere volonté*, accordez pour Coutumes anciennes.

Lisant le cent seiziéme article sur le Chapitre *De succession*, accordé ledit article pour Coutume, du consentement des trois Etats, pour avoir lieu doré-navant de ce jourd'hui en la maniere qui s'ensuit.

Representation aura lieu en ladite Baronnie, enclaves, fins, mettes & ressort François d'icelle en ligne directe, *in infinitum*, & tant qu'elle se pourra étendre : Et en ligne collaterale, jusques aux freres & enfans des freres, suivant la disposition de droit.

En lisant lequel article, M. Estienne Petit Procureur de Dame Magdeleine le Payen, veuve de feu Messire François de Marsillac, en son vivant premier

Président de Roüen, s'est opposé au present article, pour les causes par lui dites. Et M. Guillaume Maury, comme Procureur de Loüis Bosquet, Escuyer Seigneur de la Gadeliere, ou nom qu'il procede, & consors, & requis que le present article ait lieu du tems que lesdites Coutumes furent redigées, & que Jean de Saillant Escuyer, ou nom qu'il procede, a dit au contraire: Surquoi avons ordonné que les parties auront acte de leur dire, pour se pourvoir à la Cour ainsi qu'ils verront bon être.

Les cent dix-sept, cent dix-huit & cent dix-neuviéme articles accordez & passez pour Coutumes anciennes.

Le six vingtiéme article, contenant, En succession de ligne collaterale en pareil degré, les filles ne prennent rien és heritages tenus en fief, & n'y a point d'aînesse; mais les freres y succedent également, sera corrigé ainsi qu'il ensuit.

En succession de ligne collaterale les filles ne prennent rien és choses tenuës en fief; Et si le fils aîné n'ayant aucuns enfans procréez de sa chair en mariage decede, le plus âgé des puînés survivant, ou le representant, aura par préciput le principal manoir appartenant audit fils aîné decedé, avec arpent & demi de terre & la Justice; & le reste de sa succession se partira également entre lui & les autres freres, & consequemment de puînés en puînés.

Les six vingt-un & six vingt-deux accordez pour Coutumes anciennes.

En lisant le six vingt-troisiéme article, contenant ce qui s'ensuit. Aux enfans du premier mariage appartiennent les propres heritages tenus en fief, & aux enfans du second mariage les conquêts tenus en fief: Et sont tous mariages reputés seconds hors le premier: Les autres heritages tenus en censif & à rente se partissent également entre tous lesdits enfans.

En lisant lequel article, les Avocat & Procureur du Roy ont requis ledit article être corrigé, pour le bien & utilité public, & que les enfans tant du premier que du second mariage succedent également à leur pere & mere tant aux propres que conquêts, tant feodaux que roturiers, suivant les articles precedens, le droit de l'aîné gardé.

La matiere mise en déliberation, par la plus grande & saine partie des trois états & Praticiens, après plusieurs remontrances à eux faites, a été accordé que ledit article sera corrigé en la maniere qui s'ensuit.

Quand aucun va de vie à trépas ayant enfans de divers mariages, sesdits enfans, tant du premier que second mariage, lui succederont tant és propres que conquêts, soit feodaux ou roturiers également, le droit & prérogative d'aînesse gardé: Et sont tous mariages reputés seconds hors le premier.

Après la lecture duquel article ainsi reformé que dit est, voyant qu'il y avoit quelques uns qui étoient d'opinion contraire, & que ledit ancien article devoit demeurer: Avons ordonné, par maniere de provision, que ledit article nouveau, ainsi corrigé, par l'avis de la plus grande & saine partie des trois états, demeurera pour Coutume; sans préjudice à ceux qui y prétendent interêts de eux pourvoir par devers la Cour ainsi qu'ils verront bon être.

Les six vingt-quatre, six vingt-cinq, six vingt-six, six vingt-sept, six vingt-huit, six vingt-neuf, six vingt-dix, six vingt-onze & six vingt-douziéme articles ont été accordez pour Coutumes anciennes.

Et en lisant ledit six vingt-sixiéme article, ledit de Refuge Commandeur de Ville-Dieu s'est comparu audit article, disant que par privilege de leur Ordre il pouvoit succeder; surquoi avons ordonné que ledit de Refuge aura acte de son opposition: Et sans préjudice d'icelle, ledit article demeurera.

Le six vingt-treiziéme article contenant, Tous instrumens & obligations autentiques faits sous les sceaux de cette Châtellenie, ou autres sceaux autentiques seront executoires contre l'obligé & contre ses heritiers, chaun en sa portion contingente, après foi faite desdites lettres obligatoires à chacun desdits heritiers : Ledit article sera corrigé en la maniere qui s'ensuit.

Tous instrumens & obligations autentiques faits sous les sceaux de cette Châtellenie, ou autres sceaux autentiques seront executoires contre l'obligé & contre ses heritiers, chacun pour sa portion contingente, après toutesfois que lesdites obligations auront été déclarées executoires par jugement contre lesdits heritiers.

Le six vingt-quatorziéme article sous le Chapitre *De bail, garde, tutelle & curatelle d'enfans mineurs*, est accordé que ledit article, contenant, par le trépas de pere ou de mere les enfans sont *sui juris*, & hors de puissance d'autrui, supposé qu'ils eussent ayeul ou ayeulle ; & deffaut la puissance que le pere avoit sur eux, & que ledit article demoura, en mettant au lieu de ces mots, *sui juris*, sont en leurs droits : Et partant ledit article contiendra ce qui s'ensuit.

Par le trépas de pere ou de mere les enfans sont en leurs droits, & hors de puissance d'autrui, supposé qu'ils eussent ayeul ou ayeulle, & deffaut la puissance que le pere avoit sur eux.

Les six vingt quinze, six vingt seize, six vingt dix-sept, six vingt dix-huit, six vingt dix-neuf, sept vingt & sept vingt uniéme articles dudit Chapitre accordez pour Coutumes anciennes.

Les sept vingt deux & sept vingt troisiéme articles du Chapitre *D'amende de fief & de cens* accordez pour Coutumes anciennes.

Le sept vingt quatriéme article, contenant, Qui tient heritage à cens, qui est dû à certain jour & en certain lieu, & il ne paye ou deprie audit jour & lieu, il chet en amende de sept sols six deniers tournois vers ledit Seigneur censier : Et s'il ne paye ledit cens après le depry, il est en amende comme dessus : Et le semblable est de rente feodale, seigneuriale, fonciere.

En lisant ledit article, nous a été remontré que ledit article devoit être corrigé, pour le regard de l'amende dûë à cause de la rente feodale, seigneuriale, fonciere, & qu'il n'y devoit avoir aucune amende : La matiere mise en deliberation, Avons ordonné que ledit article tiendra : Et a été accordé pour le regard du cens seulement. Et quant à l'amende pour le regard de ladite rente feodale, seigneuriale, fonciere, Avons renvoyé le different à la Cour de Parlement : Et partant demeurera ledit article comme il s'ensuit.

Qui tient heritage à cens, qui est dû à certain jour & en certain lieu, & il ne paye ou deprie au jour & lieu : il chet en amende de sept sols six deniers tournois vers ledit Seigneur censier ; & s'il ne paye ledit cens après le depry ; il est en amende comme dessus.

Les sept vingt-cinq, sept vingt-six, sept vingt-sept & sept vingt-huitiéme articles dudit Chapitre sont accordez pour Coutumes anciennes.

Le sept vingt-neuviéme article du Chapitre *D'amende de Champart*, est accordé pour Coutume ancienne.

Le sept vingt-dixiéme article sous le Chapitre *D'amende de prise de bêtes*, est accordé pour Coutume ancienne.

Les sept vingt-onze, sept vingt-douze, sept vingt-treize & sept vingt-quatorziéme & dernier articles du Chapitre *D'amende d'arrêts*, sont accordez pour Coutumes anciennes.

Lesquelles corrections, modifications ou additions desdites Coutumes susdites ont été faites du vouloir des gens des trois & divers Estats, & Officiers de ladite Baronnie, pour ce assemblés. Ce fait, ce requerant les Officiers du Roy : Avons publiés icelles Coutumes, pour servir & valoir és questions & procès qui surviendront pour le tems à venir : Et Ordonné qu'il en demeurera un Cayer pardevers le Greffier du Baillage de ladite Baronnie, signé aussi de nous, avec notre Procès verbal ; & qu'un autre Cayer & Procès verbal signé de nous, sera mis pardevers le Greffier de ladite Cour. Avons fait & faisons défenses ausdits Officiers du Roy, Avocats, Procureurs, Praticiens & à tous autres Sujets & Justiciables de ladite Baronnie, terres Françoises & ressort François de Verneil, & enclaves d'icelle Baronnie, que dorénavant pour la preuve desdites Coutumes publiées comme dessus, ils ne fassent ou souffrent faire aucune preuve par turbe ou témoins particuliers ; mais seulement par extrait d'icelle signé du Greffier : Et aussi de n'alleguer, ne passer autres Coutumes contraires ne dérogeantes ausdites Coutumes publiées ci-dessus. Leur enjoignant, sur peine d'amende arbitraire, de les garder & observer comme Loi : Le tout suivant les Lettres Patentes du Roy ci-dessus inserées.

Ainsi signé, DU LYON, DE HARLAY & ADAM.

FIN.

TABLE

TABLE
DE LA
COUSTUME
DE
CHASTEAU-NEUF.

Z

D

E

F

FIN.

APPROBATION.

J'Ai lû par ordre de Monseigneur le Garde des Sceaux, deux Livres imprimez qui ont pour titre: le premier, *Les trois Coutumes de Château-neuf, Chartres & Dreux, avec les Notes de M. Ch. Du Moulin, & les Annotations du Sr. Du Lorens, à Chartres 1645. in 4°.* Le second, *Les Coutumes du Duché & Bailliage de Chartres, &c. avec les Notes & Apostiles de M. J. Couart, &c.* en 1630. in 8°. & un Manuscrit intitulé, *Nouvelles Observations sur la Coutume de Chartres*: J'ai crû que la Réimpression de ces deux Commentaires, qui sont devenus rares, seroit d'autant plus utile au public qu'elle seroit enrichie de nouvelles Observations. Fait à Paris ce 6. May 1731.

SECOUSSE.

PRIVILEGE DU ROY.

LOUIS PAR LA GRACE DE DIEU, ROY DE FRANCE ET DE NAVARRE, A nos amez & feaux Conseillers les Gens tenans nos Cours de Parlemens, Maîtres des Requêtes ordinaires de notre Hôtel, grand Conseil, Prévôt de Paris, Baillifs, Senechaux, leurs Lieutenans Civils, & autres nos Justiciers qu'il appartiendra: SALUT. Notre bien-amé NICOLAS DOUBLET, Libraire à Chartres, Nous ayant fait remontrer qu'il souhaiteroit imprimer ou faire imprimer & donner au public un Ouvrage qui a pour titre *Coutumes de Chartres, Château-neuf & Dreux, avec les Commentaires de Couart, de Du Lorens & Du Moulin*, s'il Nous plaisoit lui accorder nos Lettres de Privilege sur ce necessaires, offrant pour cet effet de l'imprimer ou faire imprimer en bon papier & beaux caracteres, suivant la feuille imprimée & attachée pour modele sous le Contre-Scel des Presentes, A ces causes, voulant favorablement traiter ledit Exposant, Nous lui avons permis & permettons par ces Presentes, d'imprimer ou faire imprimer ledit Ouvrage ci-dessus specifié, en un ou plusieurs Volumes, conjointement ou séparément & autant de fois que bon lui semblera, sur papier & caractere conforme à ladite feuille imprimée & attachée sous notredit Contre-Scel, & de le faire vendre & debiter par tout notre Royaume pendant le tems de six années consecutives, a compter du jour de la datte desdites Presentes: Faisons défenses à toutes personnes de quelque qualité & condition quelles soient, d'en introduire d'impression étrangere dans aucun lieu de notre obeïssance, comme aussi à tous Libraires, Imprimeurs & autres d'imprimer, faire imprimer, vendre, faire vendre, débiter ni contrefaire ledit Ouvrage ci-dessus exposé en tout ni en partie, ni d'en faire aucuns extraits sous quelque prétexte que ce soit, d'augmentation, correction, changement de titre ou autrement sans la Permission expresse & par écrit dudit Exposant ou de ceux qui auront droit de lui, à peine de Confiscation des Exemplaires contrefaits de quinze cens livres d'amende contre chacun des contrevenans dont un tiers à Nous, un tiers à l'hôtel-dieu de Paris, l'autre tiers audit exposant & de tous dépens, dommages & interêts; à la charge que ces presentes seront enregistrées tout au long sur le registre de la Communauté des Libraires-Imprimeurs de Paris dans trois mois de la date d'icelles, que l'impression de cet Ouvrage sera faite dans notre Royaume & non ailleurs; & que l'Impetrant se conformera en tout aux Reglemens de la Librairie, & notamment à celui du dixiéme Avril 1725. & qu'avant de l'exposer en vente, le Manuscrit ou Imprimé qui aura servi de copie à l'impression dudit Livre, sera remis dans le même état où l'Aprobation y aura été donnée, és mains de notre très-cher & feal Chevalier Garde des Sceaux de France le Sieur Chauvelin: & qu'il en sera ensuite remis deux Exemplaires dans notre Biblioteque publique, un dans celle de notre Château du Louvre, & un dans celle de notre très-cher & feal Chevalier Garde des Sceaux de France le Sieur Chauvelin, le tout à peine de nullité des Presentes, du contenu desquelles vous mandons & enjoignons de faire joüir ledit Exposant ou ses ayans cause, pleinement & paisiblement, sans souffrir qu'il leur soit fait aucun trouble ou empêchement: Voulons que la copie desdites Presentes qui sera imprimée tout au long au commencement ou à la fin dudit Livre soit tenuë pour dûëment signifiée, & qu'aux Copies collationnées par l'un de nos amez & feaux Conseillers & Secretaires, foi soit ajoûtée comme à l'Original, Commandons au premier notre Huissier ou Sergent sur ce requis, de faire pour l'execution d'icelles tous actes requis & necessaires, sans demander autre permission, & nonobstant Clameur de Haro, Chartre Normande & Lettres à ce contraires. Car tel est Notre plaisir. Donné à Fontainebleau le dix-neuviéme jour du mois de Juillet l'an de grace mil sept cens trente-un, & de notre Regne le seiziéme. Par le Roy en son Conseil.

CHUPPIN.

Registré sur le Registre VIII. de la Chambre Royale des Libraires & Imprimeurs de Paris N. 227. fol. 217. conformement aux anciens Reglemens, confirmez par celui du 28. Février 1723. A Paris ce 19. Septembre 1731.

P. A. LE MERCIER, Syndic.

A MANTE,

De l'Imprimerie de FRANÇOIS LE TELLIER, Imprimeur & Libraire de la Ville & du College 1732.

www.ingramcontent.com/pod-product-compliance
Ingram Content Group UK Ltd.
Pitfield, Milton Keynes, MK11 3LW, UK
UKHW020247180726
13839UKWH00001B/215

9 782329 579979